美しく暮らす
住宅デザイン
○と×

著＝中山繁信
Shigenobu Nakayama

X-Knowledge

はじめに

本書は
設計を志している人や住宅の新築・リフォームを検討している人はもちろん
今住んでいる家を少しでも快適にしたいと思っている人にも
読んでいただける内容になっています。

いつもの暮らしが美しく、楽しくなるような住まいをつくるには？
そのためのヒントを詰め込みました。

もちろん、実際の土地や建物に照らし合わせると
実現不可能なこともあるかと思います。
建築基準法などの法令による制約も受けるでしょう。
ところが工夫次第で別の答えが見つかるものなのです。
見過ごしそうな、ささいなことが善し悪しを決めることもあります。
本書に示した○と×の例をどうぞご覧になってください。

本書が住まいづくりの道しるべとなれば幸いです。

２０１６年４月　中山繁信

Contents

目次

chapter 1

chapter 2

部屋の工夫で居心地よさをつくる

COLUMN

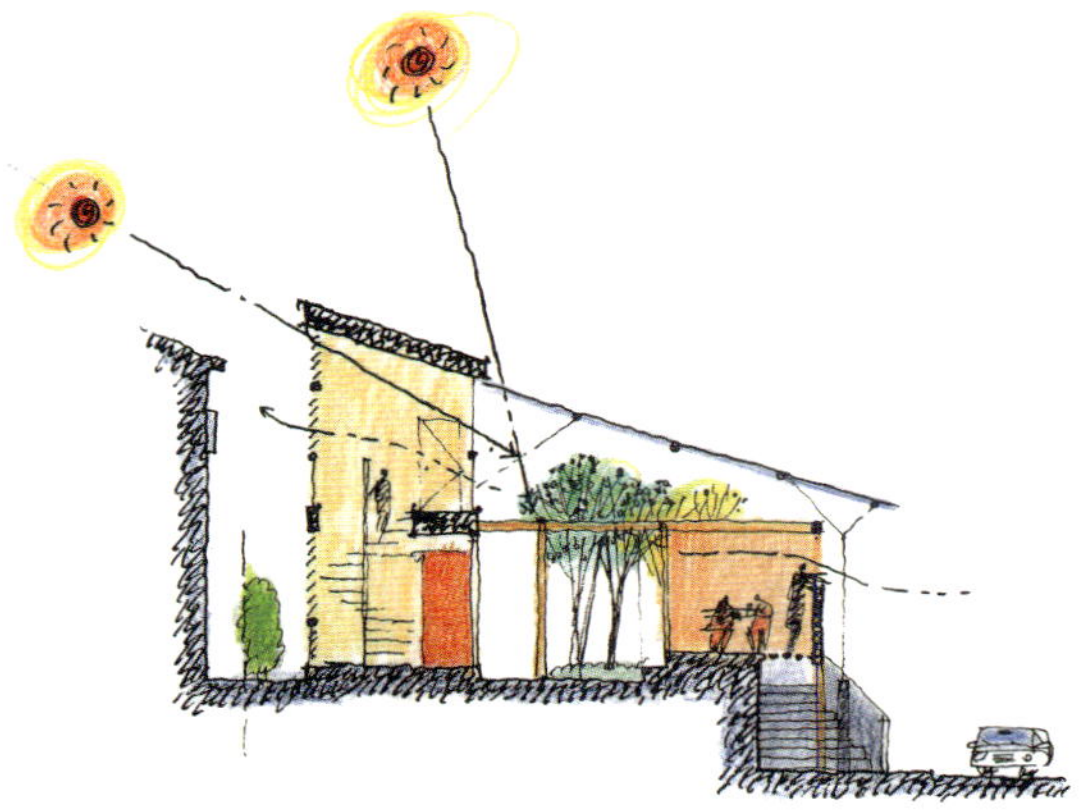

chapter

1

住まいを魅力的にする
魔法のテクニック

住宅のデザインはパズルを完成させる作業に似ています。
生活に必要な居間、キッチン、寝室、水廻り、玄関などを
どこに配置するかを考えることはとても楽しいものです。

パズルを解くといっても答えは無限にありますが、
コツを押さえていないと居心地のよい美しい住まいにはなりません。

反対にちょっとしたひと工夫で
空間全体ががらりと変わることもあるのです。

この章では敷地に合った建物の配置計画から
住宅の平面・断面計画に至るまで「プランニング」の工夫を紹介します。
常識にとらわれない発想が住まいを豊かなものにするのです。

chapter 1
平面
1

動線が間取りの要

間取りパズルでトレーニング

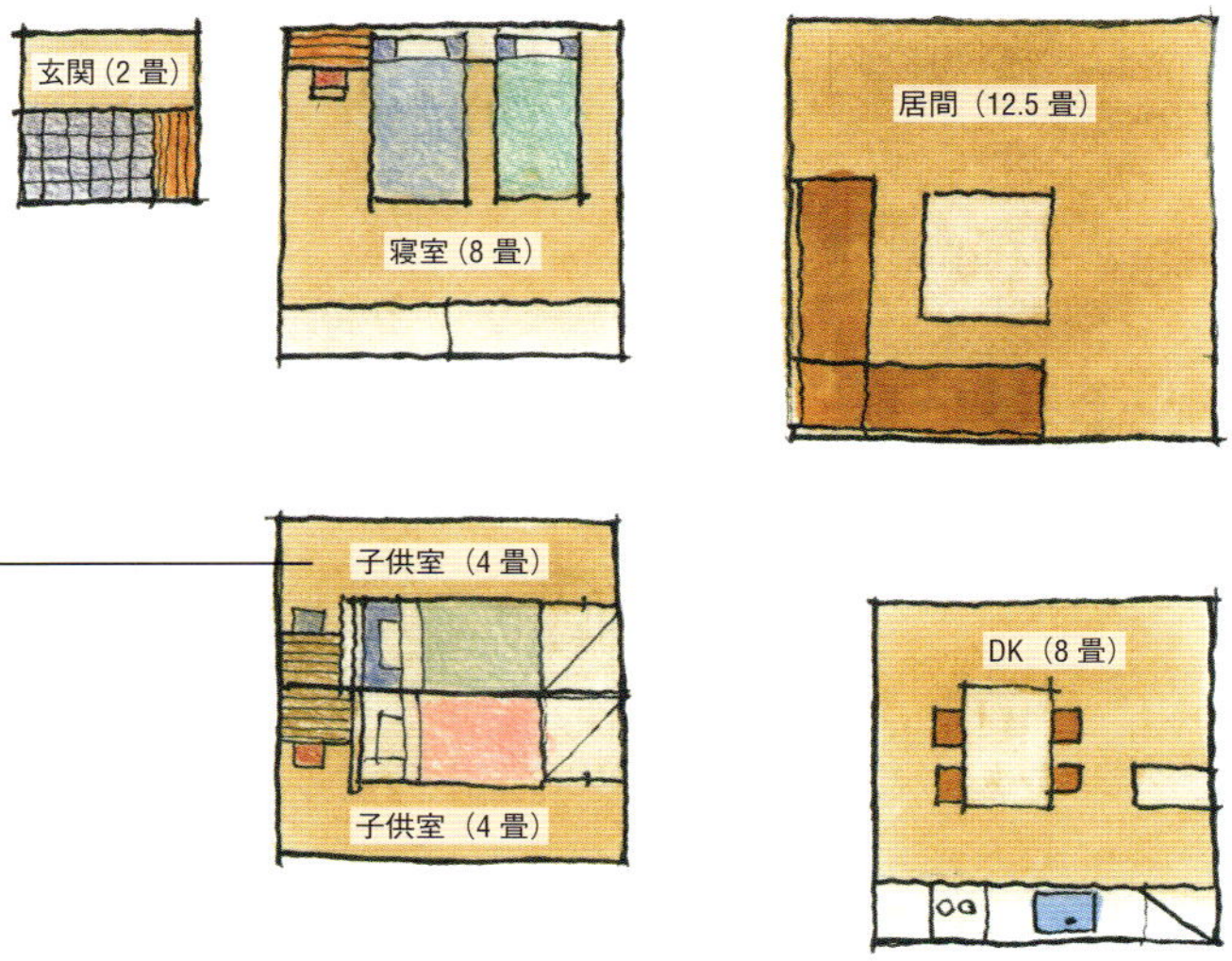

玄関（2畳）
寝室（8畳）
居間（12.5畳）
子供室（4畳）
子供室（4畳）
DK（8畳）

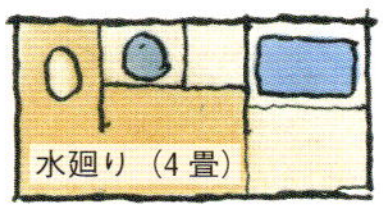

水廻り（4畳）

まずは、夫婦に子どもといった4人家族が住む家に最低限必要となる部屋を考えてみよう。大きさを一定にし、これをパズルのように組み合わせると、間取りのバリエーションが広がる

素人でも簡単

図面から部屋を切り取って並び替えるだけだから、図面を描けない人でも簡単。どんな生活をしたいか家族で話し合いながら間取りを考えてみると楽しい。まずは出入り口の位置を自由に考えてみよう

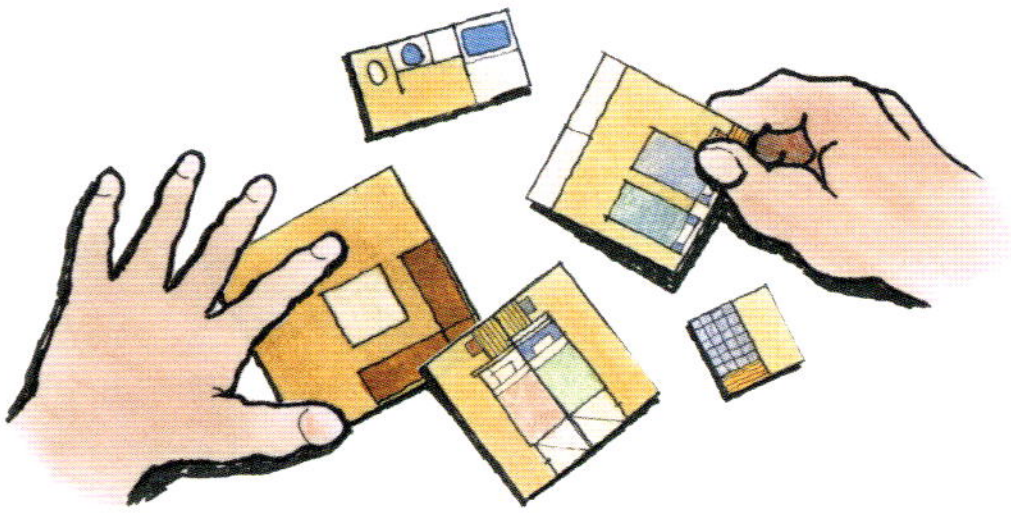

POINT

部屋数が同じでも間取りは無数にある

間取りを考える際には、パズルのように部屋どうしを組み合わせていく。たとえばLDKのほか寝室、子供室、水廻りに玄関。それぞれ広さを一定にしたとしても、レイアウトは何通りにもなる。

いずれにしても重要なのは、人が部屋から部屋へとどう移動するのかという「動線計画」。これに着目すると、間取りのパターンは4つに大別できる。

①中廊下型プラン―1本の廊下を中心に部屋を配置したもの

②居間中心型プラン―廊下をやめ、居間に動線空間を兼ねさせたもの

③回遊型プラン―ある部屋の外周に廊下を設け、残りの部屋を連結させたもの

④分散型プラン―部屋を分散させ、それらをサッシなどで囲ったもの。部屋以外が動線空間となる

それぞれに長所短所はあるが、家族のライフスタイルにあったものを選びたい。

動線に着目すると4タイプ＋α

中廊下型プラン

中央の廊下を中心にした間取り。単純な動線のため住みやすい。一方で、南北、表裏など廊下を境にして居住環境に大きな差が出てしまう短所もある

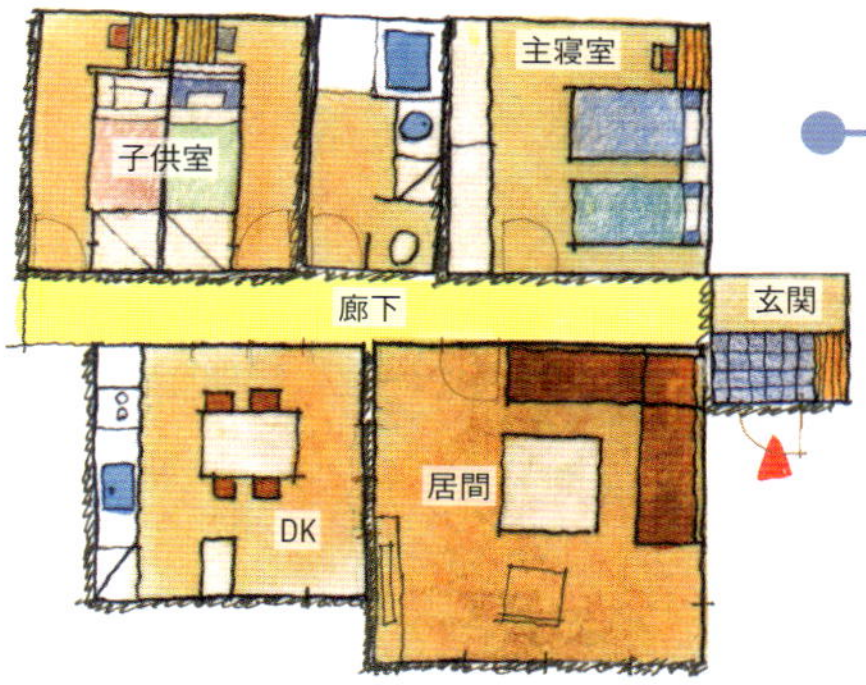

改良案は複数中庭型

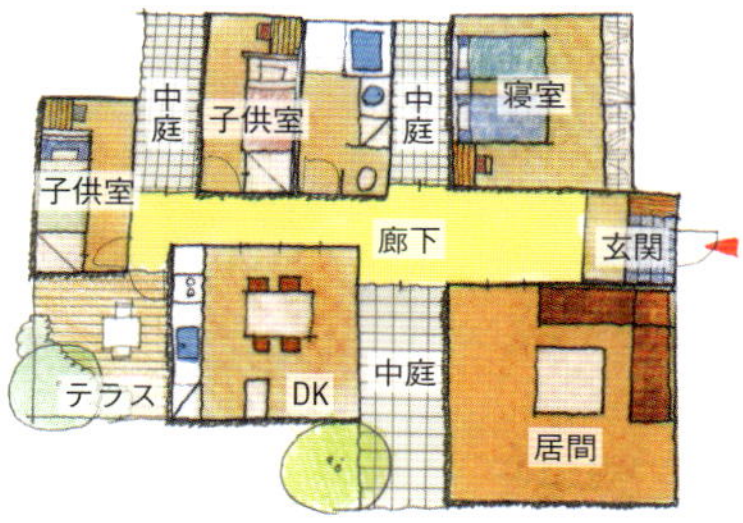

中廊下型の欠点を中庭でカバーしたプラン。部屋と部屋の間に小さな庭をはさみ込むことで、住環境がアップする。ただこのプランは壁量が多くなり、コストアップになることも

POINT

居間中心型プラン

すべての動線が居間を通るため、居間は人が集いやすく開かれた空間となるが、出入りの多い落ち着きのない空間になる恐れも

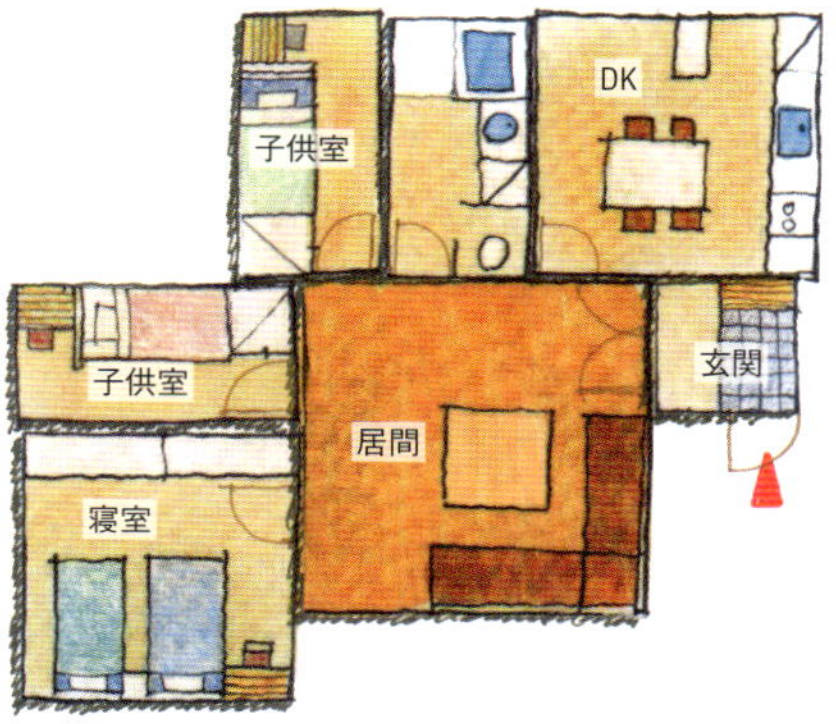

回遊型プラン

単調な行き止まりの動線よりも回遊できる動線のほうが、人はもちろん風や光にも動きが生まれる。コアとなる中央の部屋はトップライトなど採光通風に工夫が必要となる。コアを中庭にすれば、部屋の居住環境に差が生じにくく◎

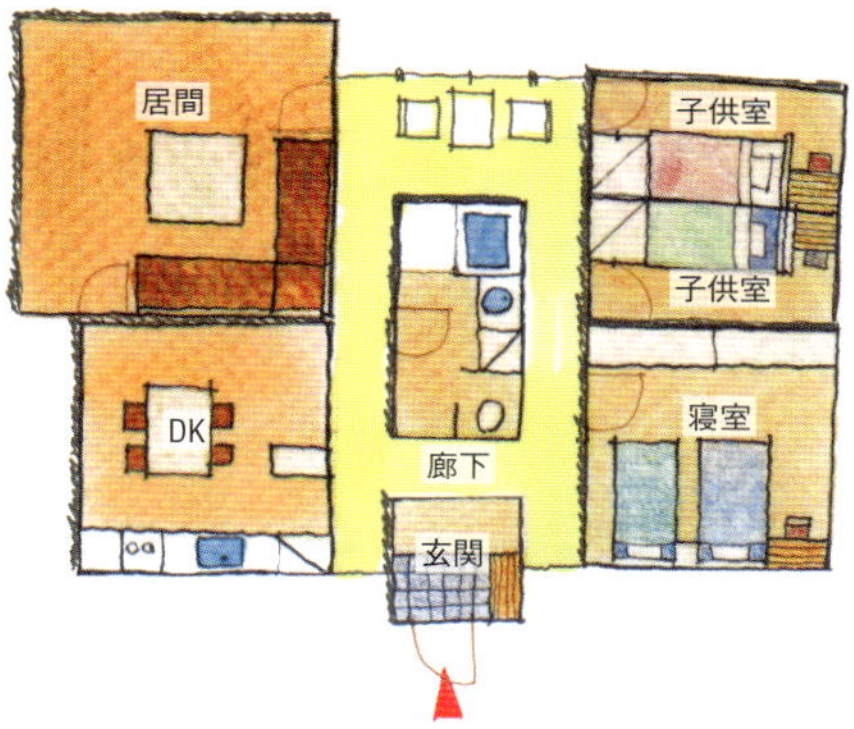

分散型プラン

プライベートの部屋は個室化し、居間や食事室などは比較的オープンな空間にすると空間にメリハリがある住まいになる

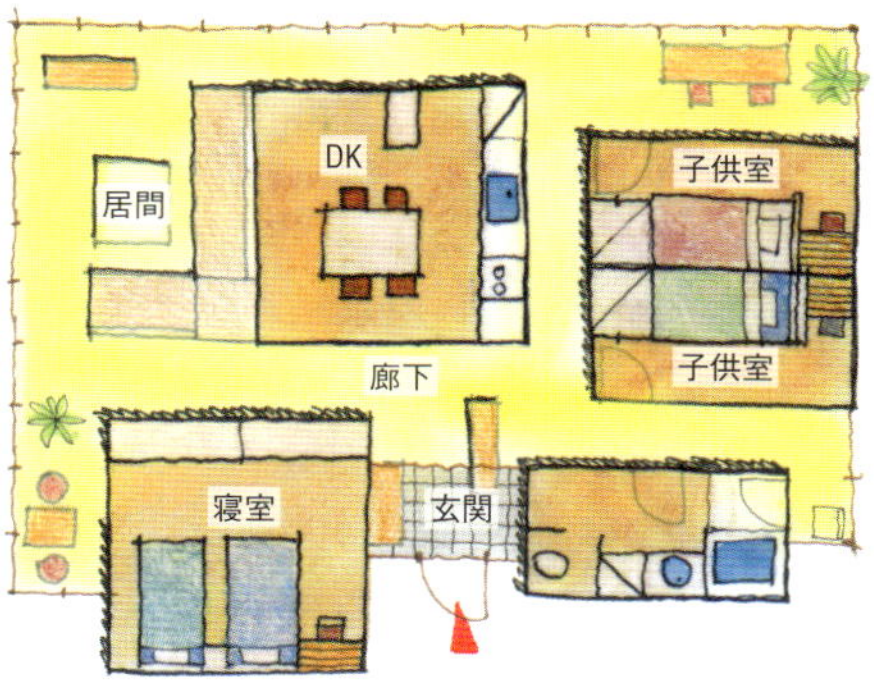

変形案は多方向分散型

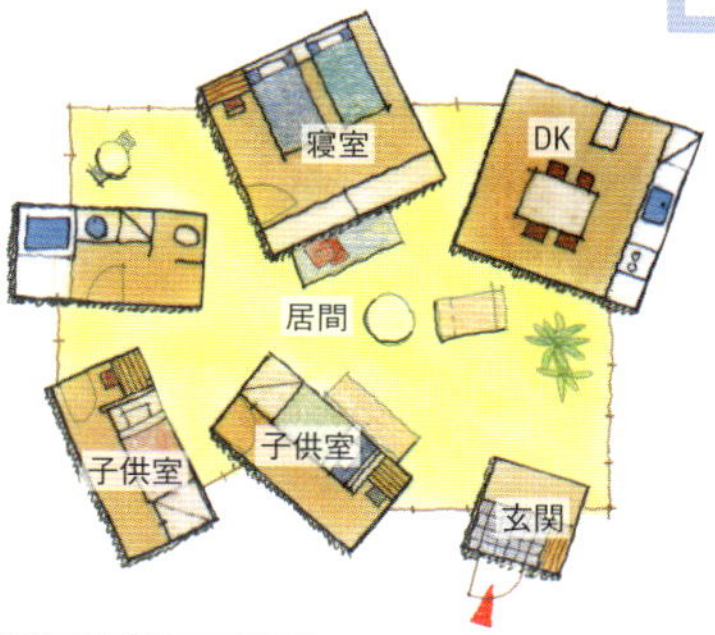

各部屋を配置する際に角度を変えると、空間に変化が出て遊び心のある住まいに

POINT

中廊下型は明快プラン

南側と北側の部屋の環境に大きな差が生じる

中廊下をはさんで、左右に部屋を配置。南側には家族共有スペース、北側には水廻りや個室が並ぶ

中廊下をはさんで南側は日当たりがよく、気持ちのよい空間になる

中廊下型プラン　平面アクソノ図

中庭を挿入し快適性アップ

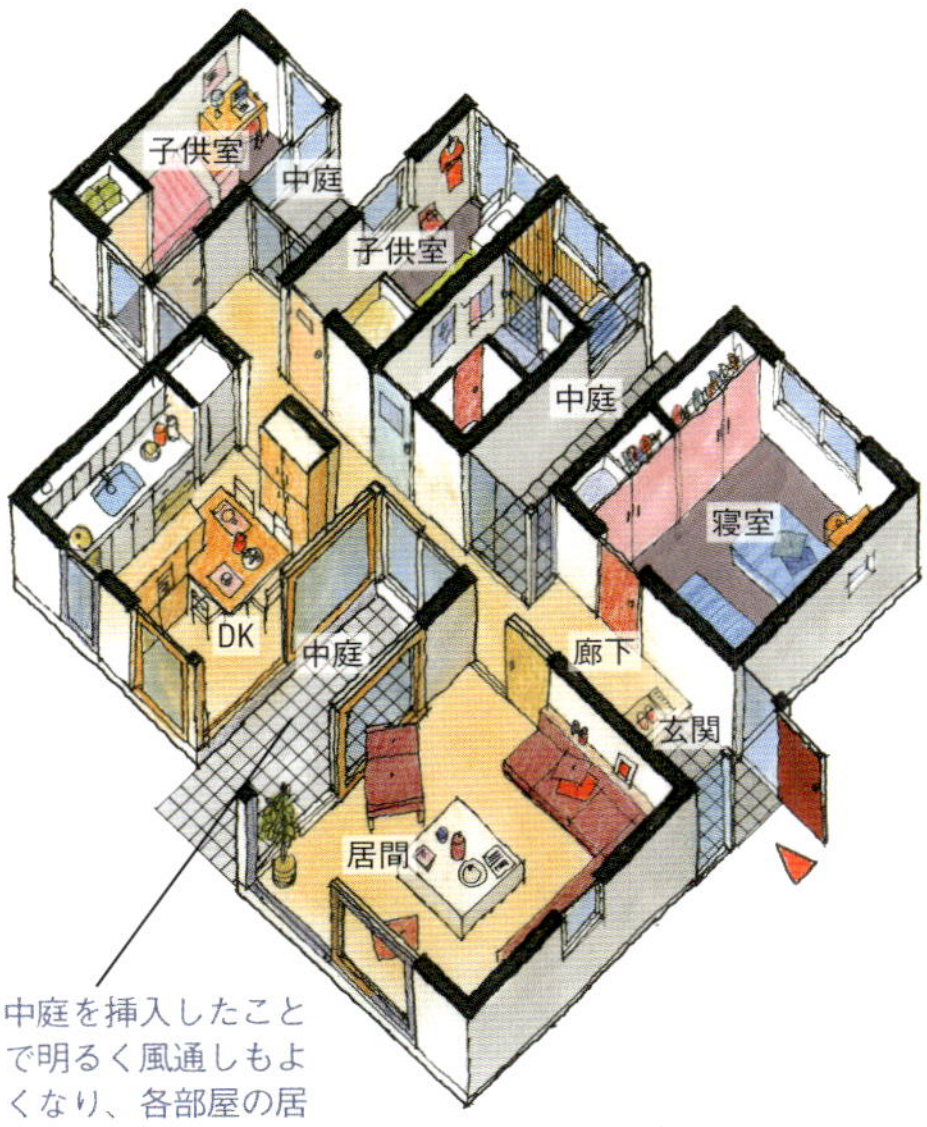

中庭を挿入したことで明るく風通しもよくなり、各部屋の居住性がアップする

複数中庭型　平面アクソノ図

POINT

移動が楽ちんな居間中心型

廊下をなくせるので、限られた面積を有効に使える

居間は通路を兼ねているので、家族どうし顔を合わせる機会は多くなるが、落ち着かない空間になりがち

居間中心型プラン　平面アクソノ図

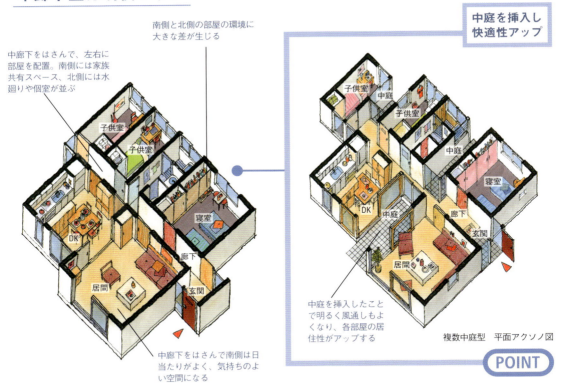

くるくる楽しい回遊型

採光がさほど重要視されない水廻り（浴室・洗面室・トイレ）を中心（コア）とした回遊型プラン

コアの部分から廊下に向かって窓を開けると、2次採光ができる。開口の位置や仕様は廊下を通る人に配慮して

生活動線に選択肢が増えて楽しい

回遊型プラン　平面アクソノ図

広い敷地に向く分散型

必要に応じブラインドやカーテンを取り付ける。乳白のフロストガラスに替えても

分散した諸室を包み込む空間は、動線でもありパブリックスペースでもある。外部とはガラスで仕切られているので、外とのつながりが強く感じられる

分散型プラン　平面アクソノ図

「ズレ」が新たな空間を生む

中間領域が暮らしを楽しくする

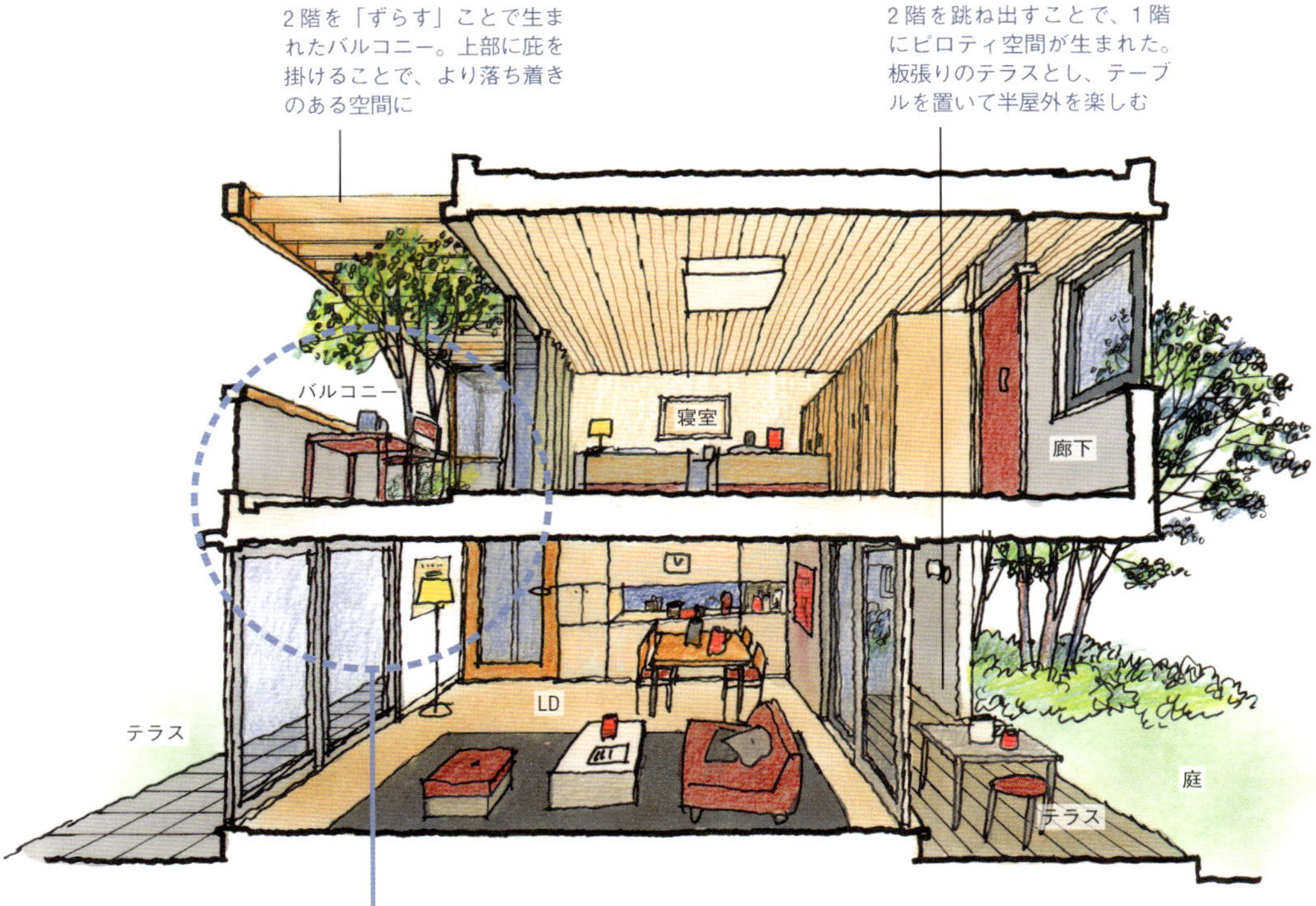
2階を「ずらす」ことで生まれたバルコニー。上部に庇を掛けることで、より落ち着きのある空間に
2階を跳ね出すことで、1階にピロティ空間が生まれた。板張りのテラスとし、テーブルを置いて半屋外を楽しむ
バルコニー
寝室
廊下
LD
テラス
テラス
庭

断面パース

2階をずらすだけ

総2階の建物の2階部分をずらせば、新たな空間が簡単に生まれる

POINT

一度はずらしてみよう

「ずれている」といわれて喜ぶ人は少数派であろう。基準から外れているというのは、マイナスの意味合いが強いものだ。しかし建築の場合は例外である。壁や床などの位置をずらすことで、新たな空間を生み出すことができるからだ。

たとえば、総2階で検討している住宅も、まずは上下階の位置を少しずらしてみよう。1階と2階のレイアウトはほぼ同じなのに、2階にはバルコニーが、1階には吹放しの空間（ピロティ）が生まれる。これらは日本家屋に見られた縁側や土間のようなもの。屋外とも屋内ともいえない「中間領域」は、日常生活の幅を広げてくれる。

総2階の建築は構造的にも経済的にも合理性があるが、空間的な魅力に欠けることがある。そんなときは「ずれ」を使ってみよう。構造的な制約や修正はつきものだが、快適な空間が生まれるかもしれない。プランニングには試行錯誤が不可欠なのだ。

2階をずらして生まれる空間

2階平面図のみをX方向に1.8m動かすと……

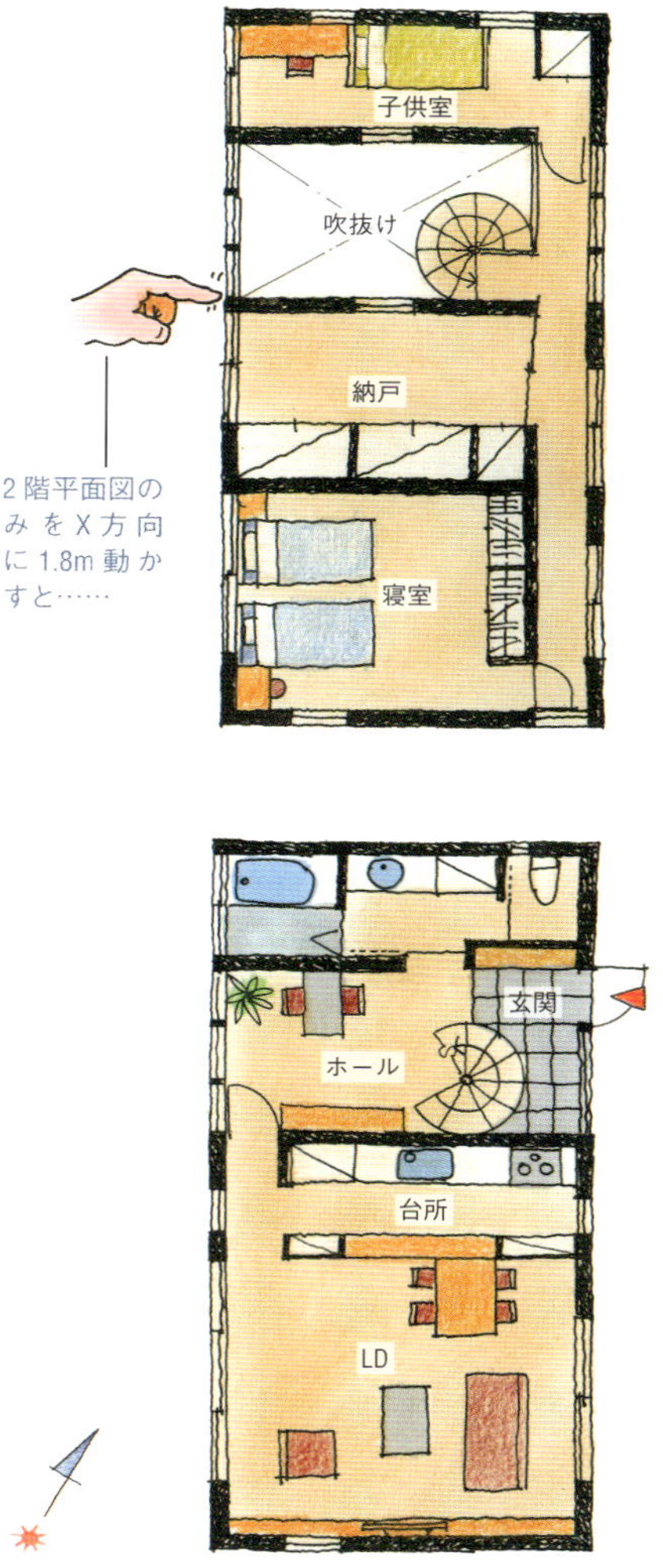

ずらす前　平面図（下:1階、上:2階）

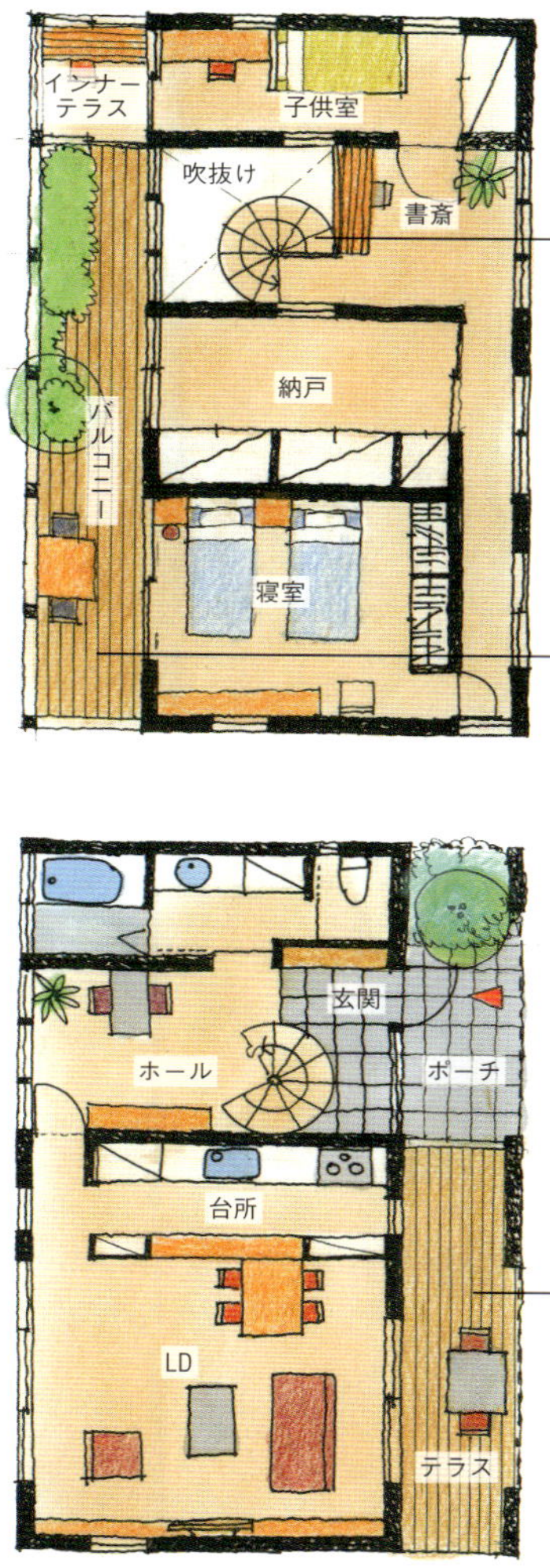

ずらした後　平面図(下:1階、上:2階)

上下階を貫く階段と吹抜けは調整が必要。ここでは階段に面した書斎をつくった

ずらしたことで生まれたバルコニー。この例は1.8mずらしているが、90㎝でも十分

1階にはピロティ空間ができた。庭につながるテラスのほか、玄関ポーチとして活用

NG 上下にそろった総2階

外壁の位置が上下階でそろっている総2階の住宅。合理的な建物だが、空間的な魅力に欠ける

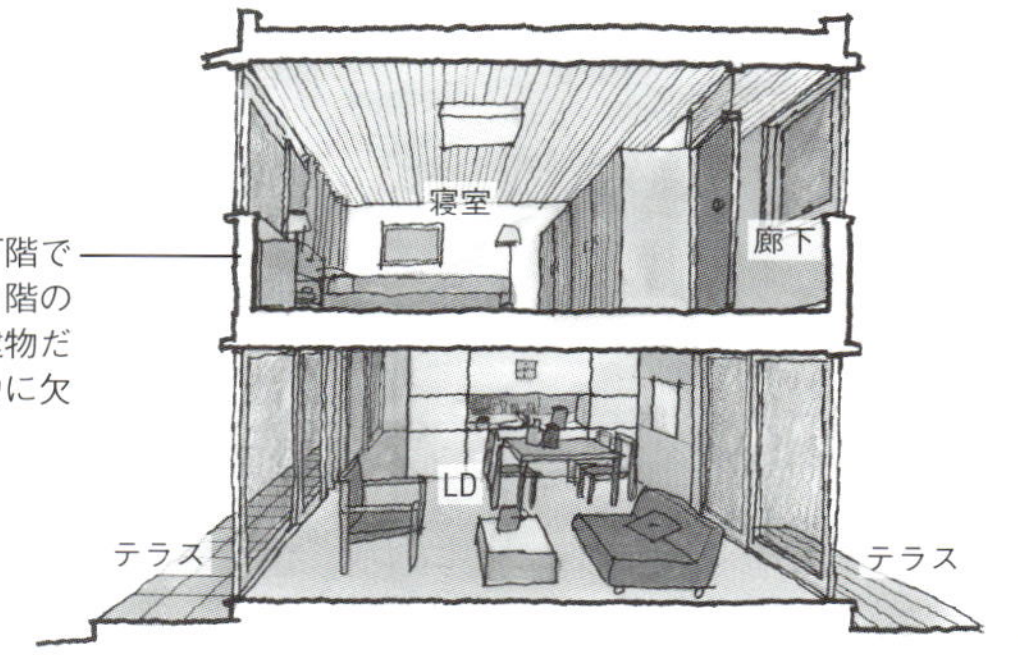

断面パース

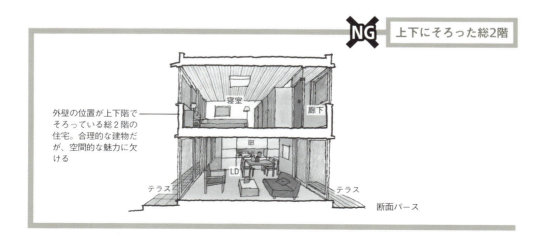

chapter 1
断面
3

縦にずらすと家の中を光と風が躍る

少しの段差が空間に変化を生む

「ずれ」の部分は大きな吹抜け空間にして、スキップフロアをつなぐ階段を設ける。同じ空間の中で階段を介して床の高さが異なる「スキップフロア」は空間に変化を生む

空間を上下にずらすことで生まれたハイサイドライト。採光の難しい建物中央部が明るくなり、風通しもよくなる

ずれたことで生まれた大きな収納スペース

断面パース

断面を上下にずらすだけ

断面図を縦にちぎり、上下にずらす。床の高さにずれが出て、空間は立体的に変化する

POINT

縦にもずらしてみよう

家をちぎってずらすなど難しい話だが、設計段階の家であれば簡単なこと。平凡すぎて魅力がないと感じたときには、断面図をちぎってずらしてみよう。まったく違った、おもしろい住まいになること請け合いである。

住宅を考えるとき、初めに間取りを考えることが多い。間取りは、部屋の広さや動線など平面的な構成を考えたものであるが、平面が立体的な空間になるには、「高さ」方向の検討が必須だ。天井の高さが違うだけで、部屋の印象はもちろん光の入り方も大きく変わるものなのだ。

ここでは、一般的な住宅の断面図をちぎり、縦にずらすことで新しい案をつくってみた。片側が半階分下がったスキップフロアの住宅は、つなぎ目の部分が吹抜け空間になっている。吹抜けを介し上下階の部屋につながりが生まれ、吹抜けから各部屋に光と風が届けられる。健康的な住まいに生まれ変わったことが図面からも読み取れるだろう。

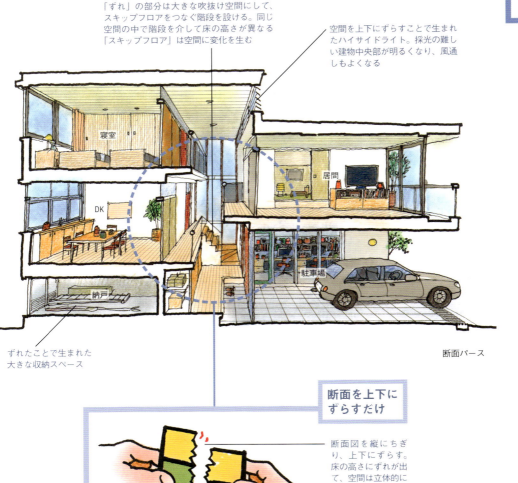

縦にずらしてスキップフロアをつくる

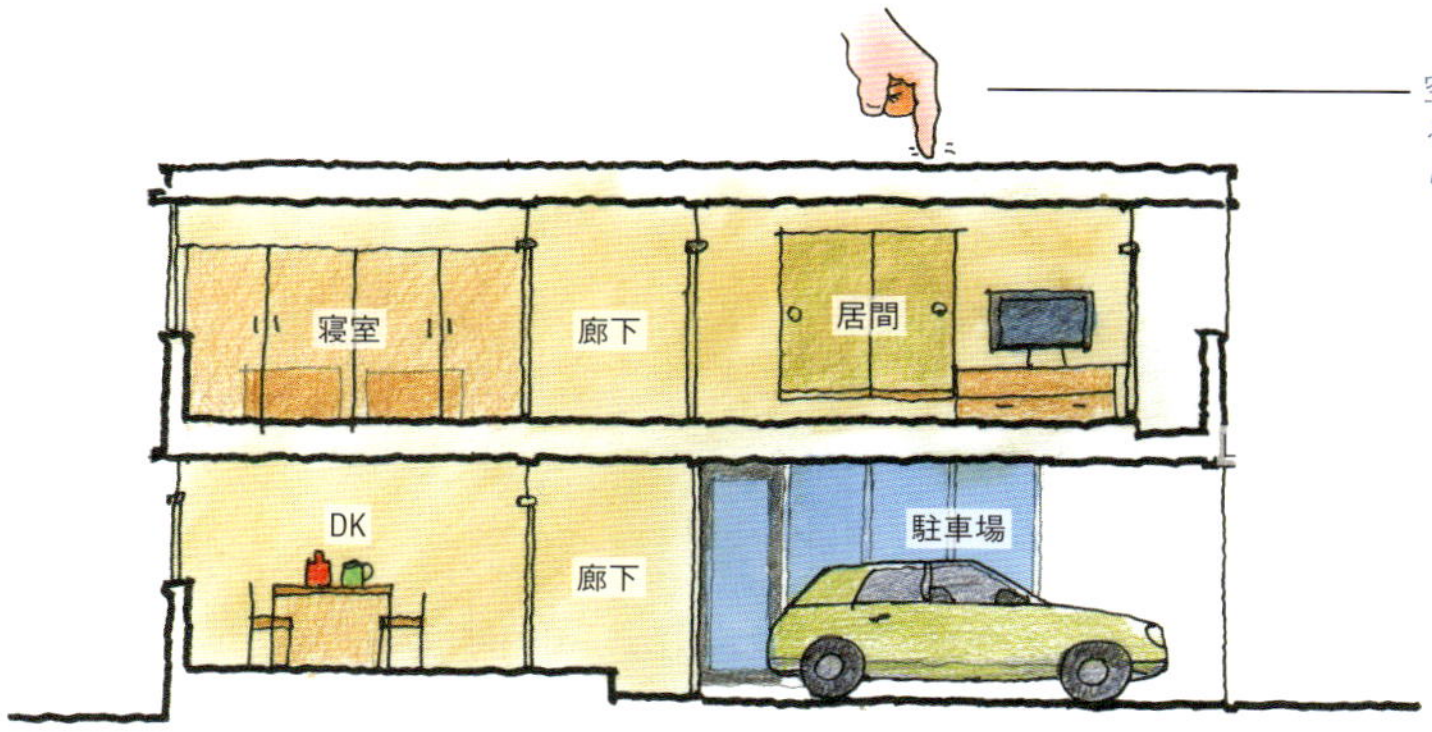

空間が床で上下分断されている状態。建物の半分を縦にずらすと……

縦にずらす前　断面図

寝室も DK も 2 方向からの採光で明るくなった

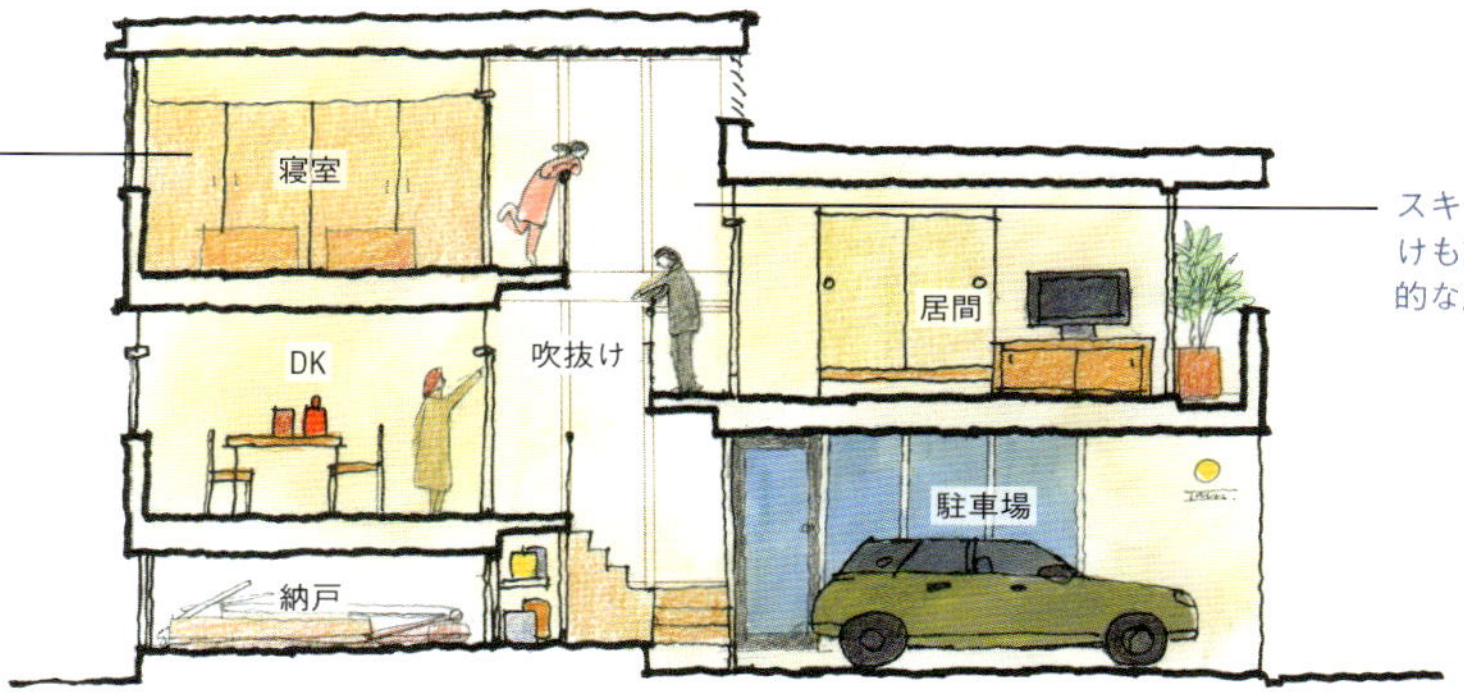

スキップフロアとなり、吹抜けも設けたことで空間に立体的な広がりが生まれた

縦にずらした後　断面図

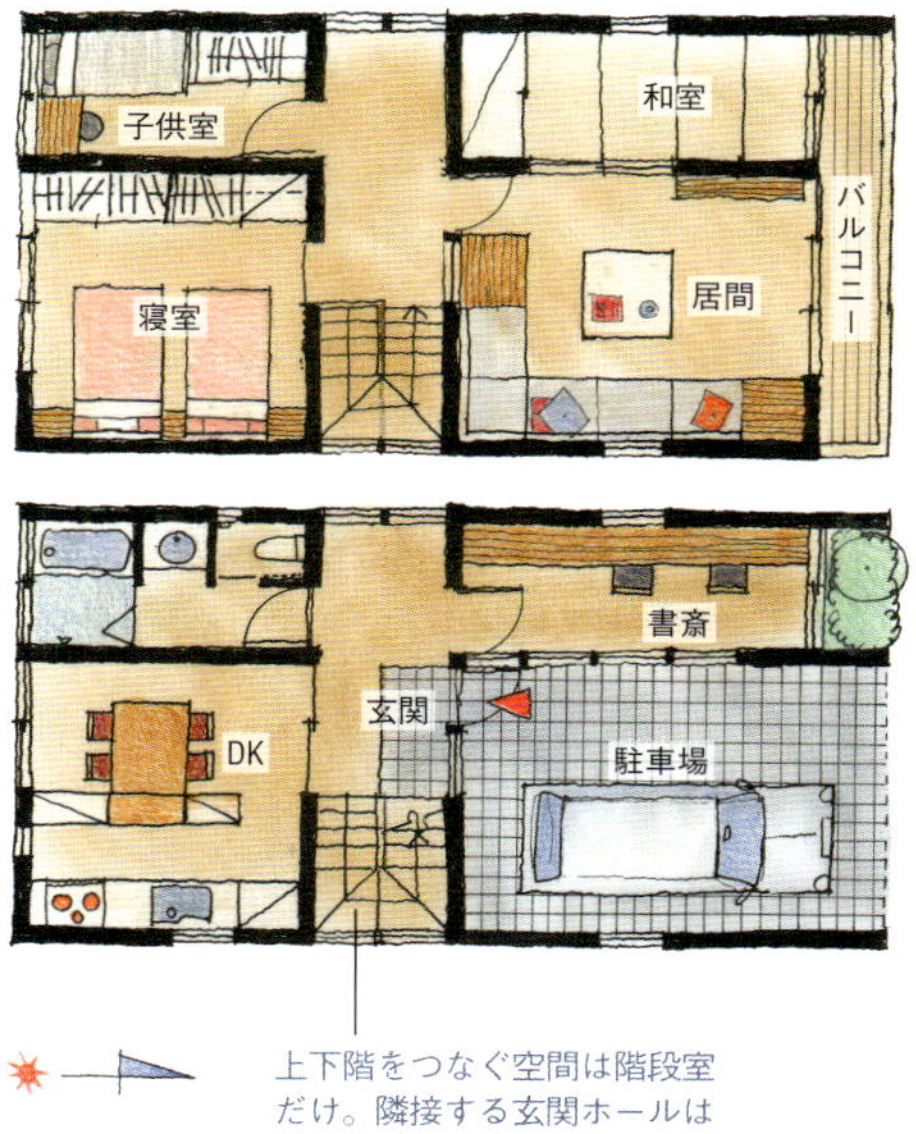

上下階をつなぐ空間は階段室だけ。隣接する玄関ホールは狭く薄暗い

縦にずらす前　平面図（下：1 階、上：2 階）

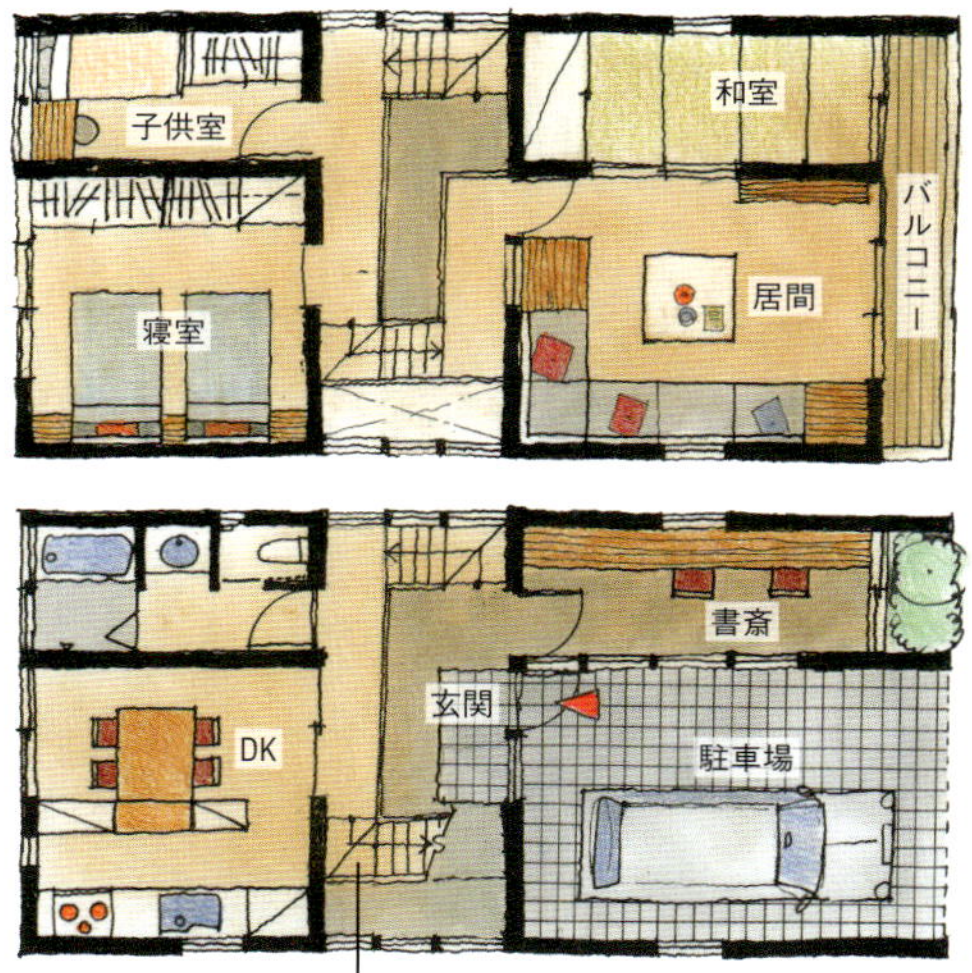

縦にずらすことで生じた吹抜けスペース。スキップフロアでは半階ずつ昇降するので、上下階の移動がさほど負担にならない

縦にずらした後　平面図（下：1 階、上：2 階）

chapter 1
断面
4

回転させて、あいまいな空間をつくろう

回転すれば簡単！　あいまい空間を創出

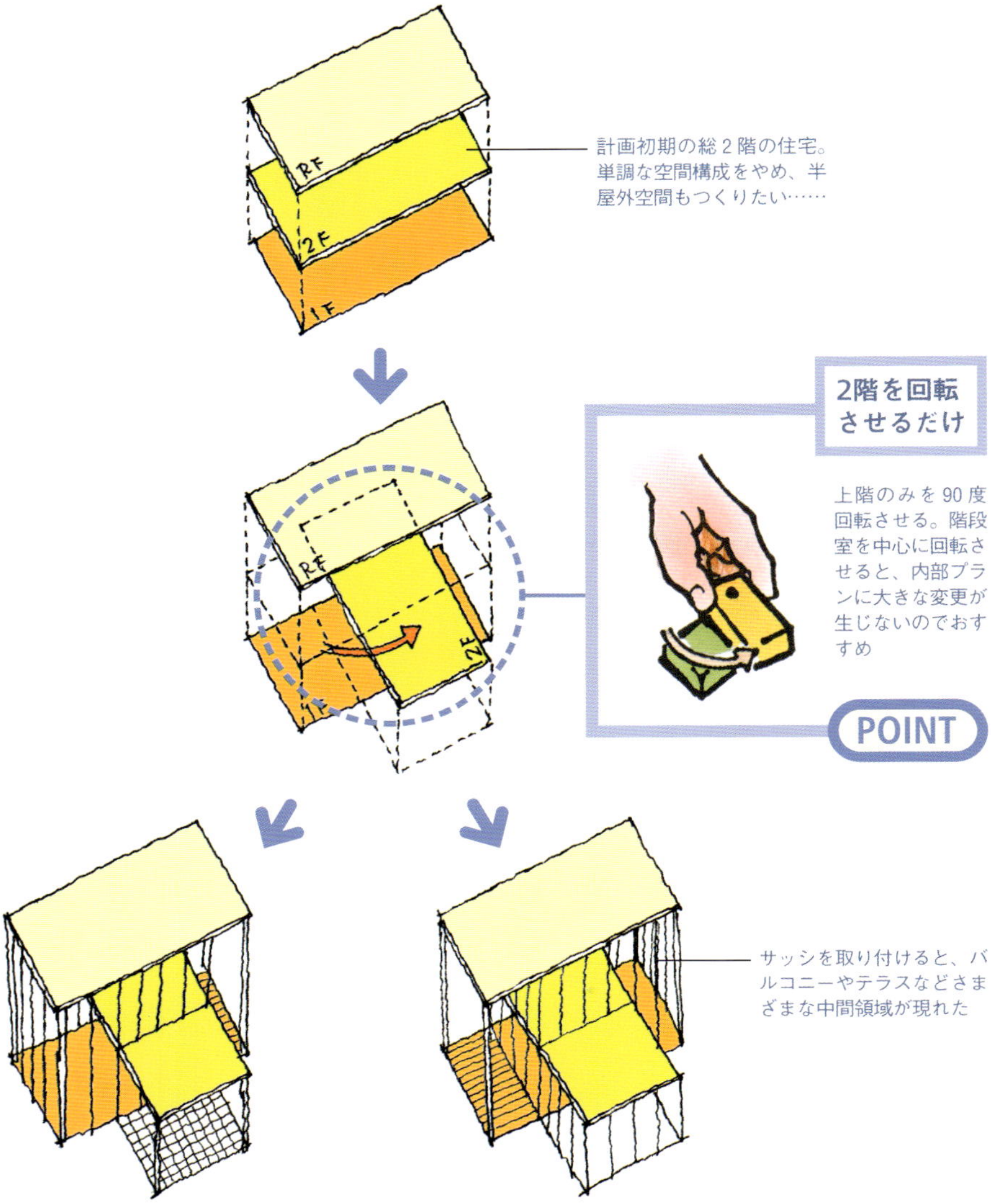
RF
2F
1F
計画初期の総2階の住宅。単調な空間構成をやめ、半屋外空間もつくりたい……
2階を回転させるだけ
上階のみを90度回転させる。階段室を中心に回転させると、内部プランに大きな変更が生じないのでおすすめ
POINT
サッシを取り付けると、バルコニーやテラスなどさまざまな中間領域が現れた

あいまいな空間が暮らしを豊かにする

ここでいう「あいまいな空間」とは、屋外とも屋内ともいえない半屋外空間のこと。専門的には「中間領域」ともいう。

伝統的な日本家屋は、外と中の境界があいまいで、吹きさらしの縁側や屋内にある土間など、あいまいな空間も多かった。四季の変化に富むわが国では、特にこうした空間をつくることで生活の質を向上させてきた。縁側に座れば雨の日でも外気に触れられたし、土間は寒い時期の作業の場として役立った。

古くから、私たち日本人の生活の幅を広げ、暮らしを豊かにしてきたあいまいな空間。現代の住宅にも積極的に取り入れたい。プランニング中の住宅も、少し手を入れるだけで屋根の掛かったテラスやバルコニー、ピロティといったあいまいな空間が生まれる。「ずらす」（16・18頁）という手法は前述した通りだが、ここでは「回転する」という手法を紹介しよう。

中間領域が空間を豊かにする

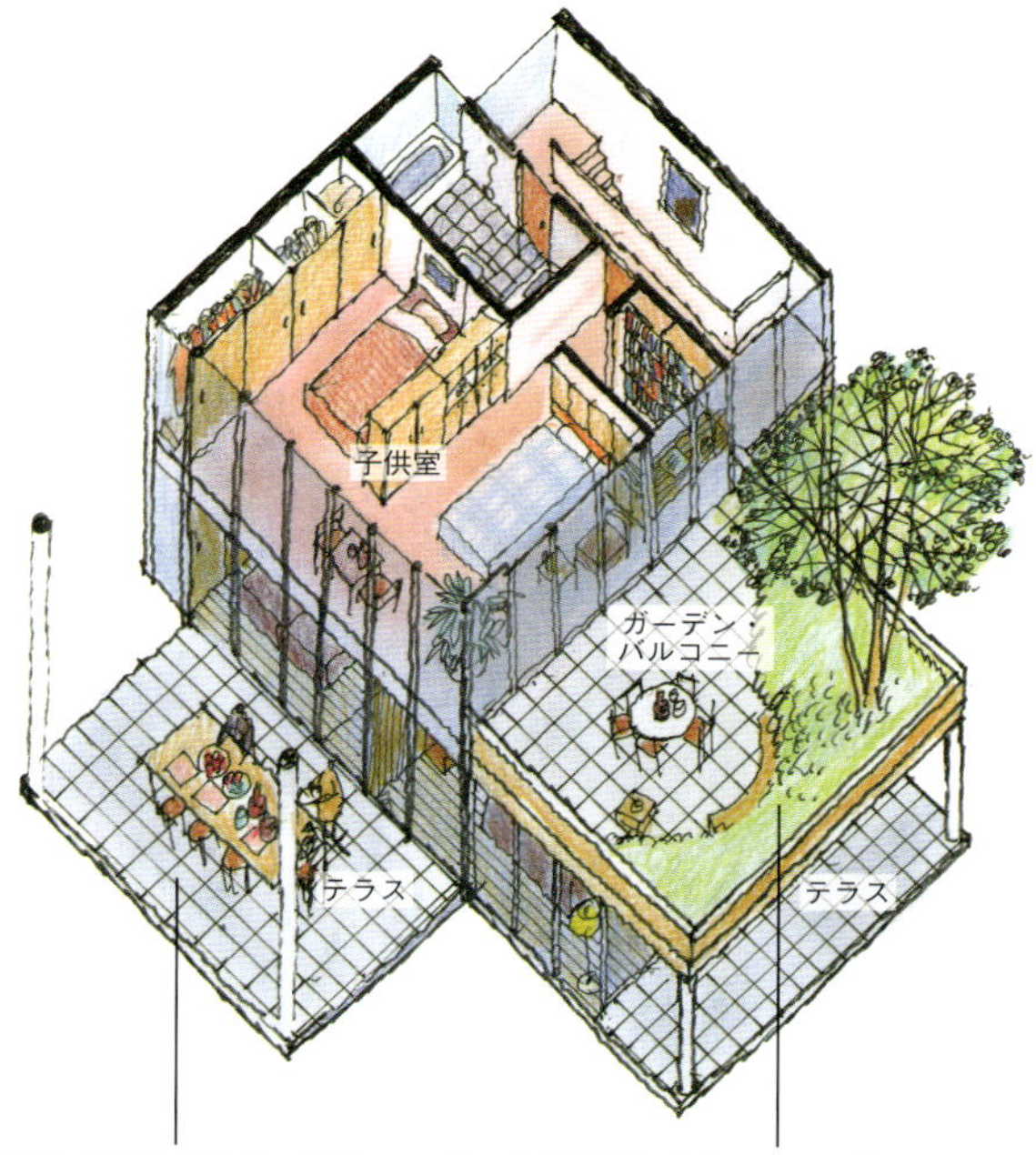

2層吹抜けのピロティは開放的なテラス。テーブルなどをセッティングして、部屋の延長として使いたい

庭いじりを楽しめるルーフ・バルコニー。ひとつの住宅に雰囲気の異なる半屋外空間が複数あるとよい。なお、このような緑豊かなバルコニーは、建物が鉄筋コンクリート造の場合に限られる（木造でも可能だが防水が大変）

平面アクソノ図

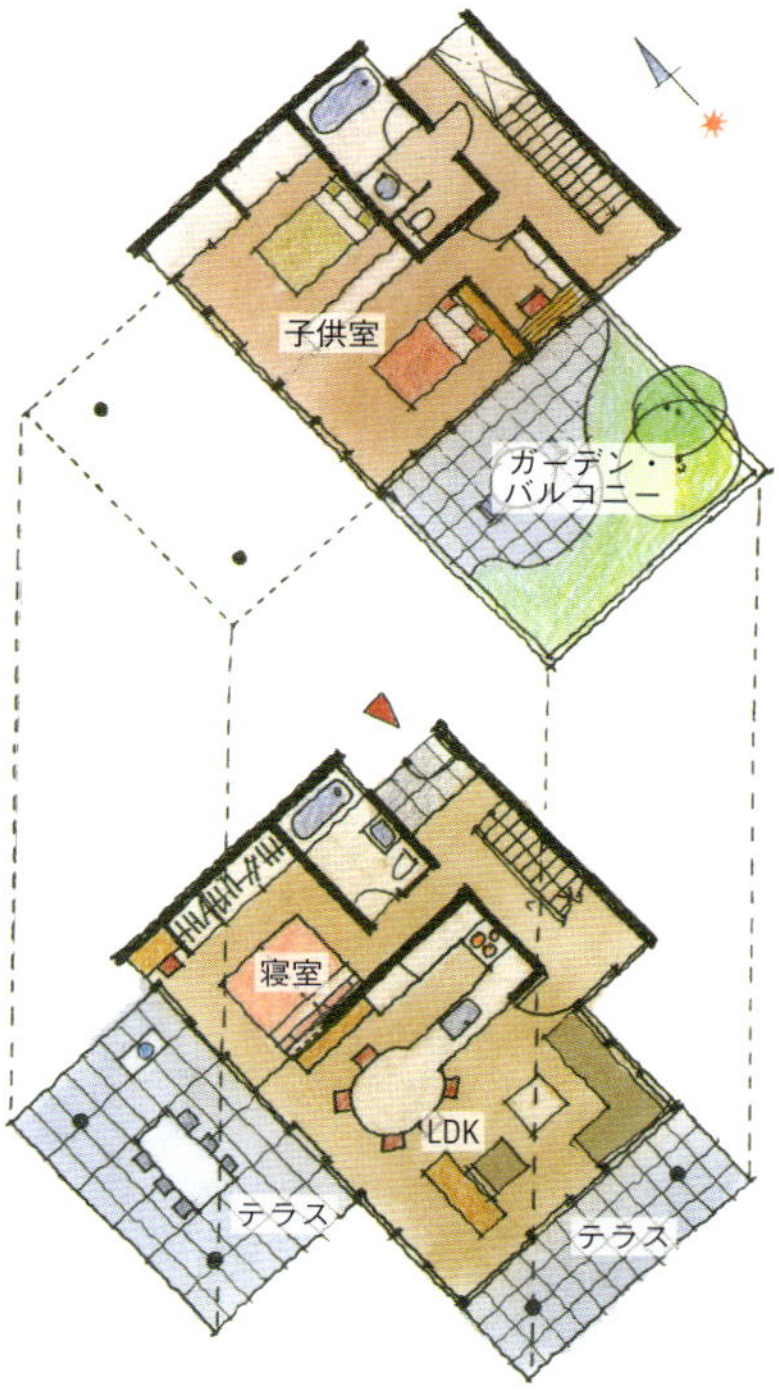

平面図（下：1階、上：2階）

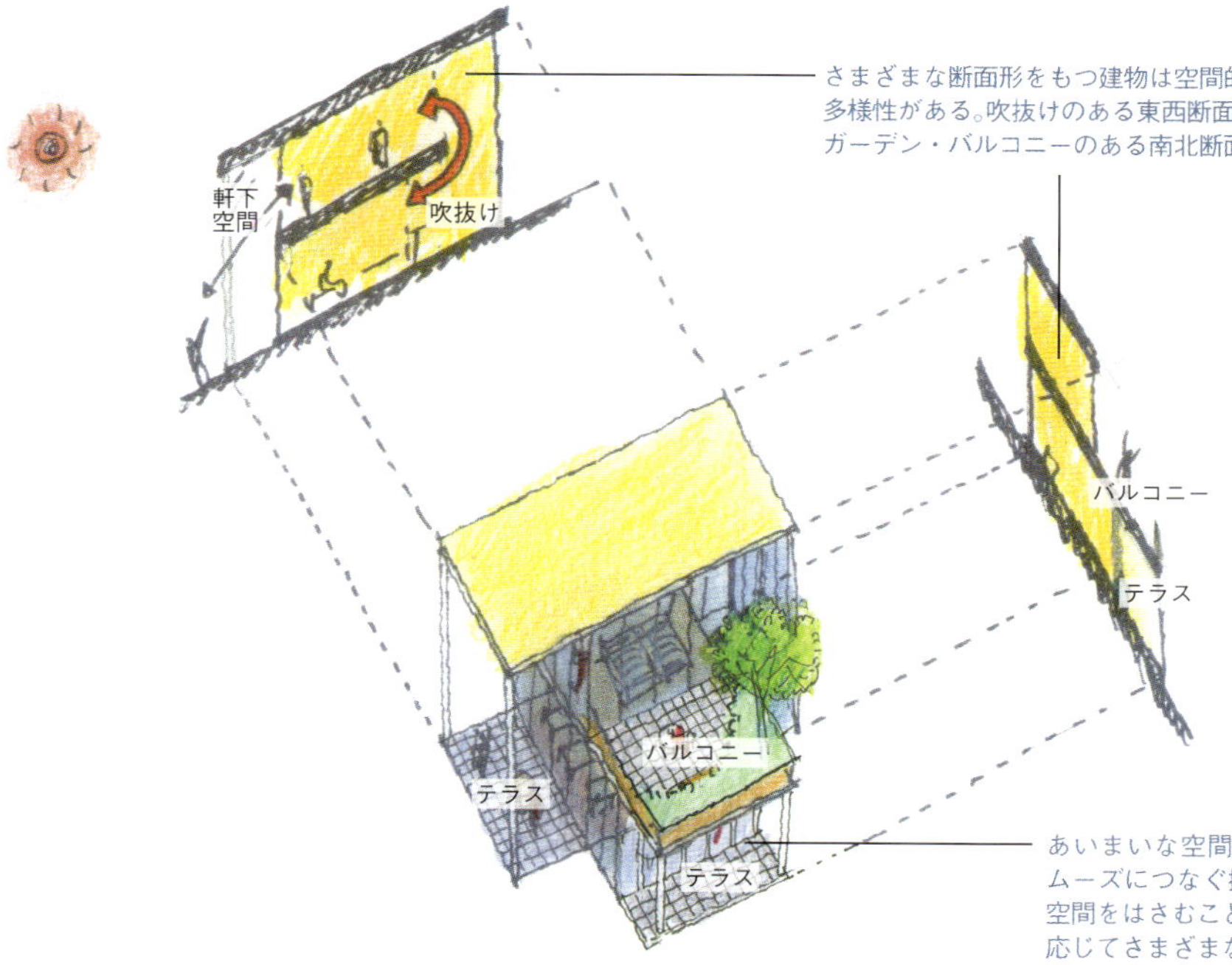

さまざまな断面形をもつ建物は空間的に多様性がある。吹抜けのある東西断面と、ガーデン・バルコニーのある南北断面

あいまいな空間は外部と内部をスムーズにつなぐ接続空間でもある。空間をはさむことで、季節や時間に応じてさまざまな生活が楽しめる

断面の考え方

chapter 1
断面
5

床を取って、ダイナミックな空間に

吹抜けが上下の空間をつなぐ

吹抜けができることで、空間が立体的になる。上部からも光が落ちてきて、明るい居間に

吹抜けに面した腰壁に障子を建て込む。開け閉めすることで、つながりの度合いを調整できる

断面パース

床を一部取るだけ

床の一部を取り除けば、吹抜けができる。吹抜けを通じ上下階がつながる

吹抜けを設けるには、火打梁の位置や柱梁の大きさを事前に検討しておく必要がある

POINT

住宅の計画には「将来的視点」が不可欠

プランニングは家族構成やライフスタイルの変化を予測しながら行う。とはいえ将来は未知なもの。空間を小割りして部屋数を増やすのは、予測不能なものへ対応する策のひとつ。ところがこれにより、住み心地や居住性がおろそかになることも。多めに見積もった部分が使われず、無駄なスペースになってしまうことも多い。重要なのは、家自らが変われるようにしておくこと。そうすれば、長く快適に暮らせる住まいになる。たとえば小割りした部屋も、壁を取れるようにしておくことでいつでも大空間に生まれ変わる。

ここで紹介するのは夫婦の住まい。子が巣立つのを機に2階の床を一部取り除き、居間につながる吹抜けを設けた。年を取り家族が減ると、部屋の広さよりも居心地のほうが重要になる。開放感や明るさをもたらす吹抜けはおすすめのアイテムだが、当初から構造に配慮しておくことが必要だ。

床を「取る」と上下がつながる

子供室
吹抜け
納戸
寝室
2階の一部の床を取り除くと……
玄関
台所
LD
子供室
吹抜け
納戸
吹抜け
寝室
上下階を貫く吹抜けが生まれた。居間とのつながりができる
玄関
台所
LD
吹抜けはさほど大きくなくても、十分な効果が期待できる

取る前　平面図（下：1階、上：2階）

取った後　平面図（下:1階、上:2階）

NG 上下で縁の切れた家

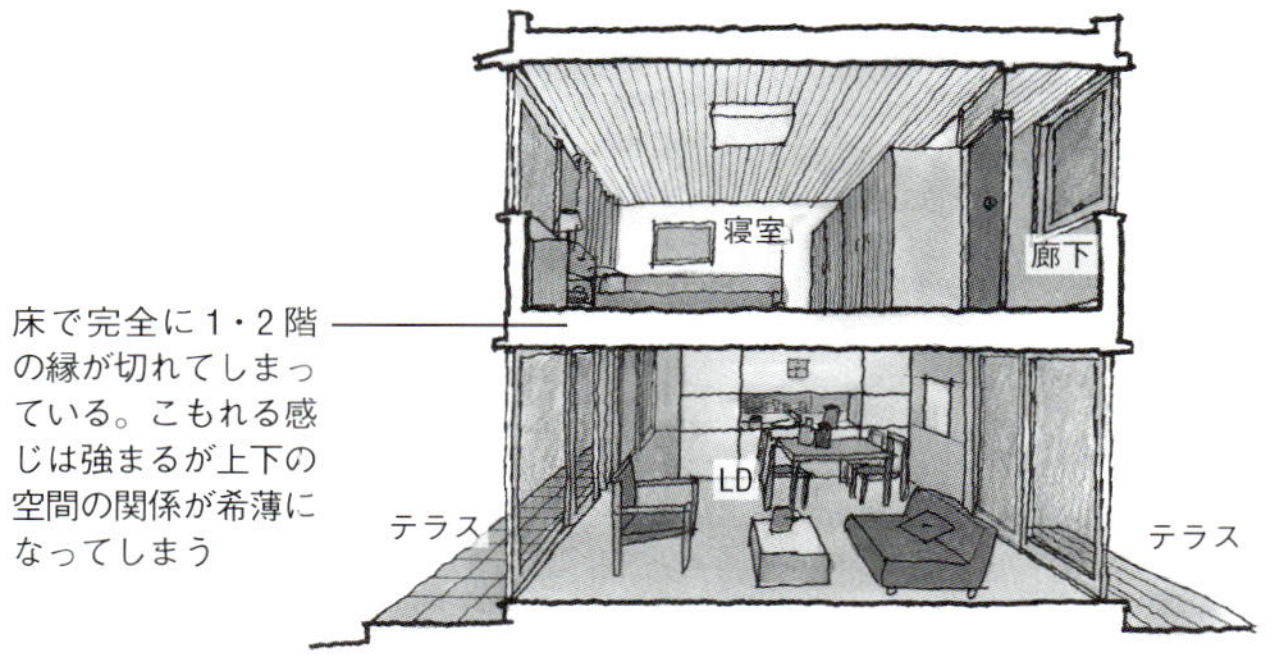
寝室
廊下
LD
テラス
テラス
床で完全に1・2階の縁が切れてしまっている。こもれる感じは強まるが上下の空間の関係が希薄になってしまう

吹抜けのない家　断面パース

chapter 1
敷地

6

斜面地に向く、階段状の住宅

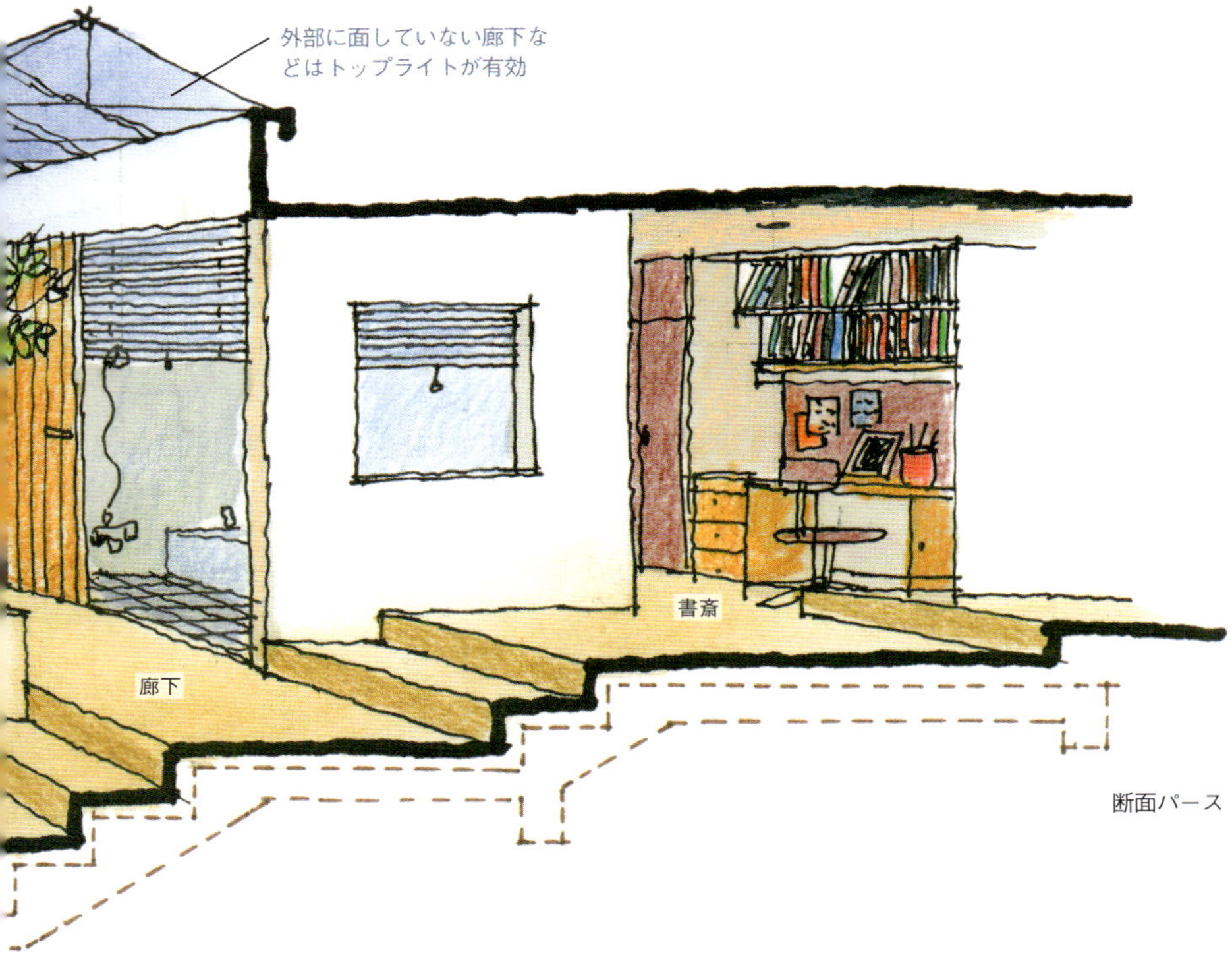

外部に面していない廊下などはトップライトが有効
書斎
廊下

断面パース

NG 土地をならし、崖のような擁壁を設置

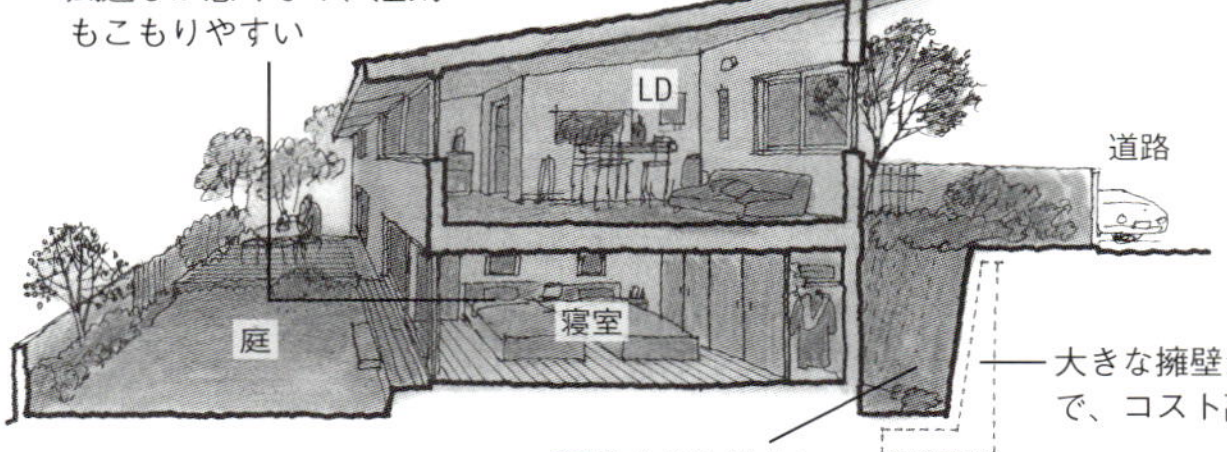

擁壁に面している1階は風通しが悪くなり、湿気もこもりやすい
LD
道路
庭
寝室
大きな擁壁が必要で、コスト高に
薄暗くじめじめした空間ができる

擁壁のある家　断面パース

床に段差を付け建物を擁壁《ようへき》の代わりに

都市周辺にある分譲住宅地は、山を切り開いて開発された造成地であることも多い。土地を平らにならすためにつくられる擁壁は、崖のような高さになることも。そこに建てられた住宅を見ると、擁壁との空間がじめじめとして薄暗い。擁壁は設置コストが高いだけでなく、住宅の配置にも大きくかかわってくる※。

土地の勾配《こうばい》をならすのではなく、そのまま生かすという方法もある。緩やかな段差を付けた「階段状の住宅」を建てるのだ。敷地面積や勾配にもよるが、擁壁を必要としないので経済的。さらに、立体的で豊かな内部空間もつくりやすい。上下に行き来するのは、視界が変わって楽しいもの。バリアフリー住宅が必須というわけではないのなら、ぜひ選択肢のひとつに入れてほしい。

日々の暮らしの中で適度な運動をすることができる住宅なら、健康な身体づくりにも役立つのはいうまでもない。

※：建物は擁壁から一定の間隔を空けて建築しなければならない

段差のある床×平坦な天井

フラットな天井だが、床に段差が付いているので、天井高さに変化ができている
キッチンとLDの間に段差があることで景色もそれぞれ違ったものに見える
屋根をフラットにした場合、最も低い部分にある部屋は大開口が取れる
台所
LD

勾配のある土地をそのまま使う

土を削り取るのではなく、土地に合わせ、住宅そのものに緩やかな段差を付けることで、造成コストが下がる

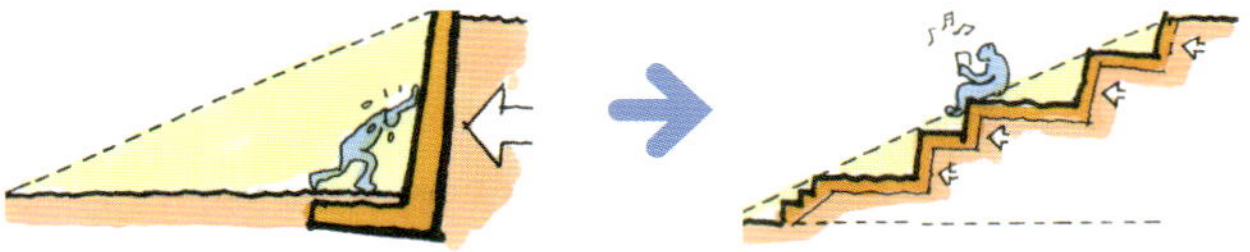

POINT

段差のある床×傾斜天井

屋根の一部はルーバー・トップライト
土地の傾斜に合わせた勾配屋根。屋根に沿って風がスムーズに流れる
部分的に屋根をなくして中庭に。採光・通風のためのスペース
ロフト
中庭
子供室
庭
インナーテラス
居間
DK
大きなワンルーム空間だが、床の段差によって、部屋の用途を区別している

断面パース

行儀のよい家はファサードが道路を向く

NG 裏がオモテ？　行儀の悪い家

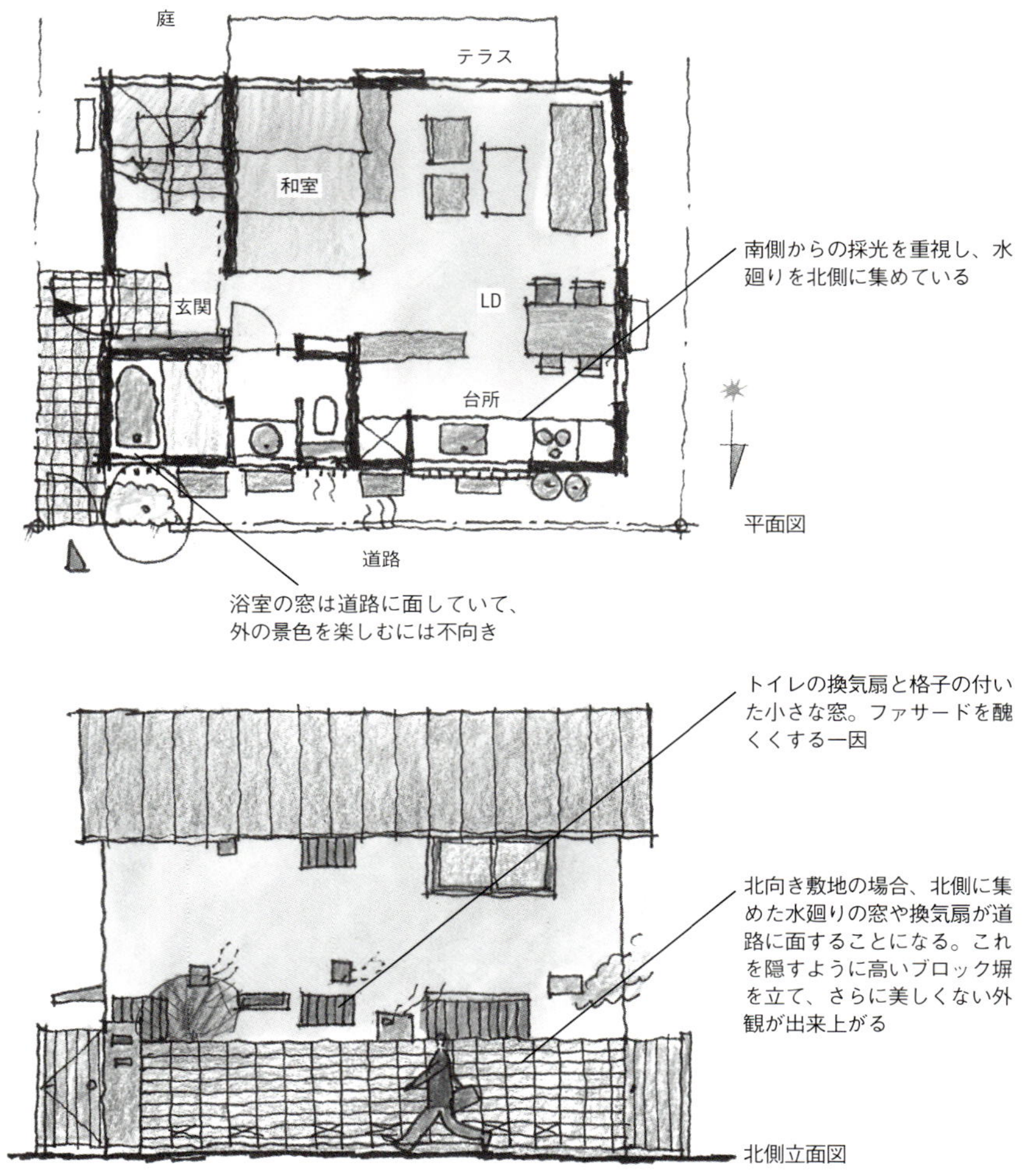
庭
テラス
和室
玄関
LD
台所
道路
平面図
南側からの採光を重視し、水廻りを北側に集めている
浴室の窓は道路に面していて、外の景色を楽しむには不向き
トイレの換気扇と格子の付いた小さな窓。ファサードを醜くくする一因
北向き敷地の場合、北側に集めた水廻りの窓や換気扇が道路に面することになる。これを隠すように高いブロック塀を立て、さらに美しくない外観が出来上がる
北側立面図

いつも「北側＝水廻り」でいいのか？

住宅の計画では日当たりを重視し、居間などを南側に配置することが一般的だ。その結果、トイレや浴室など住まいの「裏」の部分は北側に集まることになる。これが問題となるのは、北向きの敷地の場合だ。裏の部分が人目に付く道路に面することになる。家の顔ともいえる北側の壁に、防犯格子付きの小さな窓が不規則に並び、換気扇もむき出しというのは、美しくない。いわば、人に背を向けて座っているような、行儀の悪さだ。

北向きの敷地では、住宅の南側と北側、いずれも家の顔であると考えて設計したい。たとえば、南北をつなぐように居間を配置する。大きな窓を庭のある南側だけでなく北側にも開ければ、採光・通風がスムーズになるのはもちろん、道路に面した壁面を美しく整えることができる。さらに浴室や台所を庭に面して配置することで、入浴や調理の時間まで気持ちのよいものになるだろう。

家の北側が顔！　北向き敷地に建つ家

庭に面する南側の浴室。開放感にあふれ、まるで露天風呂のよう

部屋の南北に窓を配置した居間は、風の通りもよい

室外機は隣家の邪魔にならない位置に

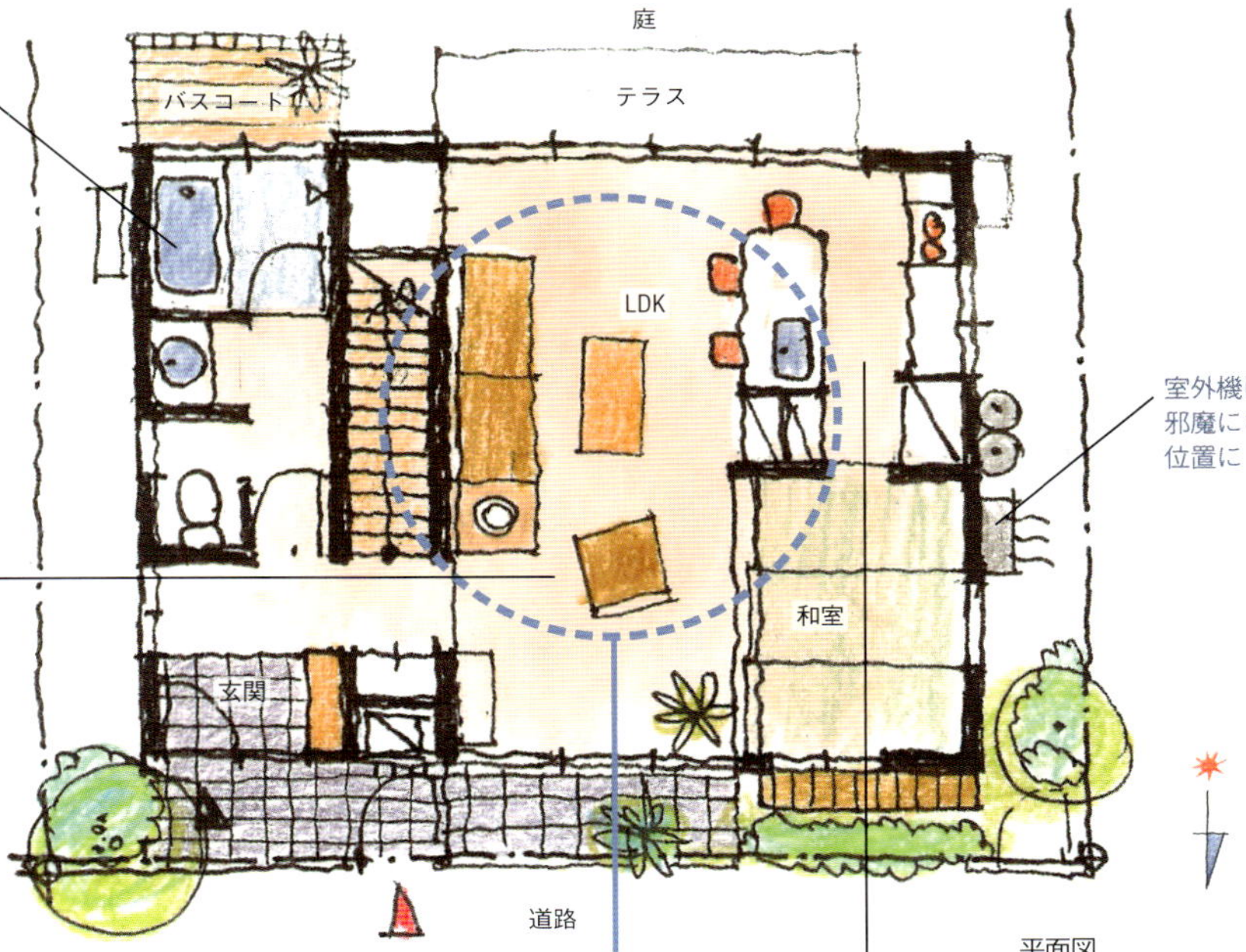

平面図

意外と過ごす時間が多いのが台所。光にあふれた台所なら、気持ちよく作業できる

居間を北側にも向ける

北向き敷地では、道路に面する北側壁面への配慮が必要。大開口のある居間は南北に取り、水廻りを北側に集めるのをやめてみよう

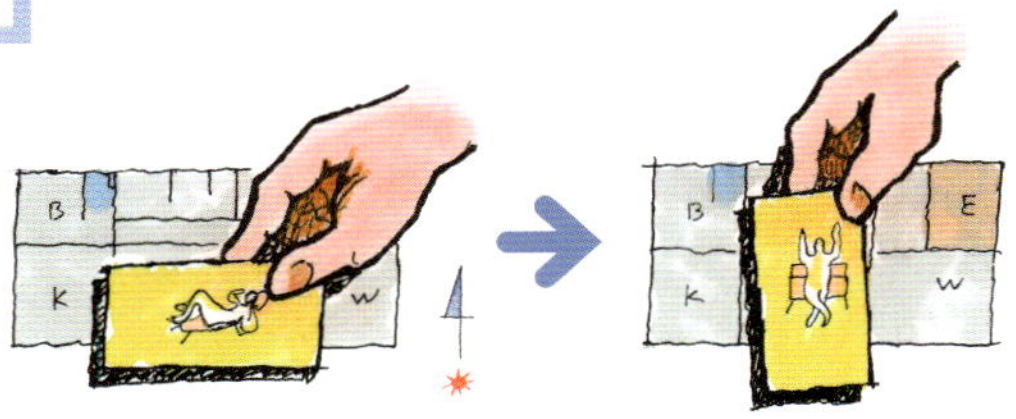

POINT

道行く人の目を楽しませる植込みやガーデンバルコニーの花々

居間の大きな開口は美しい壁面の要素。道路のある北側壁面にも設けることで、家の「顔」が整う。もちろん開口からは通風・採光が期待できる

生垣は北側壁面の「化粧」にもなる

北側立面図

chapter 1
敷地
8

北向き斜面地は定説を覆す採光を

北からの間接光をうまく利用する

南向きの土地は昔から好まれてきた。南側に道路があり、日照条件がよいからだ。南に傾斜した斜面地ならなおさらである。

反対に北向きの斜面地は、住宅の計画が難しい。道路側の擁壁いっぱいに建物を寄せ、南側の庭から採光するのは定石だが、向かいの家が迫っていることが多く、あまり効果的でない。また、プライバシーの確保が難しく、庭に面した窓のカーテンを閉めたままにしておくことにも。建物と擁壁の距離が近すぎると危険だし、街並みも台なしだ。

まずは「南からの採光」神話を捨ててみよう。道路のある敷地北側に中庭をつくり、そこからの間接光を利用するのだ。中庭を中心とした間取りでは、プライバシーの問題も起こらない。さらに擁壁をやめ、中庭まで続く階段状のアプローチをその代わりとしよう。エントランス空間と街並みの両方に豊かさを生み出すことができる。

NG 南側からの採光、実は難易度高し

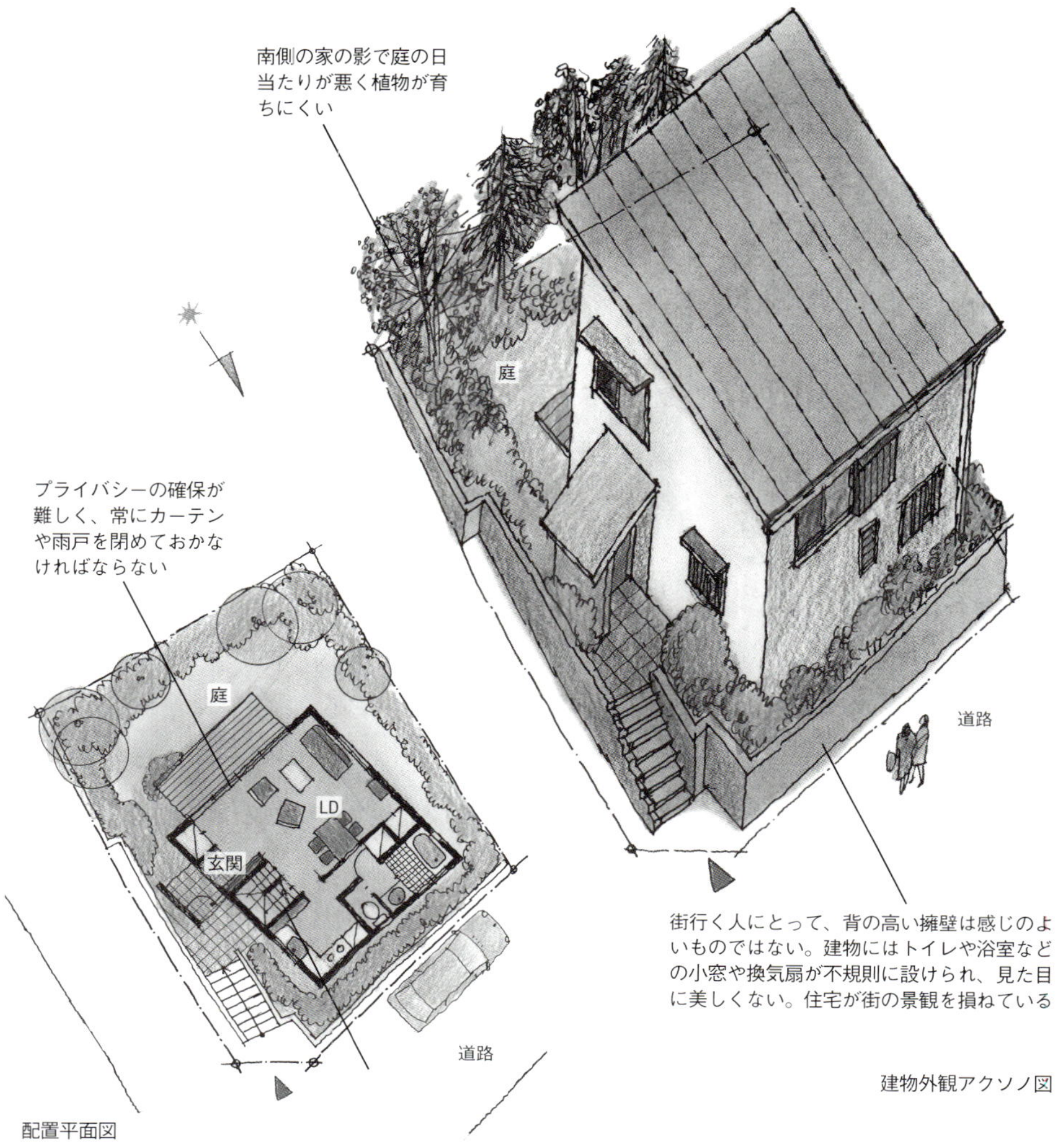
南側の家の影で庭の日当たりが悪く植物が育ちにくい
庭
プライバシーの確保が難しく、常にカーテンや雨戸を閉めておかなければならない
庭
LD
玄関
道路
道路
街行く人にとって、背の高い擁壁は感じのよいものではない。建物にはトイレや浴室などの小窓や換気扇が不規則に設けられ、見た目に美しくない。住宅が街の景観を損ねている
配置平面図
建物外観アクソノ図

北向き斜面地は中庭から採光しよう

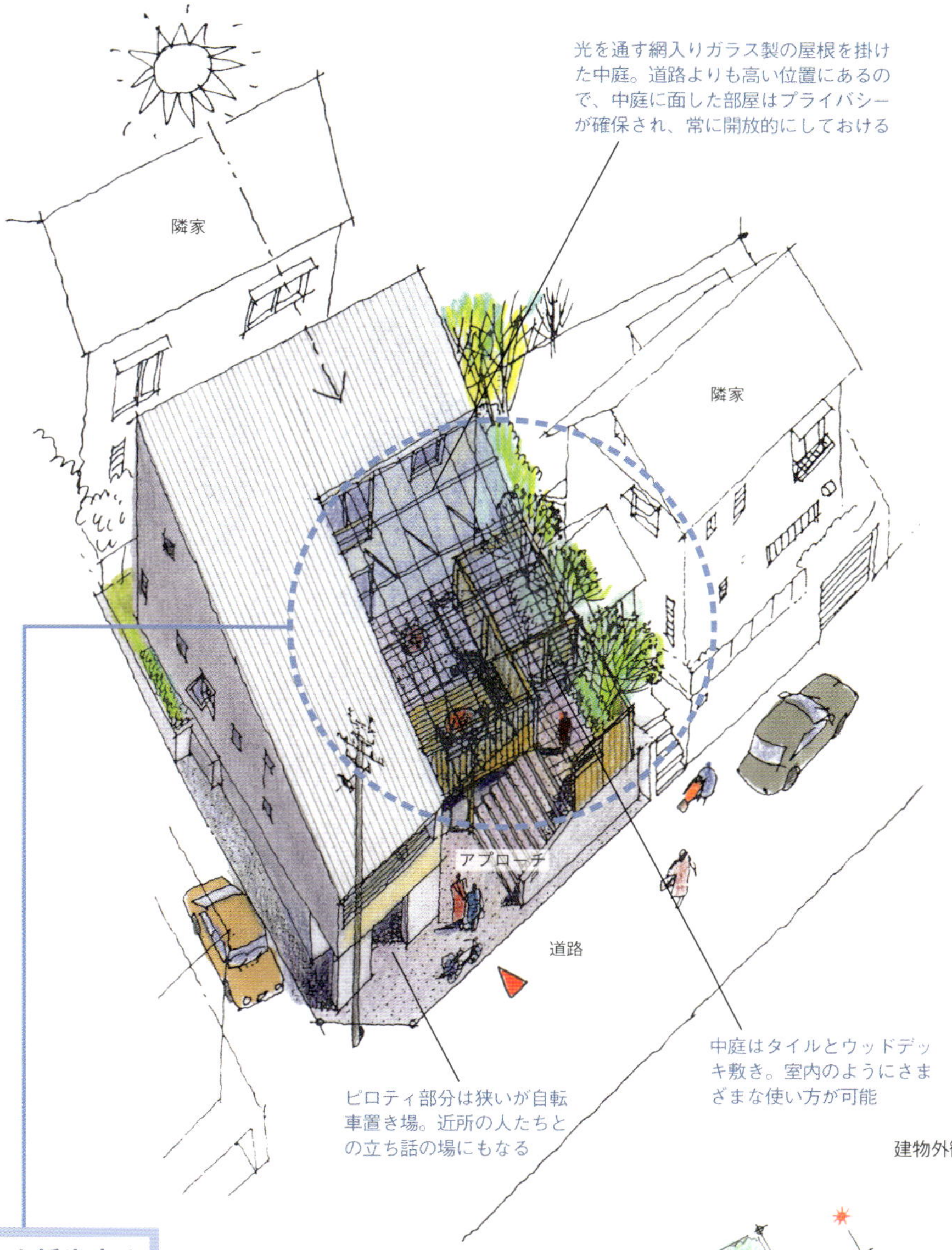
光を通す網入りガラス製の屋根を掛けた中庭。道路よりも高い位置にあるので、中庭に面した部屋はプライバシーが確保され、常に開放的にしておける
隣家
隣家
アプローチ
道路
ピロティ部分は狭いが自転車置き場。近所の人たちとの立ち話の場にもなる
中庭はタイルとウッドデッキ敷き。室内のようにさまざまな使い方が可能

建物外観アクソノ図

北側窓から採光する

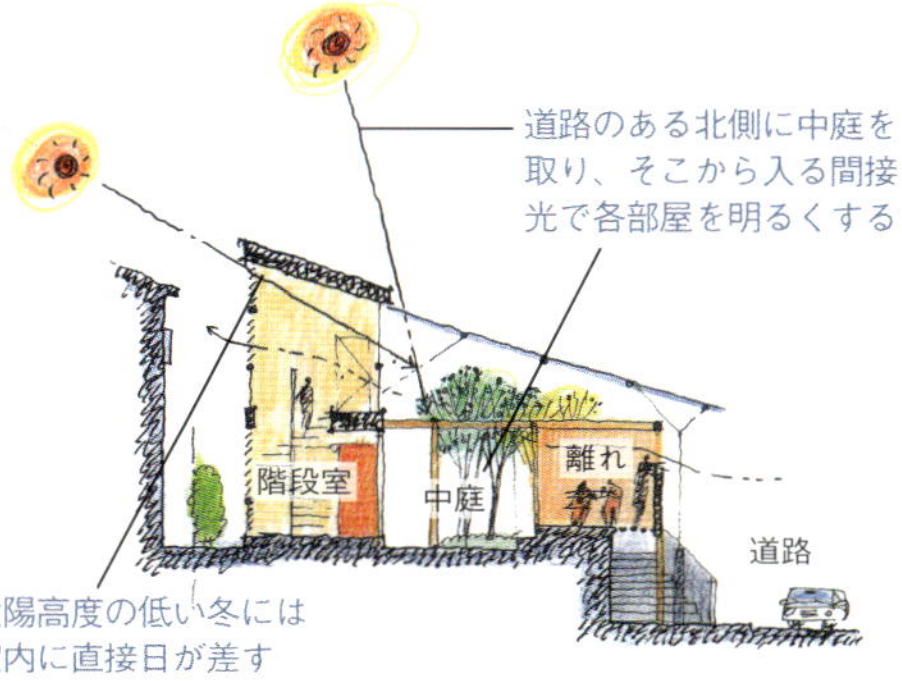
道路のある北側に中庭を取り、そこから入る間接光で各部屋を明るくする
階段室
中庭
離れ
道路
太陽高度の低い冬には室内に直接日が差す

断面図

POINT

台所
中庭
食事室
離れ
居間
道路
階段を上り、格子戸の門を通り抜けると、玄関のある中庭にたどり着く。長いアプローチは、小さな家にゆとりをつくり出す
北側の居間も中庭からの間接光で明るい

配置平面図

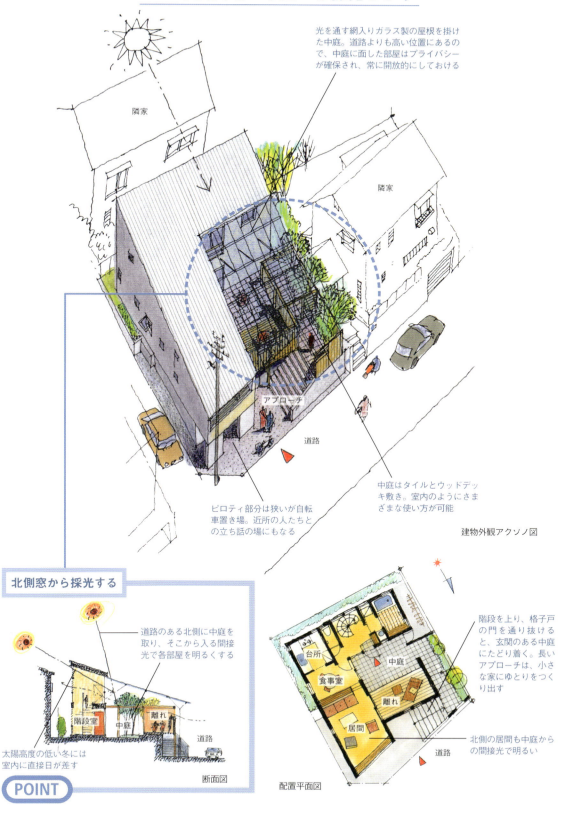

北向き斜面地の住宅は複数の断面がほしい

北向き斜面地に建つ住宅

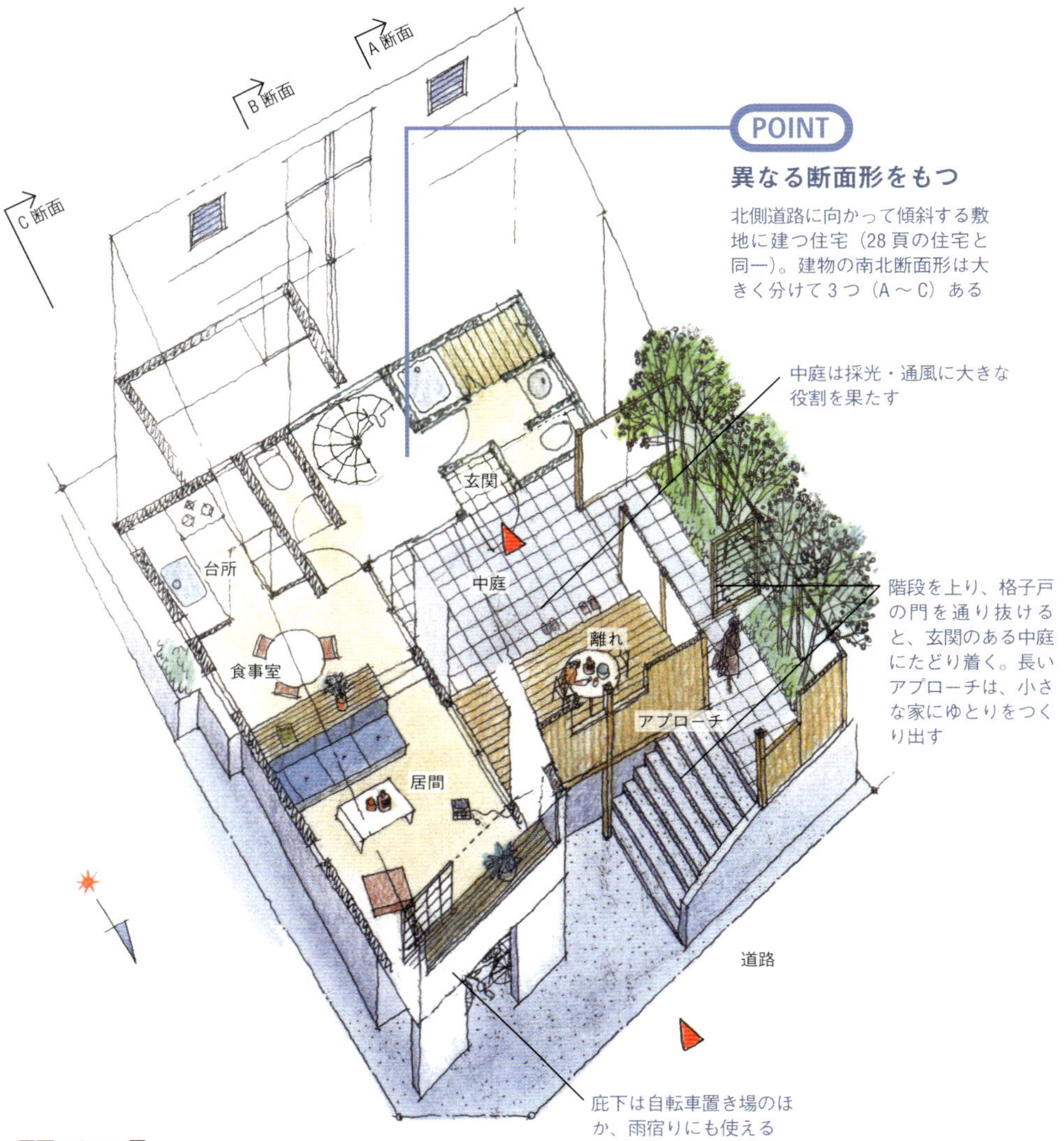
A断面
B断面
C断面
POINT
異なる断面形をもつ
北側道路に向かって傾斜する敷地に建つ住宅（28頁の住宅と同一）。建物の南北断面形は大きく分けて3つ（A～C）ある
中庭は採光・通風に大きな役割を果たす
階段を上り、格子戸の門を通り抜けると、玄関のある中庭にたどり着く。長いアプローチは、小さな家にゆとりをつくり出す
玄関
中庭
台所
食事室
離れ
アプローチ
居間
道路
庇下は自転車置き場のほか、雨宿りにも使える

平面アクソノ図

部屋の機能に合わせ断面をつくっていく

北向き斜面地（28頁）のような「環境がよくない敷地」に建てる家は、平面よりも断面計画を重要視したい。風や光の通り道をつくり、視線をコントロールする、これを立体的に行う必要があるからだ。

また、建物の断面にはバリエーションをもたせたい。金太郎飴のように同じ断面が続く家は空間に動きがなく、味気ない。

断面にバリエーションをもたせるには、そこに配置する部屋の用途や機能に着目するとよい。たとえば、居間には開放感が生まれるよう大きなボリュームを与える。食事室ならあえて天井を抑え、落ち着きをもたせるとよい。寝室はプライバシーをより重視し、外に閉じ内に開くようにしたい。

部屋の用途に合わせ、1つひとつ断面の形を考えていく。そうすることで機能的でありながらも、変化に富んだ楽しい住まいが出来上がるだろう。

断面にバリエーションがある、楽しい空間

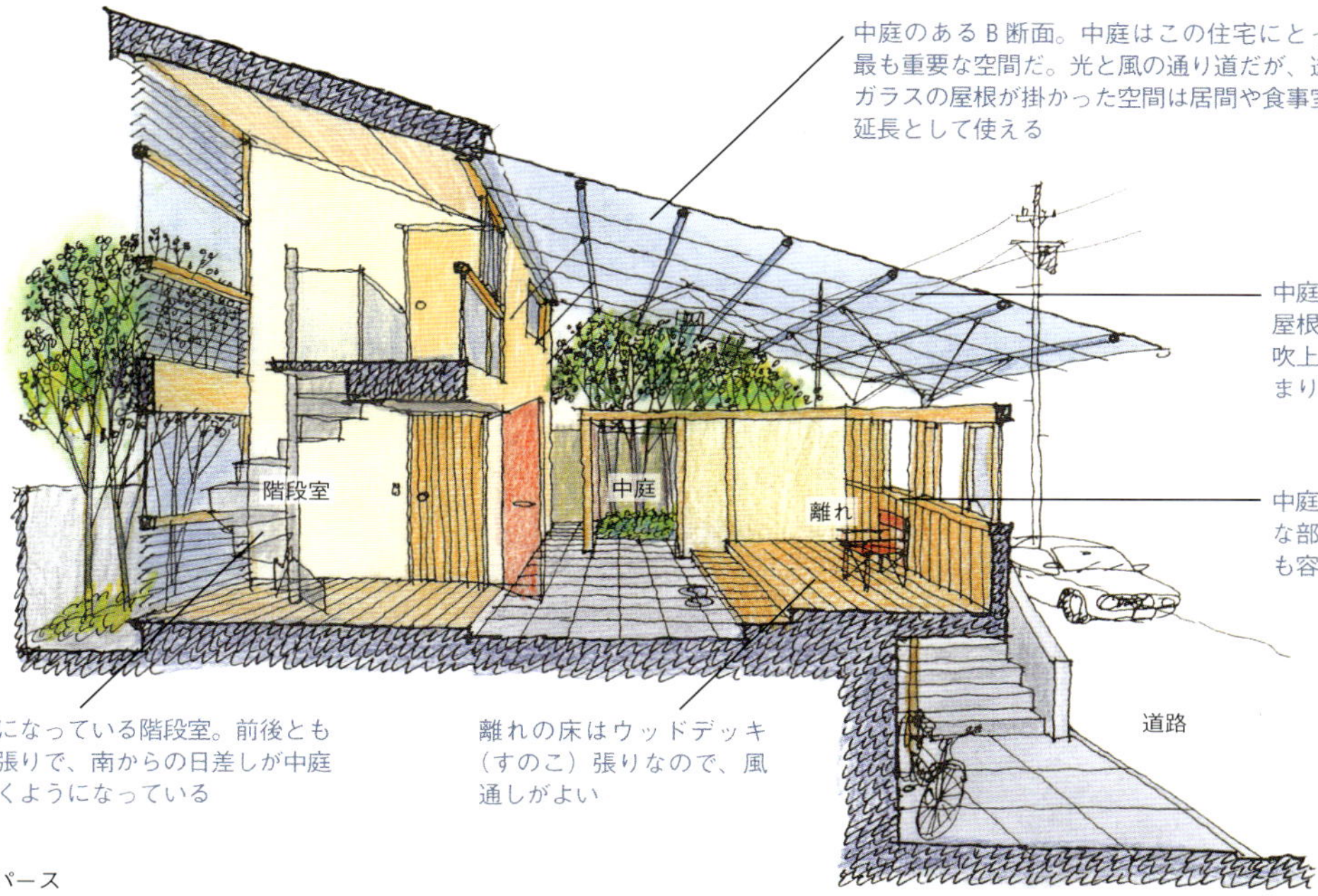

中庭のあるB断面。中庭はこの住宅にとって最も重要な空間だ。光と風の通り道だが、透明ガラスの屋根が掛かった空間は居間や食事室の延長として使える

中庭の大きなガラス屋根。下からの風の吹上げに留意した納まりが必須

中庭には離れのような部屋をつくることも容易

吹抜けになっている階段室。前後ともガラス張りで、南からの日差しが中庭まで届くようになっている

離れの床はウッドデッキ（すのこ）張りなので、風通しがよい

B断面パース

アプローチを含むA断面。屋根が一部掛かっているが、外部に近い空間だ。狭い敷地ながら比較的長いアプローチには植込みもあり、リッチな気分が味わえる

アプローチの途中にあるピクチュアウィンドウからの眺めは抜群

A断面図

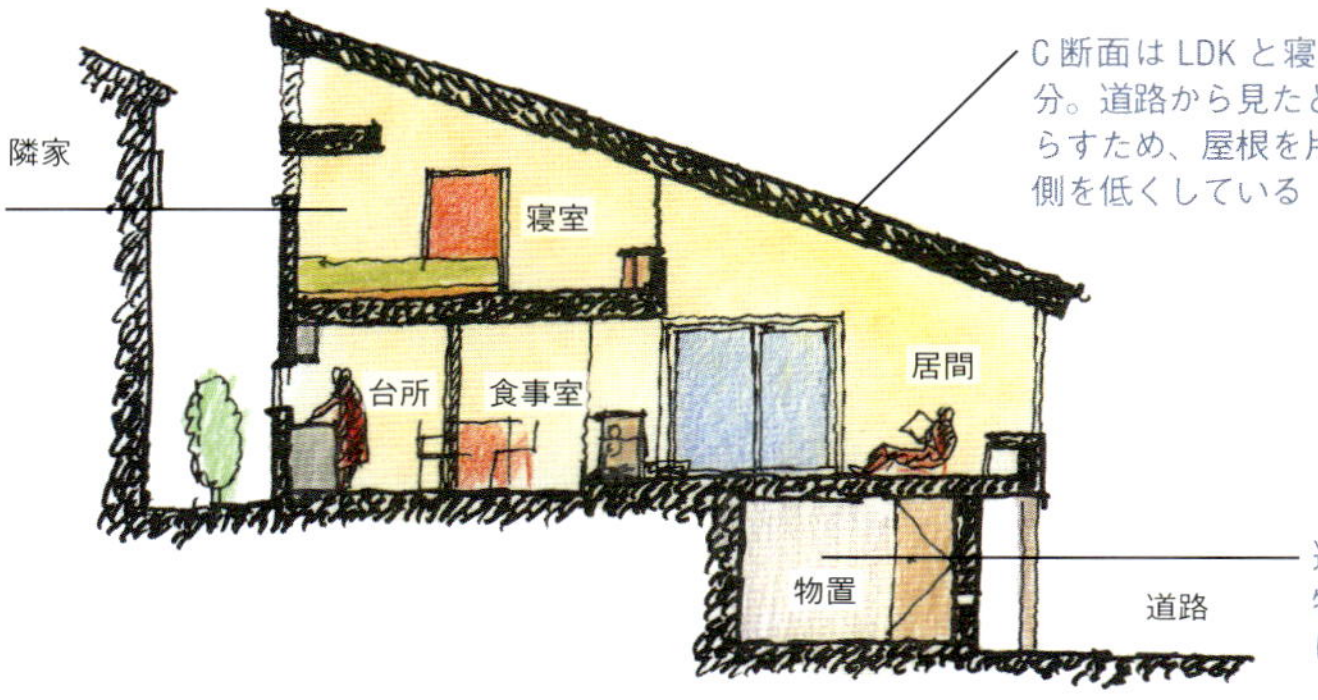

C断面はLDKと寝室がある主屋部分。道路から見たときの圧迫感を減らすため、屋根を片流れにして道路側を低くしている

南側が隣家に接するため、寝室を2階に配置し、最も高い位置に窓を設ける。プライバシーを守りながら光を得ることが可能に

道路と同レベルにつくった物置。収納する物によっては湿気対策を施す

C断面図

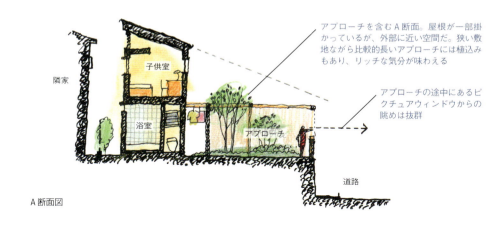

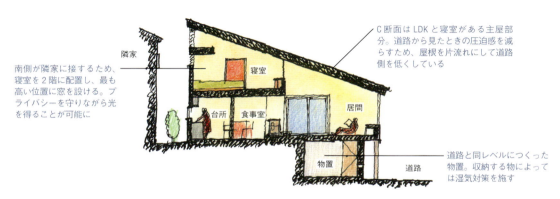

chapter 1
敷地
10

三角形の土地は隅をカットして考える

鋭角部分をテラスやバルコニーにしよう

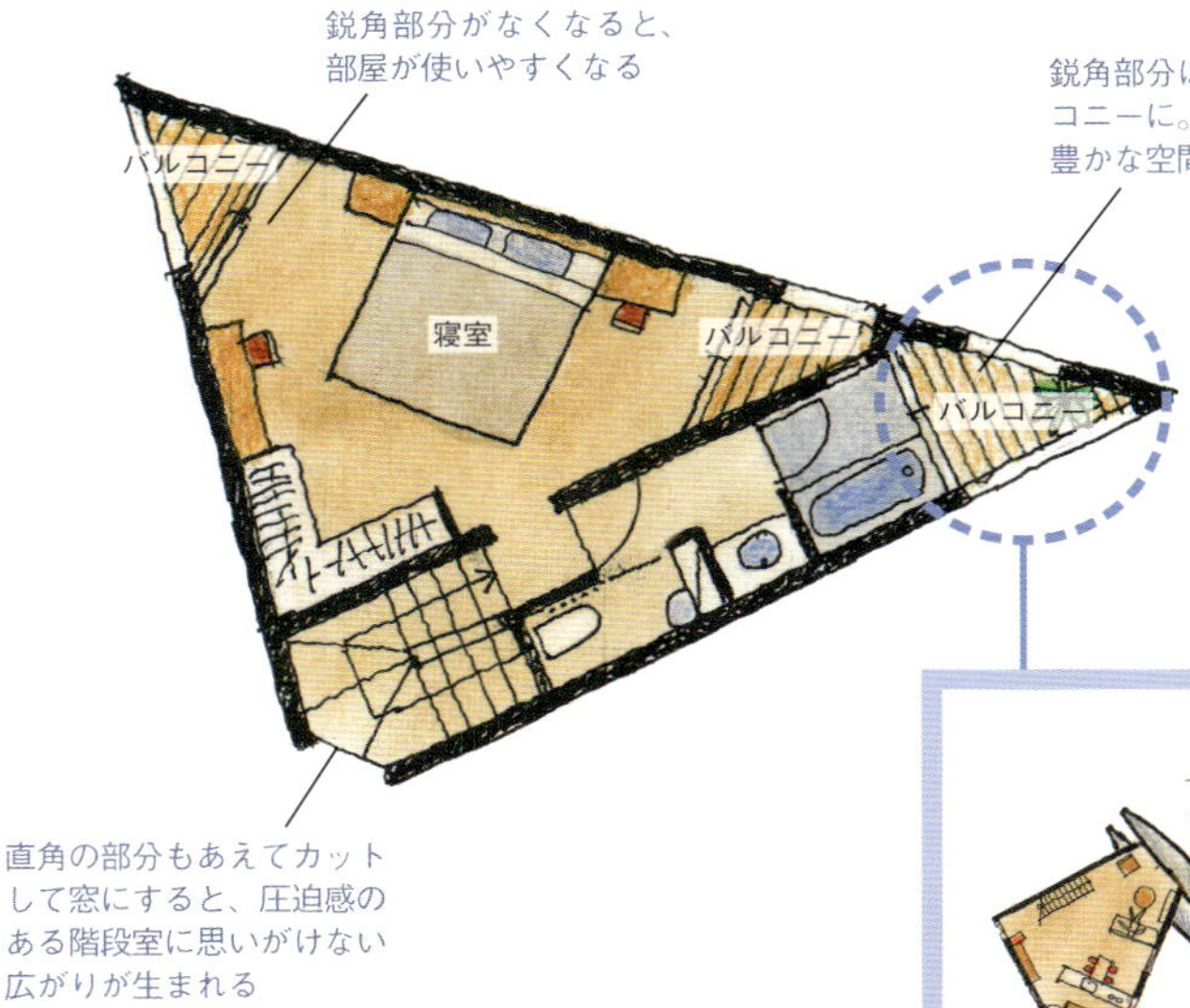

鋭角部分がなくなると、部屋が使いやすくなる
バルコニー
寝室
バルコニー
バルコニー
鋭角部分は屋内とせずバルコニーに。隣接する部屋が豊かな空間になる
直角の部分もあえてカットして窓にすると、圧迫感のある階段室に思いがけない広がりが生まれる

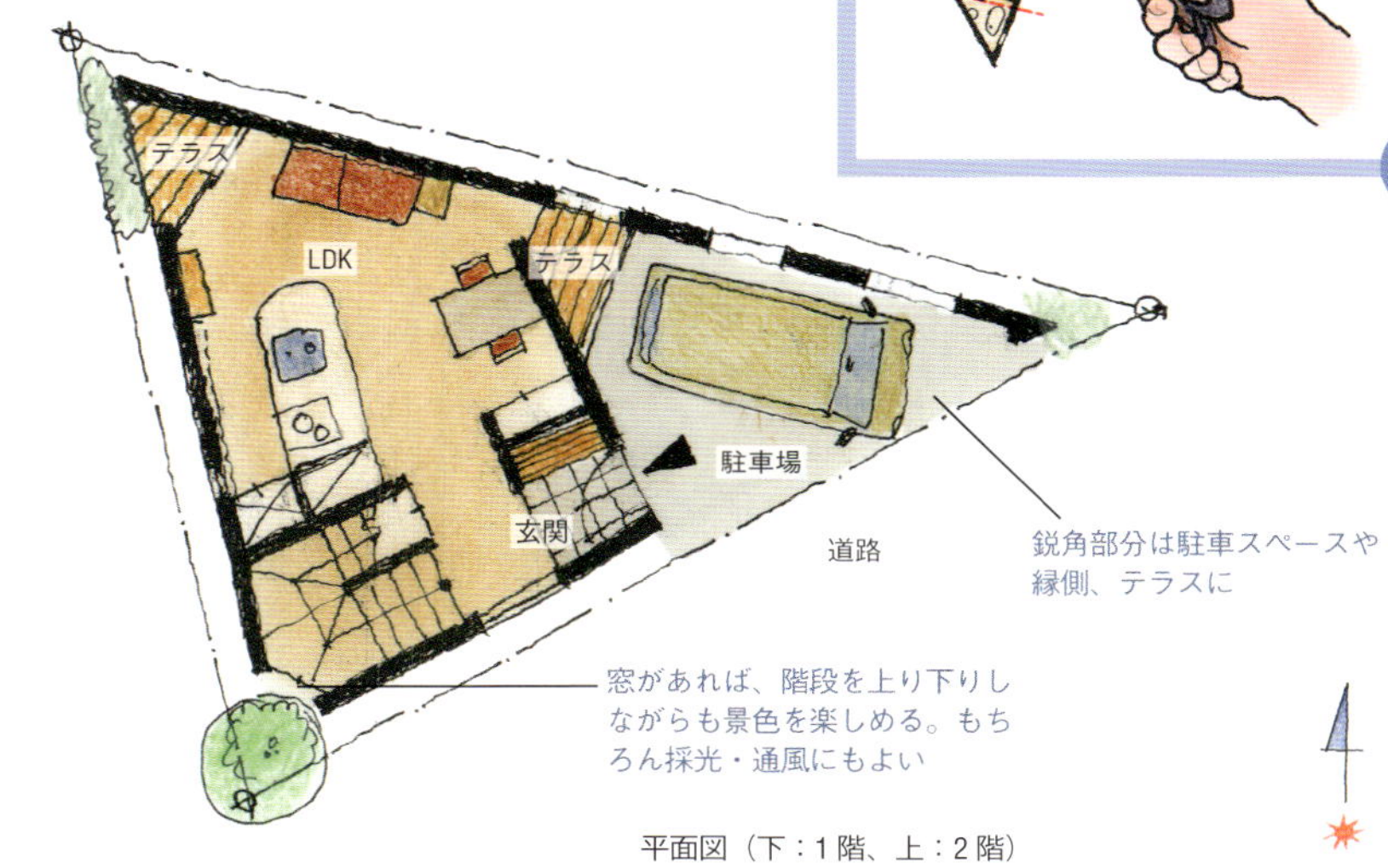

テラス
LDK
テラス
駐車場
玄関
道路
鋭角部分は駐車スペースや縁側、テラスに
窓があれば、階段を上り下りしながらも景色を楽しめる。もちろん採光・通風にもよい

平面図（下：1階、上：2階）

間取りの鋭角部分はカットする

三角形の間取りは使いづらい。隅はカットして半屋外空間として利用しよう

POINT

鋭角空間をつくらない

敷地が三角形をしていても、広い敷地であれば問題はない。狭い場合にやっかいなのだ。

三角形敷地に一般的な間取りを当てはめるのは難しい。だからといって、敷地をめいっぱい利用した三角形の家をつくると、おのずと鋭角をもつ部屋ができてしまう。鋭角部分は家具を配置しづらく、掃除もしにくい場所。いつの間にか「デッドスペース」になってしまうことがほとんどだ。狭小住宅にとっては致命的である。

そんなときは、三角形の端部をテラスやバルコニーのような「半屋外空間」として利用しよう。そのうえで間取りを考えると、部屋の中から鋭角部分が消え、ぐっと使いやすいものになる。窓を通して光が差し込み、風が通り抜ける。やっかいものだった鋭角部分が「家じゅうを快適にするアシスト空間」に生まれ変わるというわけだ。不利な条件もちょっとした間取りの工夫で魅力に変わるものなのだ。

部屋に鋭角をつくらない

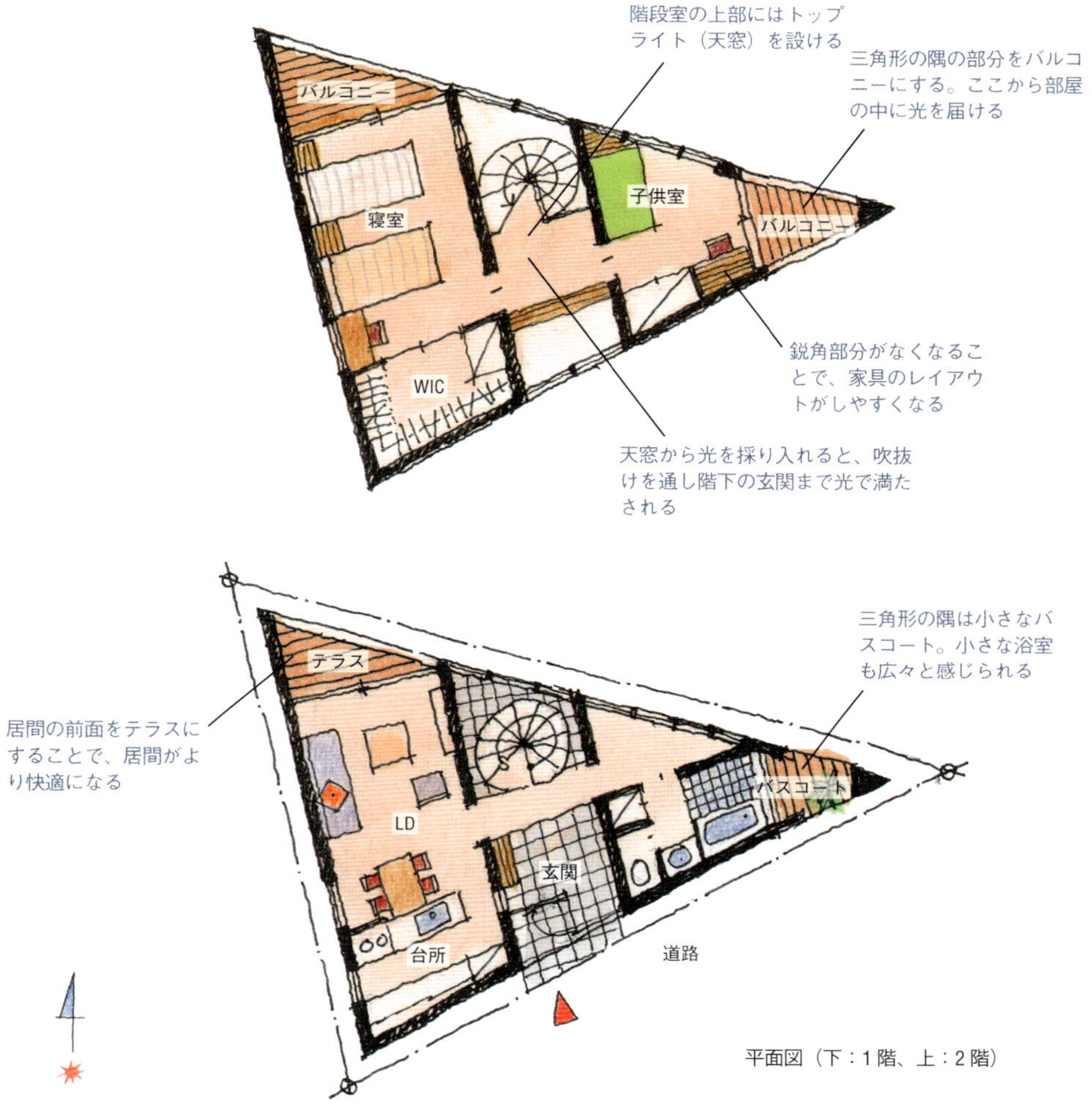
階段室の上部にはトップライト（天窓）を設ける
三角形の隅の部分をバルコニーにする。ここから部屋の中に光を届ける
バルコニー
寝室
子供室
バルコニー
WIC
鋭角部分がなくなることで、家具のレイアウトがしやすくなる
天窓から光を採り入れると、吹抜けを通し階下の玄関まで光で満たされる
三角形の隅は小さなバスコート。小さな浴室も広々と感じられる
テラス
居間の前面をテラスにすることで、居間がより快適になる
バスコート
LD
玄関
台所
道路

平面図（下：1階、上：2階）

NG 三角形平面は無駄だらけ

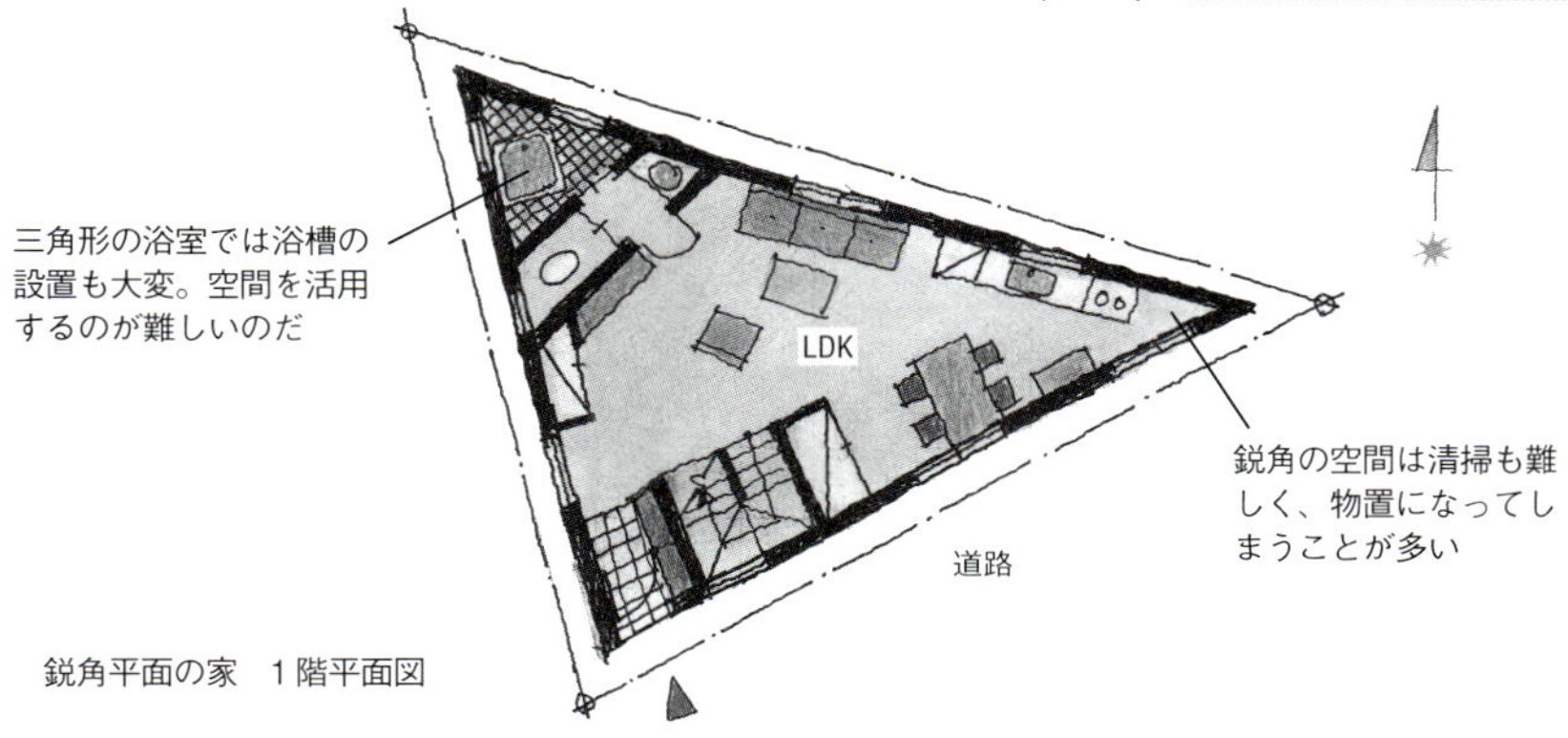
三角形の浴室では浴槽の設置も大変。空間を活用するのが難しいのだ
LDK
道路
鋭角の空間は清掃も難しく、物置になってしまうことが多い

鋭角平面の家　1階平面図

chapter 1
敷地
11

長い動線を感じさせない鰻《うなぎ》の寝《ね》床《どこ》

間口1.8mの細長住宅でも夫婦で暮らせる

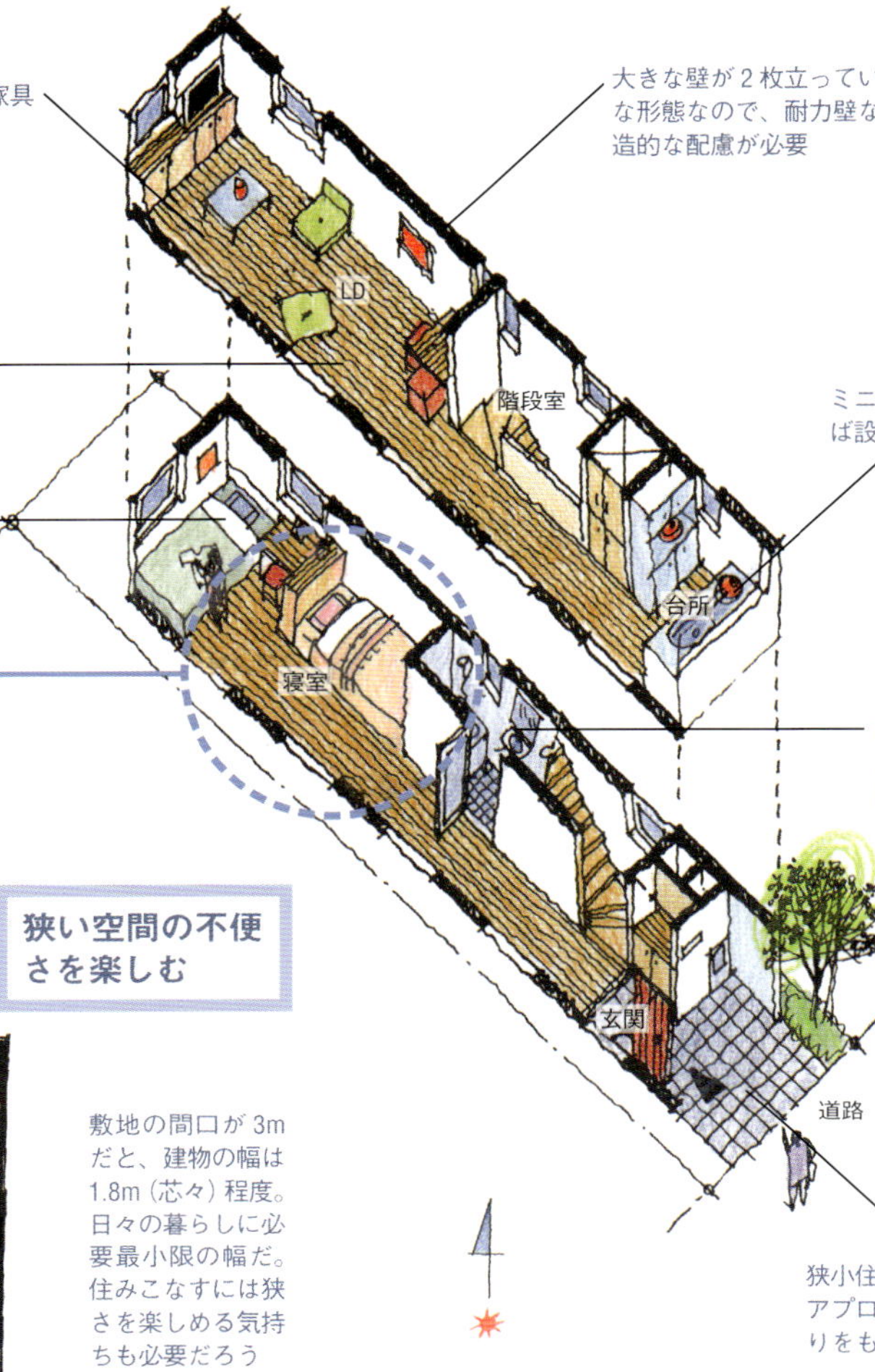
居間にはできるだけ家具を置かない
大きな壁が2枚立っているような形態なので、耐力壁などの構造的な配慮が必要
LD
廊下が長くなるのは細長い敷地の宿命
階段室
ミニキッチンであれば設置可能
図のようにベッドを配置するときは、間口側が背の低い女性用。2段ベッドにしてもよい
台所
寝室
階段下を利用したサニタリーは「3イン1」。トイレと手洗い器に75cm角程度の風呂という構成だ。シャワールームに替えても
玄関
道路
狭小住宅とはいえ、玄関アプローチには少しゆとりをもたせる

平面アクソノ図（下：1階、上：2階）

POINT

狭い空間の不便さを楽しむ

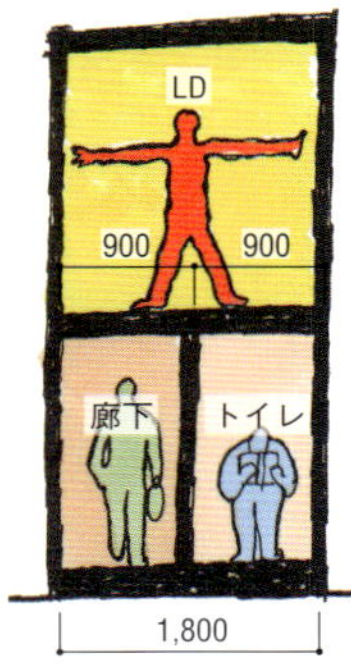
LD
900
900
廊下
トイレ
1,800

断面図

敷地の間口が3mだと、建物の幅は1.8m（芯々）程度。日々の暮らしに必要最小限の幅だ。住みこなすには狭さを楽しめる気持ちも必要だろう

長い動線は縦に細長い敷地の必須アイテム

俗に「鰻の寝床」と呼ばれる敷地がある。思い浮かぶのは京都の町家。間口が狭く、奥行きの深い敷地が生まれたのは、かつて間口の幅によって税が課せられていたから。間口を狭くすることで、重い税から逃れたというわけだ。今ではこのような細長い敷地を「土地の利用が難しく、新築には向かないもの」とみなす人も多い。しかし本当にそうだろうか。

そこで間口3m、奥行き11mほどの狭くて細長い敷地を考えてみよう。間口の狭さは滅多にお目にかかれないほどだが、これで間取りが成立すれば、どんな細長い敷地でも住宅が建てられるというものだ。なお、このような敷地では、廊下など奥まで続く動線（通路）が必要になる。狭小地ではなるべく動線を短くしたいが、ここは仕方ない。動線をまずつくり、複数の役割を兼ねさせるとよい。単なる通路ではない動線が、小さな住まいに楽しさをつくり出すだろう。

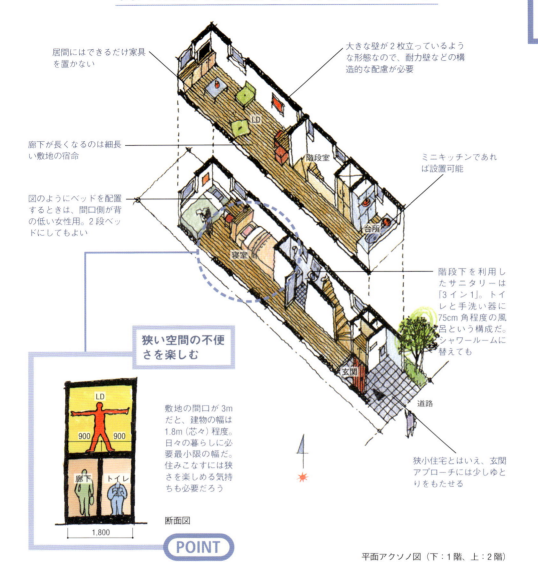

奥行きの浅い細長敷地は中央から入る

物置用の敷地でも住宅が建てられる

奥行きが浅い家の利点は、薄暗いスペースが少ないところ
寝室
上下で交差させた2段ベッド
子供室
食事室
台所
玄関
居間
テラス
たとえば間口16m、奥行き4mほどの敷地。ここに家族4人の住まいをつくることが可能だ
道路
玄関を中央付近に配置すると、動線（廊下）は短くて済む

平面図（下：1階、上：2階）

NG 「死に地」にするのはもったいない

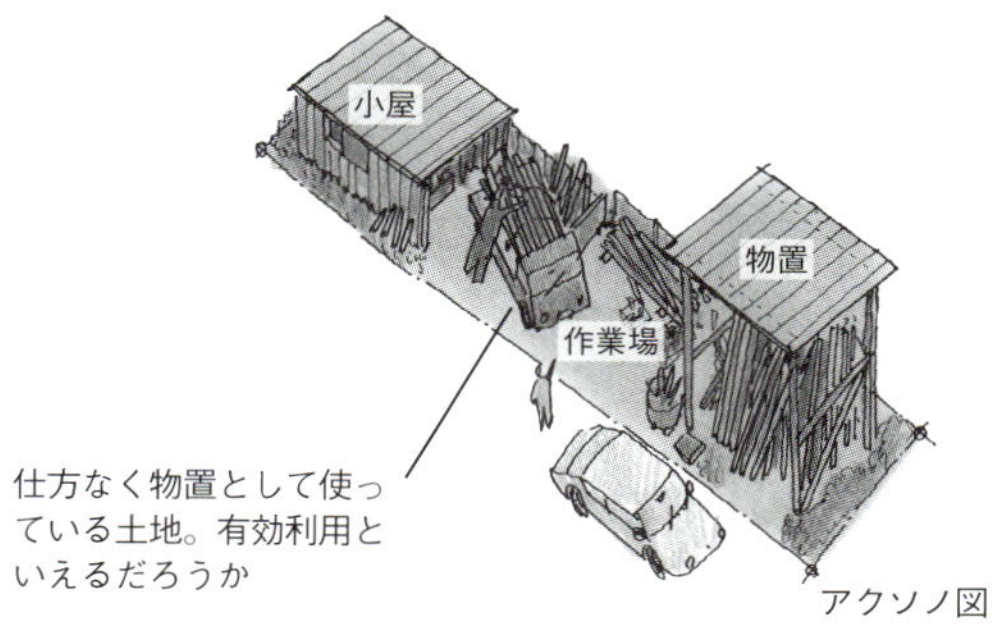
小屋
物置
作業場
仕方なく物置として使っている土地。有効利用といえるだろうか
アクソノ図

居室を左右に振り分け

道路に張り付くかのような、間口は広いが奥行きが極端に浅い敷地。奥行きが4m程度だと、店舗としても使いにくい。ところがこんな敷地でも設計次第で夫婦と子ども2人の住まいがつくれる。動線を効率よくするために、玄関と階段はほぼ中央に配置、左右に居間や寝室などの部屋を配するのが間取りの秘訣だ。

chapter 1
敷地
13

不整形な狭小地にはゆったりプランを

比較的広い敷地なら整形プランでもOK

POINT

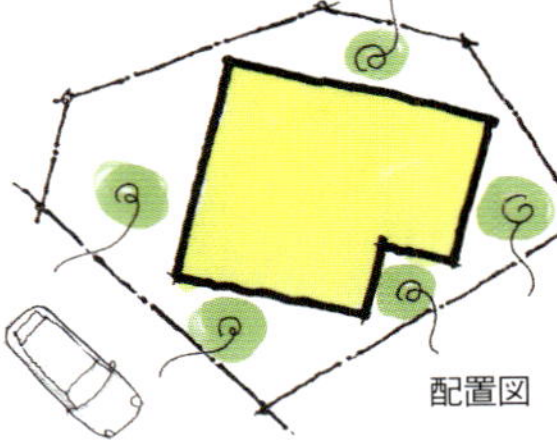
配置図

敷地が広いなら整形の間取りでOK。残った部分にテラスや駐車スペースを配置する

残った敷地で外構計画

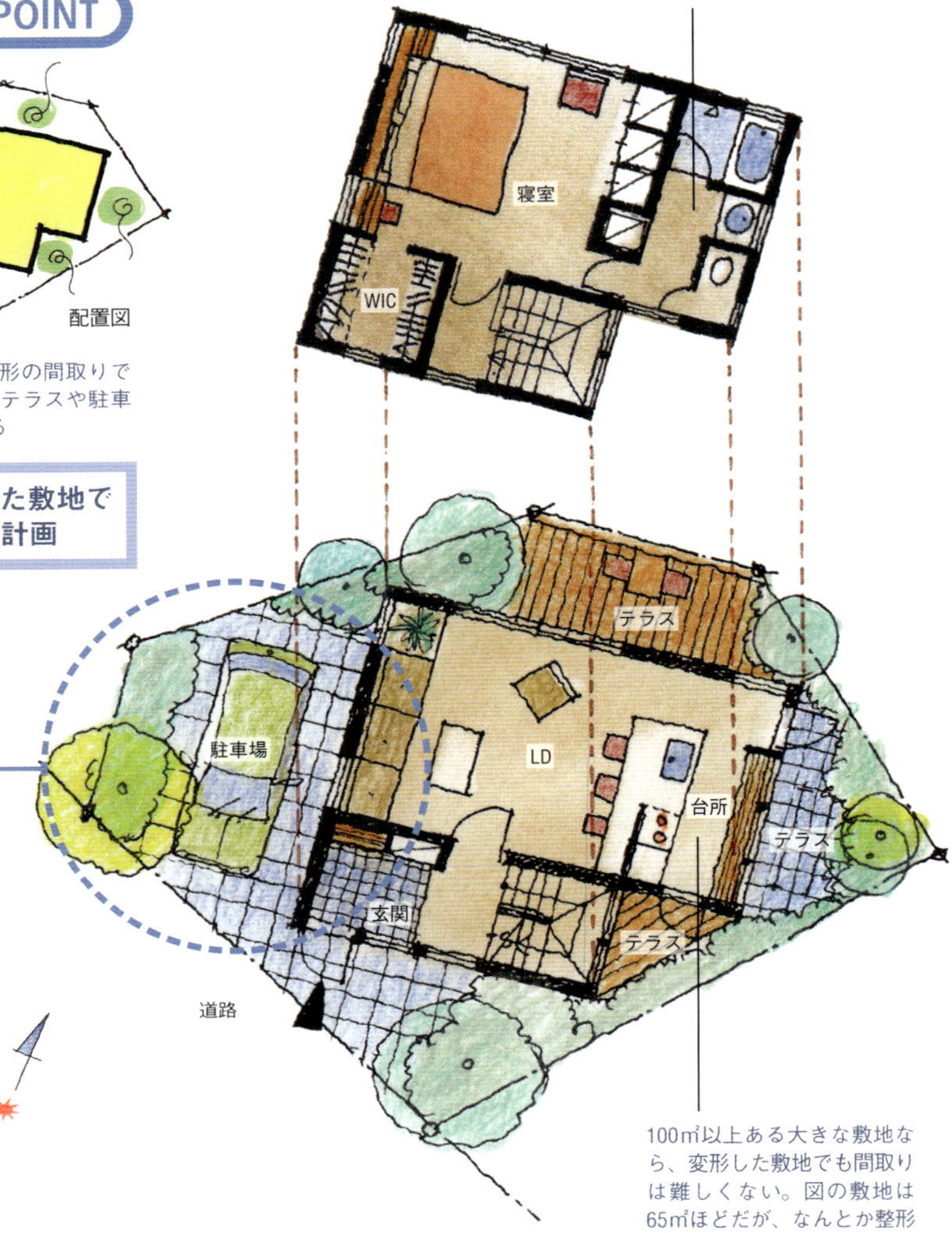
四角い部屋を並べた整形プランは使い勝手がよい
寝室
WIC
テラス
駐車場
LD
台所
テラス
玄関
テラス
道路
100㎡以上ある大きな敷地なら、変形した敷地でも間取りは難しくない。図の敷地は65㎡ほどだが、なんとか整形プランが成立している

平面図（下：1階、上：2階）

空間を大きく使って広々した住まいに

四角く整った敷地や不整形でも広い敷地は、間取りに自由が利く。もちろん世の中には、「変形した狭い敷地」というのも数多く出回っている。このような土地は値段も手ごろで入手しやすいが、間取りが難しい。この欠点をカバーできれば最高である。設計者の腕が鳴るというものだ。

狭い敷地では、無駄なスペースを極力減らした間取りにするのが鉄則である。部屋の数もできるだけ減らすことをおすすめする。敷地の形状が5辺以上ある多角形であるならなおさらだ。敷地形状に合わせた変形平面に四角い部屋をいくつも配置しようとすると、鋭角をもつ部屋が生まれ、結局デッドスペースをつくることになってしまう。このような敷地では特に部屋を小割りせず、空間を大きく使うとよい。窓をうまく配置すれば鈍角部分から視界が広がり、実面積以上のゆとりが感じられるようになる。

狭い敷地なら部屋を小割りしない

POINT

メインはワンルームに

部屋を大きく取ることで、使いづらい「鋭角の部分」が生まれにくい

どうしても鋭角になってしまう部分は収納やカウンターにするとよい

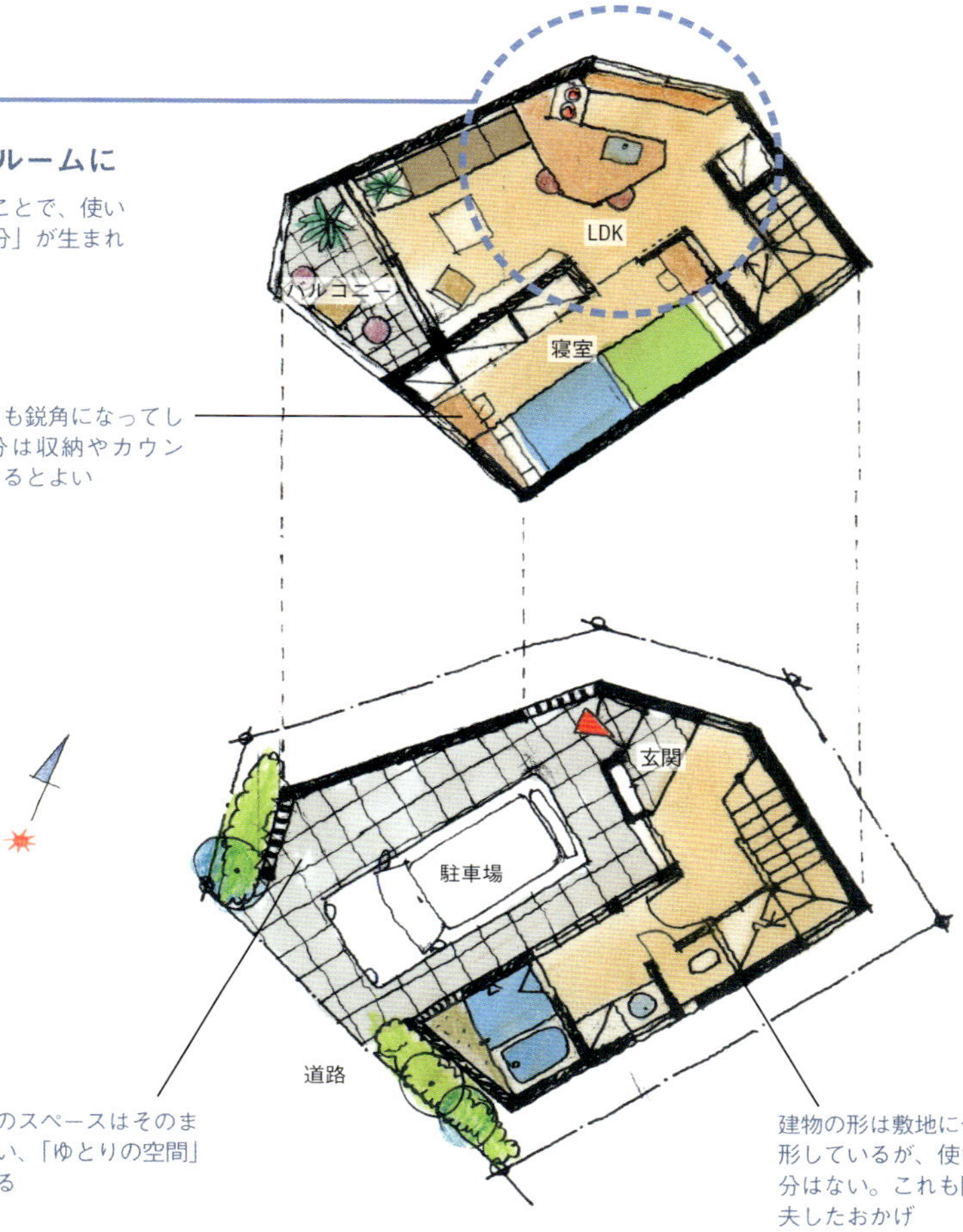

鈍角のスペースはそのまま使い、「ゆとりの空間」とする

建物の形は敷地に合わせて変形しているが、使いづらい部分はない。これも間取りを工夫したおかげ

平面図（下:1階、上:2階）

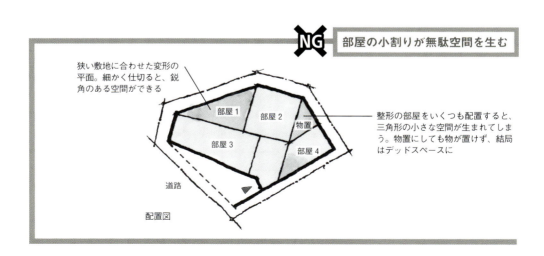

NG 部屋の小割りが無駄空間を生む

狭い敷地に合わせた変形の平面。細かく仕切ると、鋭角のある空間ができる

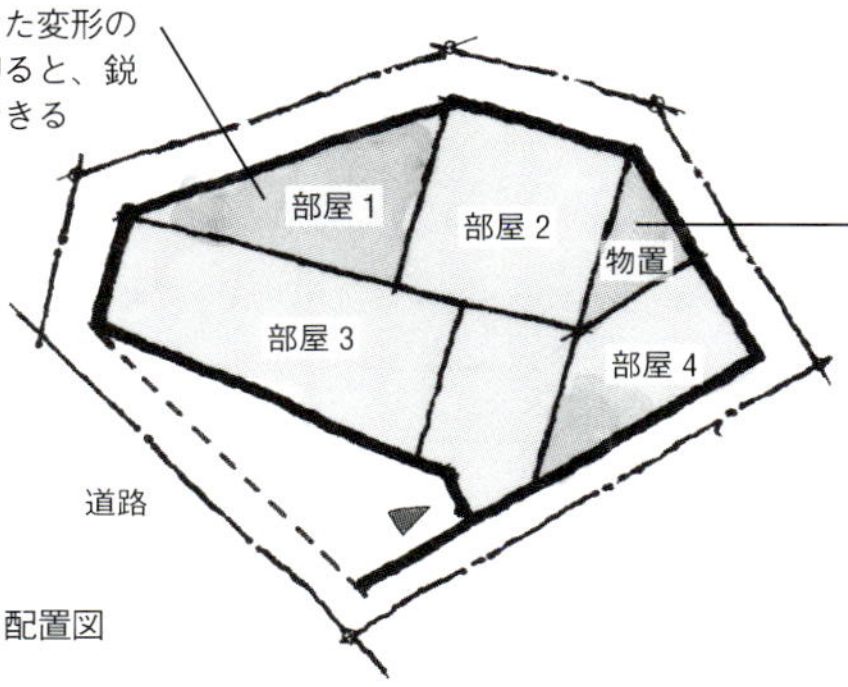

整形の部屋をいくつも配置すると、三角形の小さな空間が生まれてしまう。物置にしても物が置けず、結局はデッドスペースに

配置図

COLUMN **01**

別荘は不完全なほうが愛らしい

未完成部分を残しておく

別荘を建てる理由は、避暑や避寒のため、山や海など自然に触れて心身を癒やすためなどさまざま。都会とは違う、非日常的な空間で家族や友人と時を過ごせば、きずなもより深まるだろう。

別荘は住宅とは異なるので、未完成の部分を残しておいてもよい。必要に応じ、自分たちで手を加えられる余白があれば、別荘へ行く楽しみも増すというものだ。こういう考え方をもっていれば、「別荘を建てる」というハードルはそう高くない。初期費用も少なくて済む。お金が貯まったら増築する、それでもいいのだ。

愛され別荘にするために

せっかく建てた別荘を手放す人も多い。そうした別荘には共通点がある。外観には別荘らしさがあっても、プランが住宅のように合理的にできすぎているのだ。都会にいるときのように何不自由なく暮らせるというのでは、別荘に行く必要があまりない。別荘はあくまでも「非日常」を楽しむ場。大きなキッチンがないので、デッキでバーベキューをする。個室がないので、家族みんなで川の字になって寝る。こんな不便さを楽しめるのが別荘の醍醐味なのだ。

コラムでは自然の中での生活を楽しみながら、必要に応じて順次建て増ししていく山の中の別荘を紹介する。

非日常の暮らしを楽しむ山荘

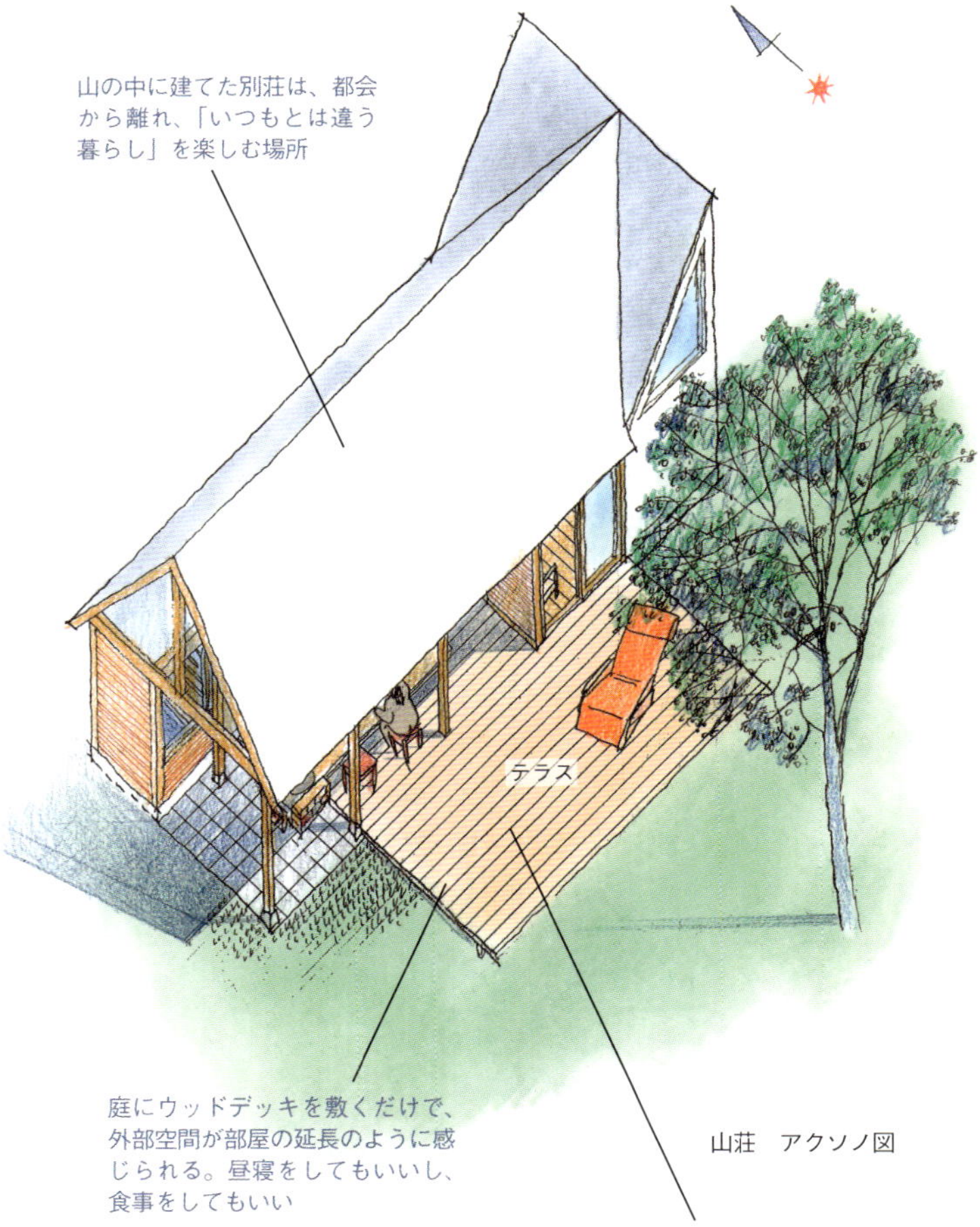
山の中に建てた別荘は、都会から離れ、「いつもとは違う暮らし」を楽しむ場所
テラス
庭にウッドデッキを敷くだけで、外部空間が部屋の延長のように感じられる。昼寝をしてもいいし、食事をしてもいい
最初から完璧な建物をつくる必要はない。未完成にして徐々に手を加えていくのも楽しい。土地を手に入れることで資金の大半を使ってしまったならなおさらだ

山荘　アクソノ図

必要に応じて、建て増ししていく

第1段階

行水用の桶を浴槽とした、簡易浴室。内装は下地のみで、仕上げはしない

構造体は最初からしっかりとつくっておく。一方、室内は合板下地を現しにした「荒床（あらゆか）」、フローリングなどの内装仕上げは次回に持ち越し

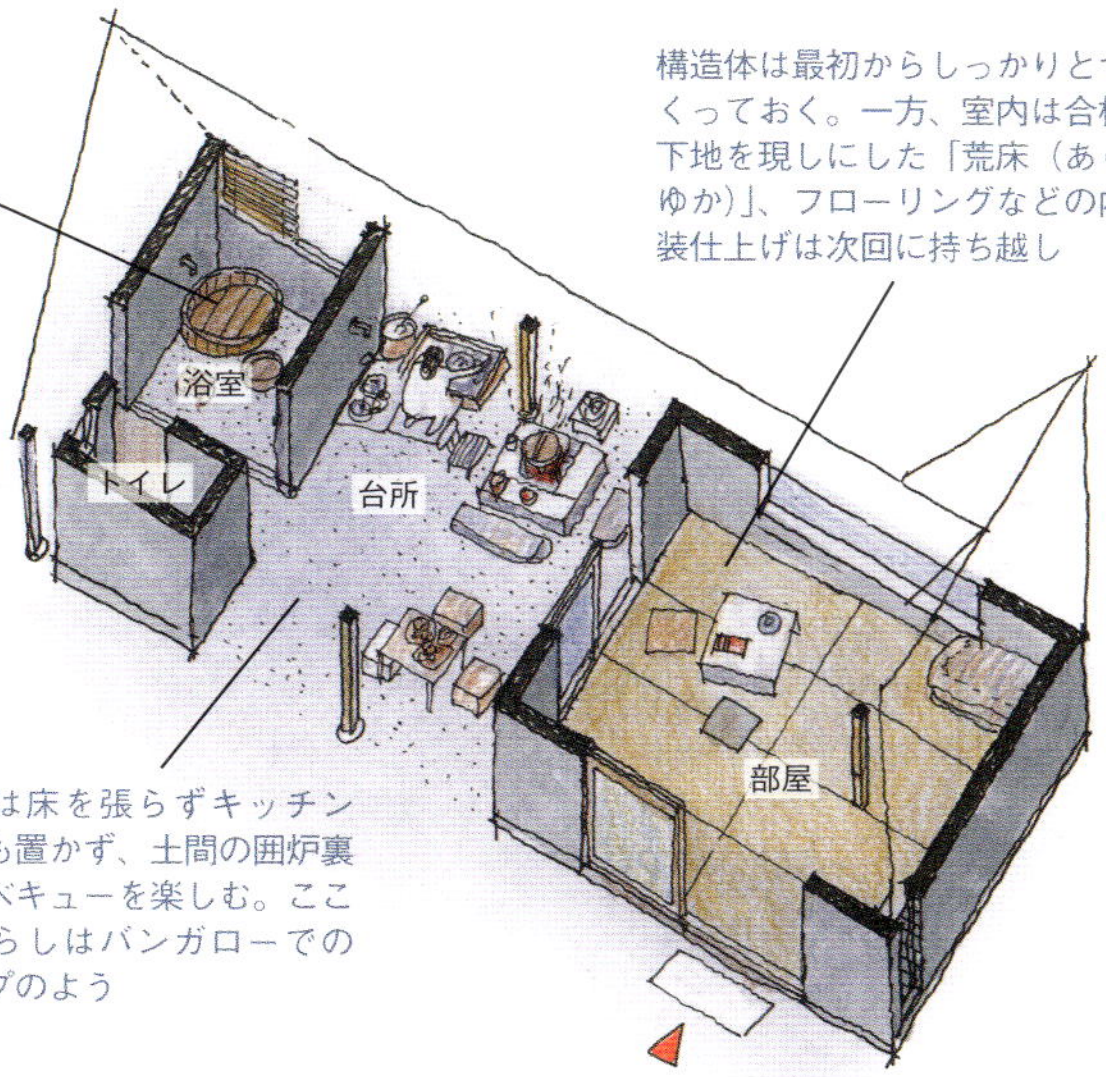

台所には床を張らずキッチンセットも置かず、土間の囲炉裏でバーベキューを楽しむ。ここでの暮らしはバンガローでのキャンプのよう

平面アクソノ図 （第1期）

第2段階

浴槽を設置

キッチンセットを設置

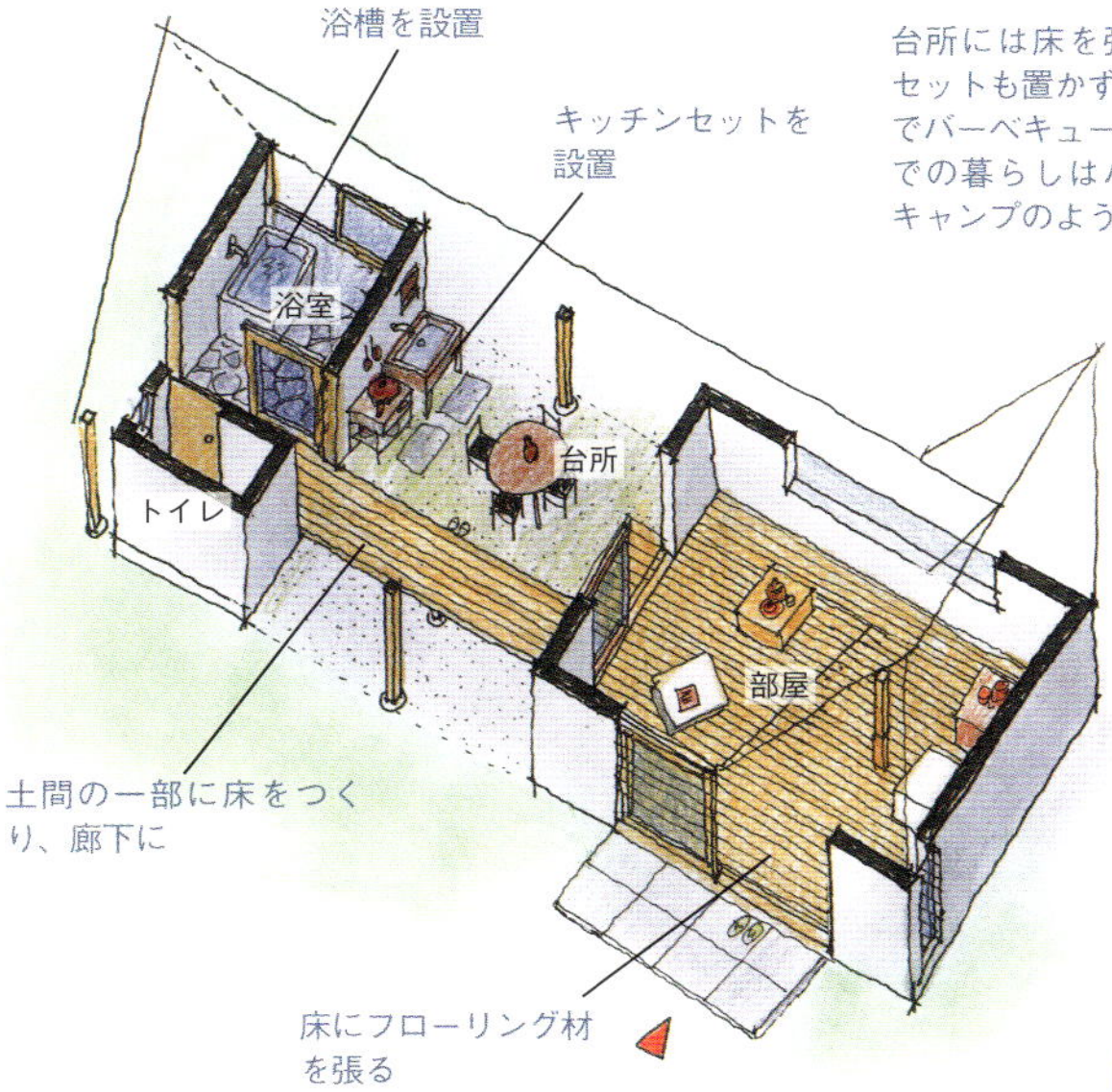

土間の一部に床をつくり、廊下に

床にフローリング材を張る

平面アクソノ図 （第2期）

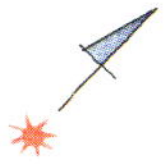

第3段階

壁や床にヒノキ板を使い、木の香りのする浴室にグレードアップ

アイランドキッチンを設置。居間の上部にはロフトをつくり寝室とした

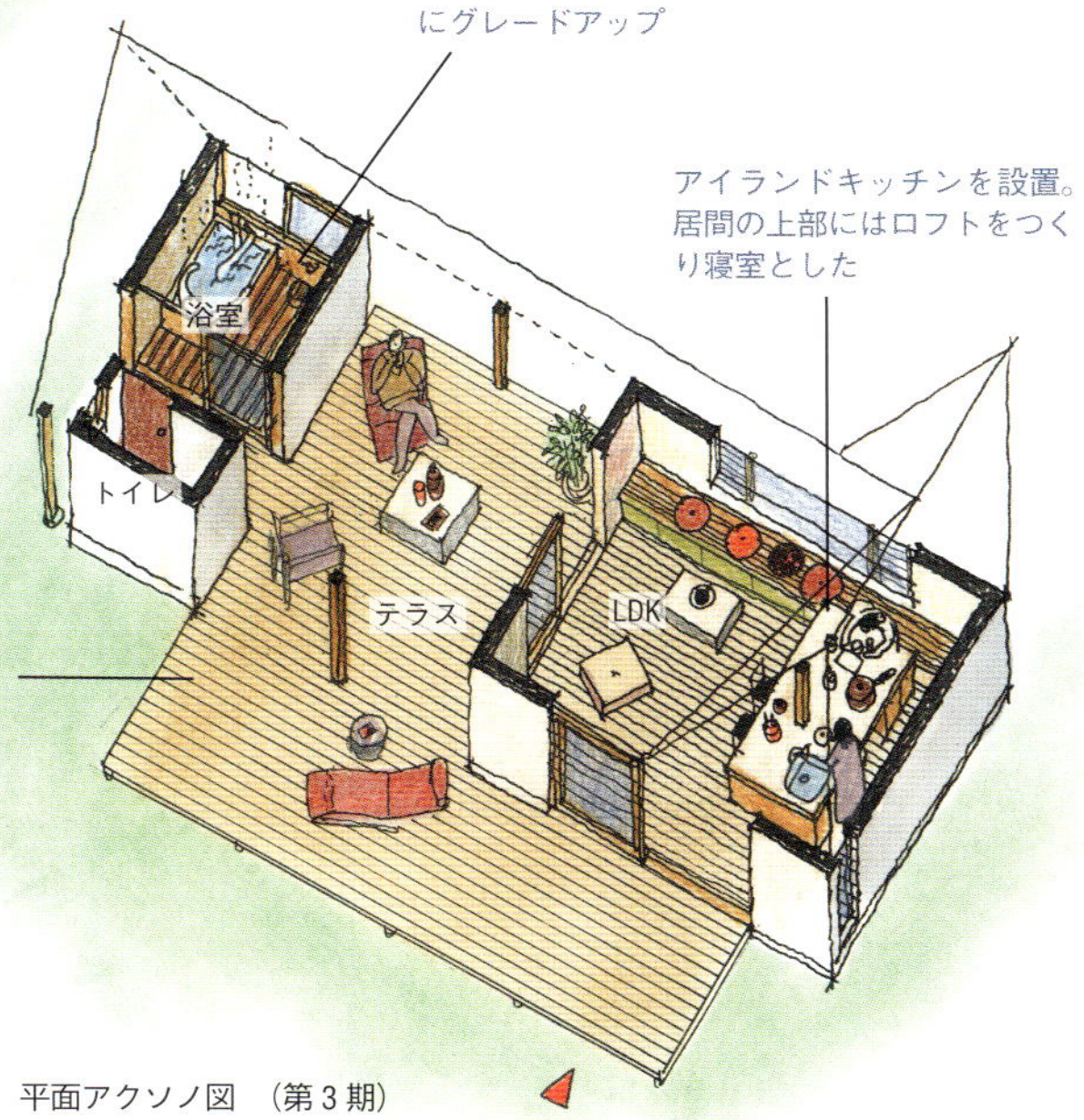

土間だった部分と居間の前面にデッキ材を張り、デッキテラスに。半屋外のデッキは多目的に使える

平面アクソノ図 （第3期）

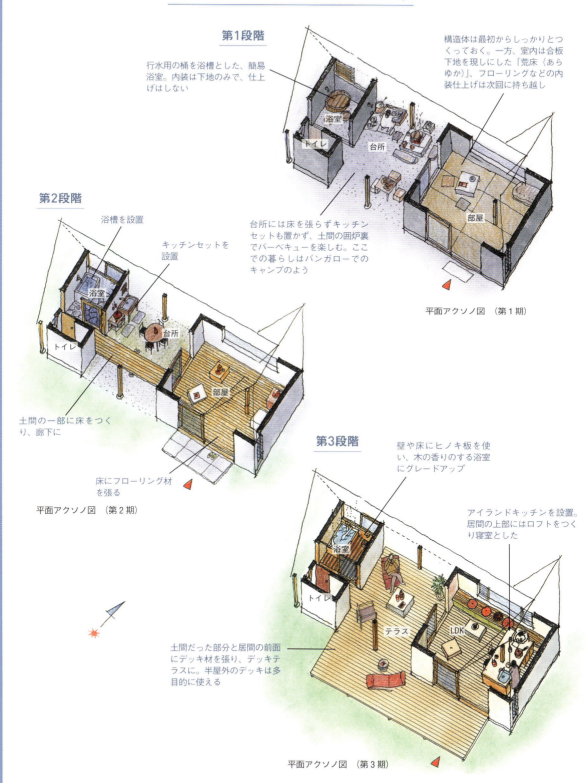

chapter

2

部屋の工夫で居心地よさをつくる

どの部屋も大きくつくれば快適になるかといえば、
けっしてそうではありません。
現実的には敷地の広さには限りがあり、
仮に広い部屋をつくっても、掃除するのも移動するのも大変、
家族もバラバラな場所で過ごす、なんてことにもなりかねません。

そこで、本章では家族が集まって楽しく暮らすことができる
部屋のつくり方を指南します。

それぞれが別々のことをしていても、
ごく自然に気配が感じられる近さに集まっている。
そんな家が理想ですね。

chapter 2
玄関
1

玄関は家の顔。明るく安心感を

プライバシーを考慮した明るい玄関ポーチ

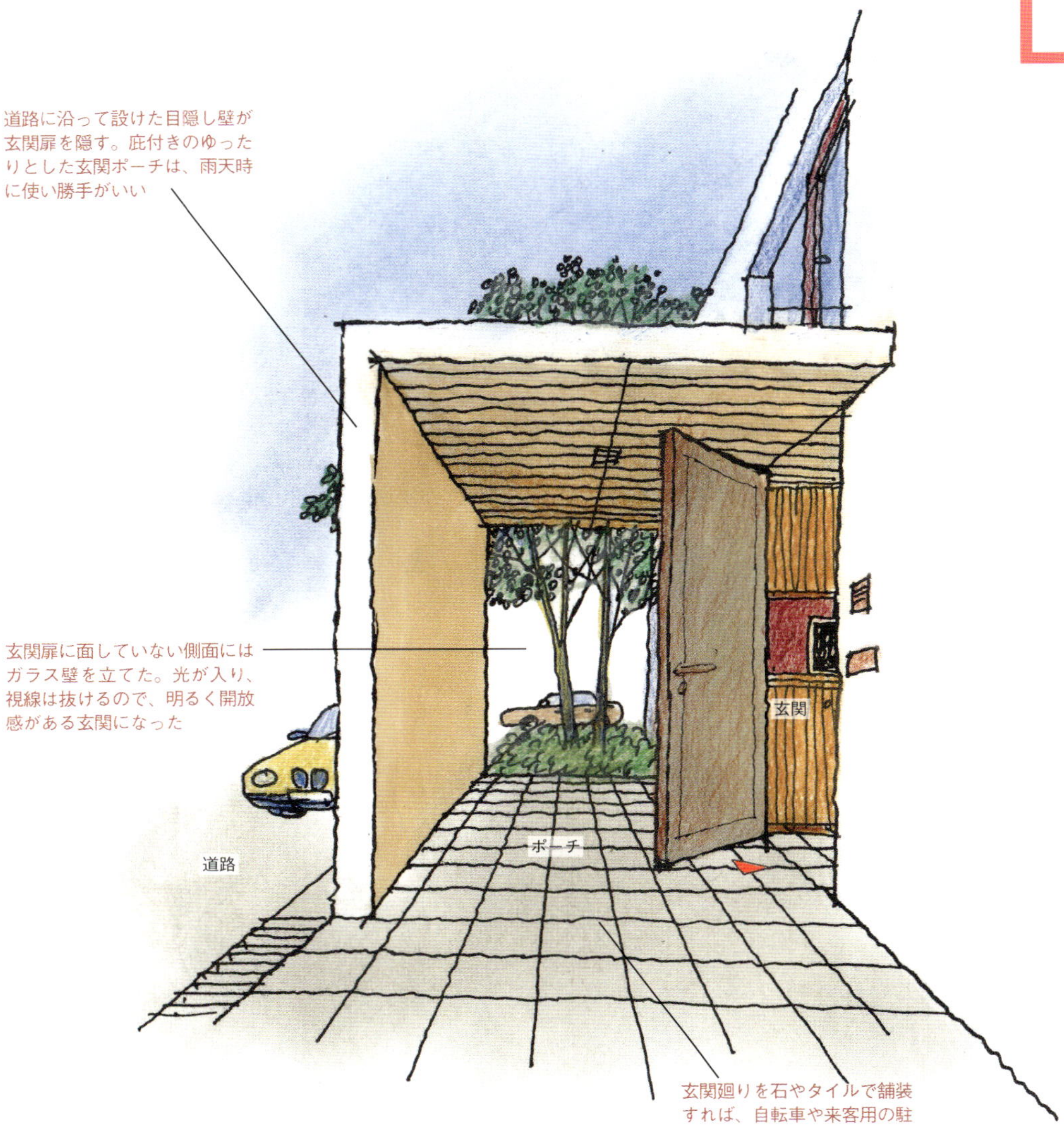

道路に沿って設けた目隠し壁が玄関扉を隠す。庇付きのゆったりとした玄関ポーチは、雨天時に使い勝手がいい
玄関扉に面していない側面にはガラス壁を立てた。光が入り、視線は抜けるので、明るく開放感がある玄関になった
玄関
ポーチ
道路
玄関廻りを石やタイルで舗装すれば、自転車や来客用の駐車スペースにも使える

玄関廻り　パース

来訪者にもよい印象を与える

　玄関廻りは家の第一印象を決定づける大切な場所だ。セキュリティを重視し、閉鎖的な玄関にすると、暗く陰気な家という印象を与えてしまう。住人にとっては心外な話である。かといって、門扉を開けるとすぐ玄関扉があるというプランも好ましくない。これだと道路から室内が丸見えで、防犯上の配慮にも欠けている。風も入りやすく、室内の冷気や暖気も逃げてしまう。

　玄関はプライバシーを守りながらも、開放感のあるものにしたい。たとえば、玄関扉の前に庇の付いた壁を立て、片方の側面はガラスでふさぐ。道路からの視線や風を遮りつつも採光が確保され、ゆったりと明るい玄関になる。一方、門扉と塀はないのが理想的。家の周りには暗がりをつくらないほうが防犯上もよい。夜間には玄関の照明を常時点灯しておこう。明るさと温かい雰囲気が道路にまでこぼれ、不審者を寄せ付けない玄関になるのだ。

半屋外的で開放感のある玄関

玄関庇はあるほうが何かと便利

POINT

目隠し可能なガラス壁

玄関は２方向がガラス壁。ロールブラインドを付け、視線を調整できるようにしておく

ガラスと目隠し壁で囲まれた空間を玄関にしている

玄関廻り　パース

NG 門扉を開けたらすぐ玄関

玄関扉が道路に面していると、扉を開けたとき、外部からの視線が入りやすい。プライバシー確保に難ありといわざるを得ない

門扉や塀があることで死角や暗がりが生まれるともいえる。泥棒の隠れ場所にもなりやすい

玄関廻り　パース

chapter 2
玄関
2

招きの空間。上質な生活をおすそ分け

繊細で美しい格子の玄関

横格子と縦格子を組み合わせたデザイン。室内側にはガラス壁が立つ

日が落ちると、内部の明かりが格子を通して美しい影を外に落とす

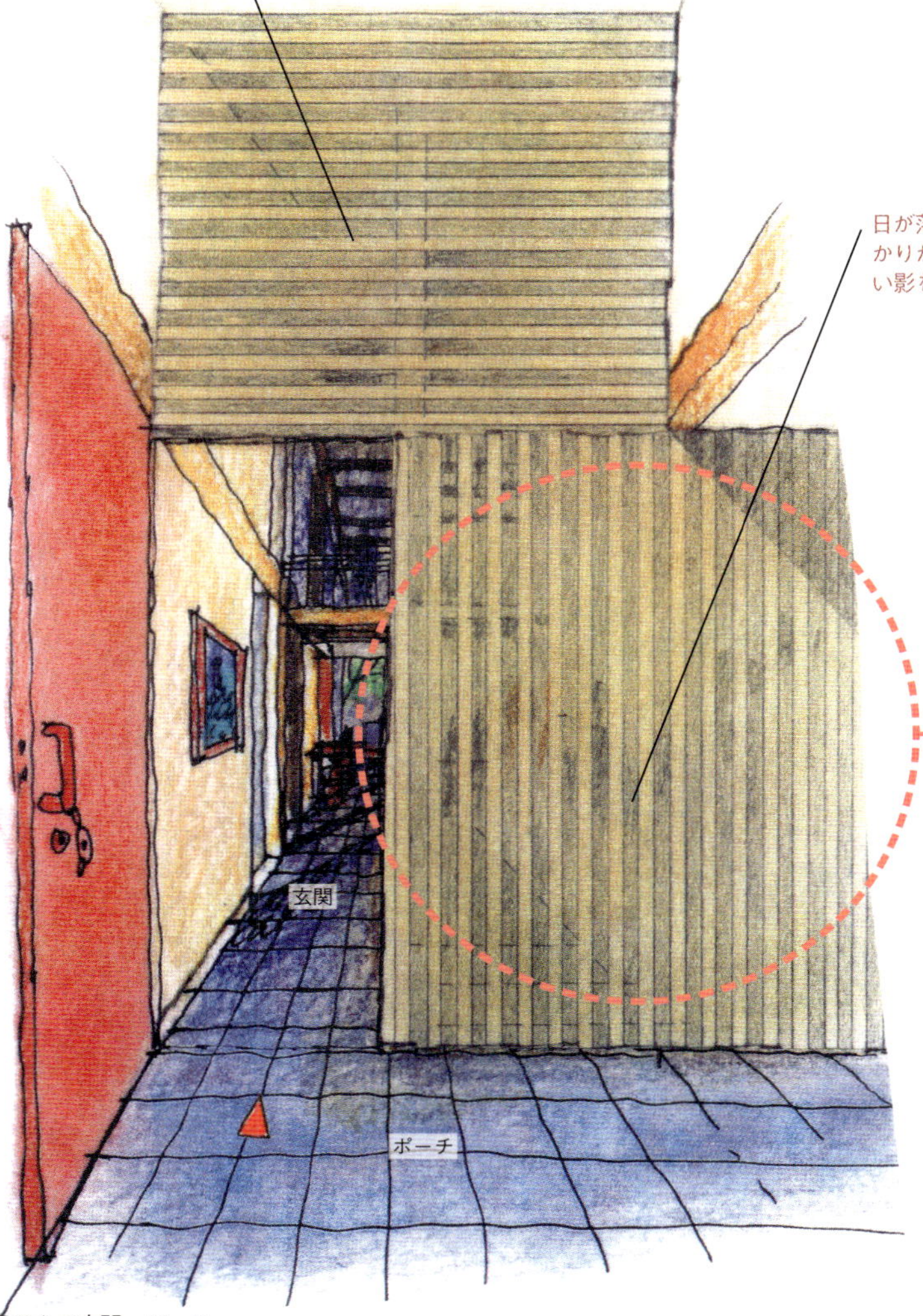

POINT
温かい玄関を印象付ける
夜は室内の光が漏れて温かい雰囲気を醸し出す。木の素材感もやさしい

格子のある玄関　パース

玄関はリノベーションの要

玄関廻りのリノベーションは案外効き目があるものだ。利用する頻度も、人数も多い。道路から見える場合はなおさらだ。暗く閉鎖的な玄関は冷たい印象を与えてしまう。明るく開放的な空間に変えるには、壁を取り払い、ガラスをはめ込むという方法がある。ただし、このままでは内部が丸見えとなりプライバシーに問題があるため、ブラインドなどを設けたい。

ブラインドの開け閉めが面倒なら、木製格子を取り付けるといいだろう。セキュリティも満たしながら、繊細で美しい。格子は日本の伝統的な建具で、内外部の仕切りとして重宝されてきた。昼間、中からは外の様子がよく見えるが、外からは内部が見えにくい。夜になれば、格子を通し部屋の明かりが漏れ、明るさと人の気配を外に伝える。その透過の度合いは住人の好みにもよる。格子の太さと間隔で調整できるので、事前に検討しておこう。

ガラスの玄関は視線対策を

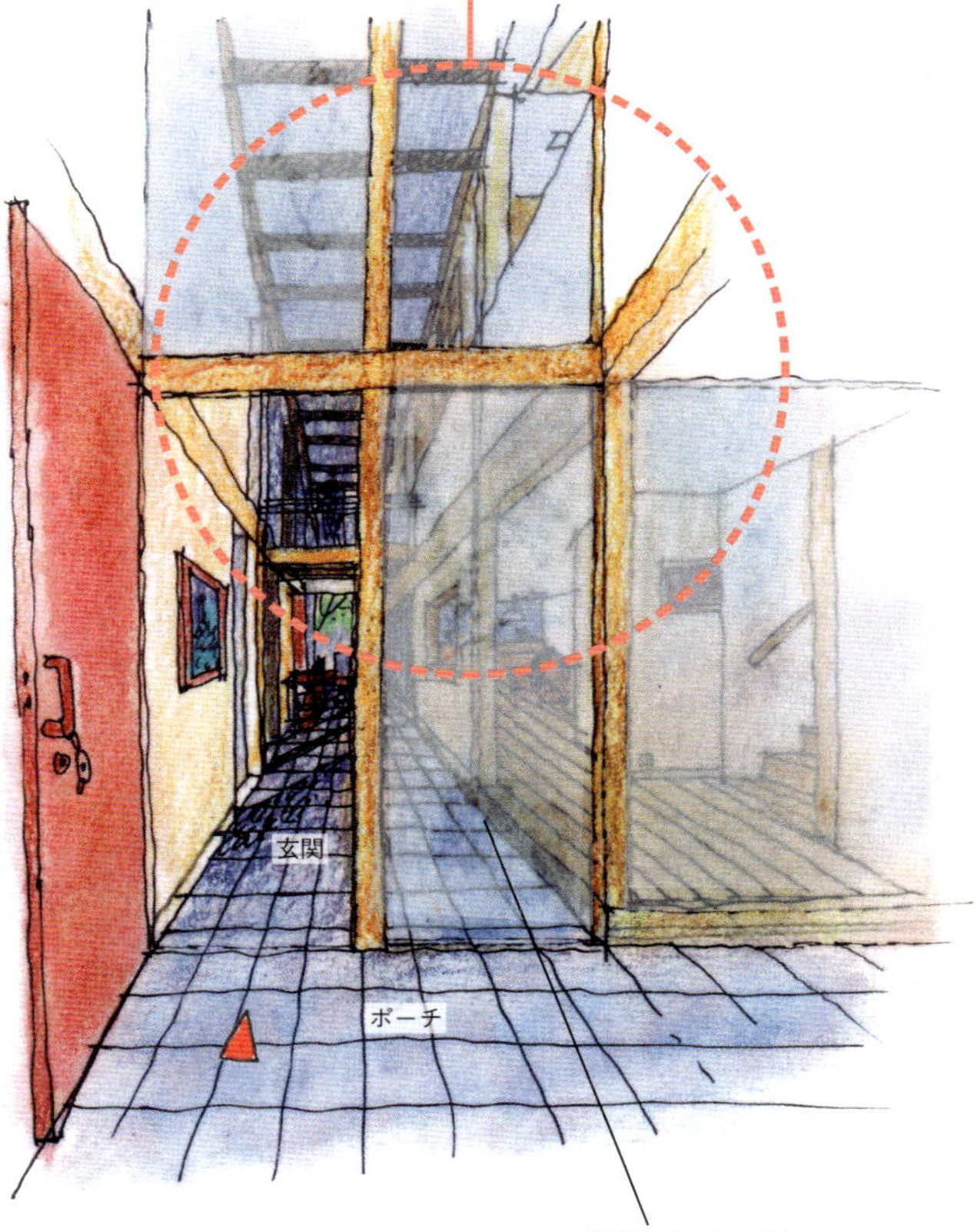

ガラスで仕切られた玄関　パース

閉鎖的だった玄関は壁を取り払い、ガラス壁に替えた

視線を調整する

透明ガラスの場合は、外からの視線が気になる。ロールスクリーンやブラインドを取り付け、視線をコントロールする。閉め忘れには要注意

POINT

NG 閉鎖的で暗い玄関

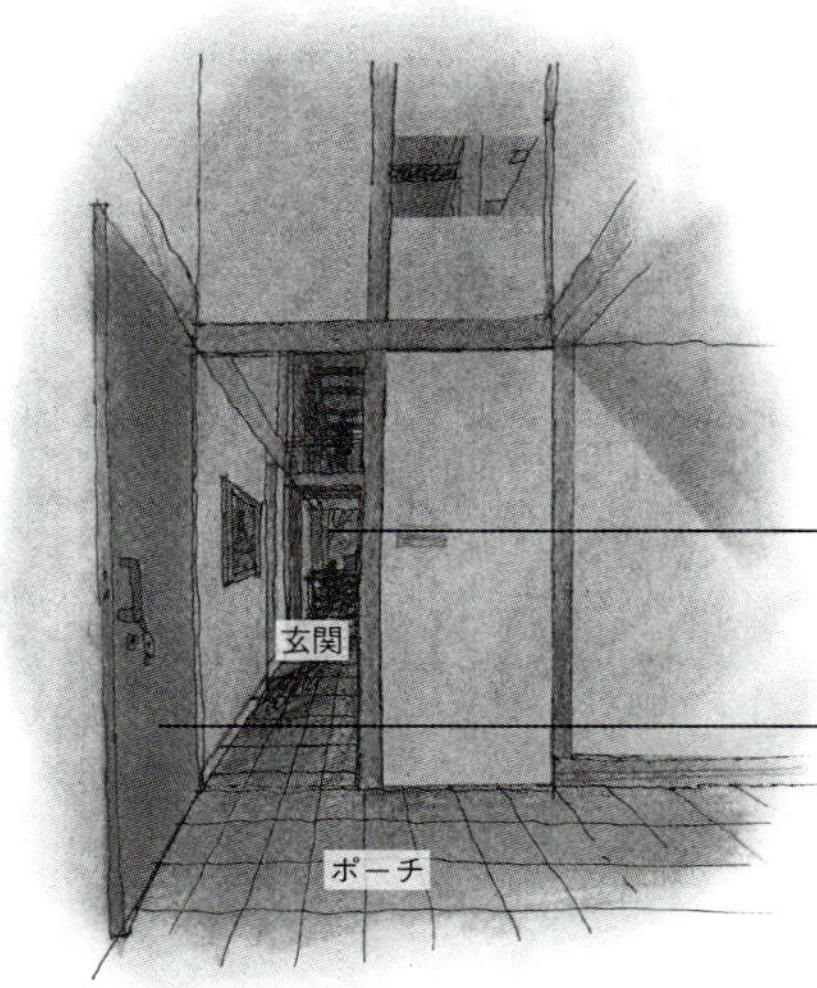

壁で囲まれた暗い玄関は訪れる人に冷たい印象を与えてしまう

扉を開けないと人の気配は感じられず、殺風景な玄関廻り

閉鎖的な玄関　パース

居間に応接セットはいらない

ベッドにもなるソファベンチ

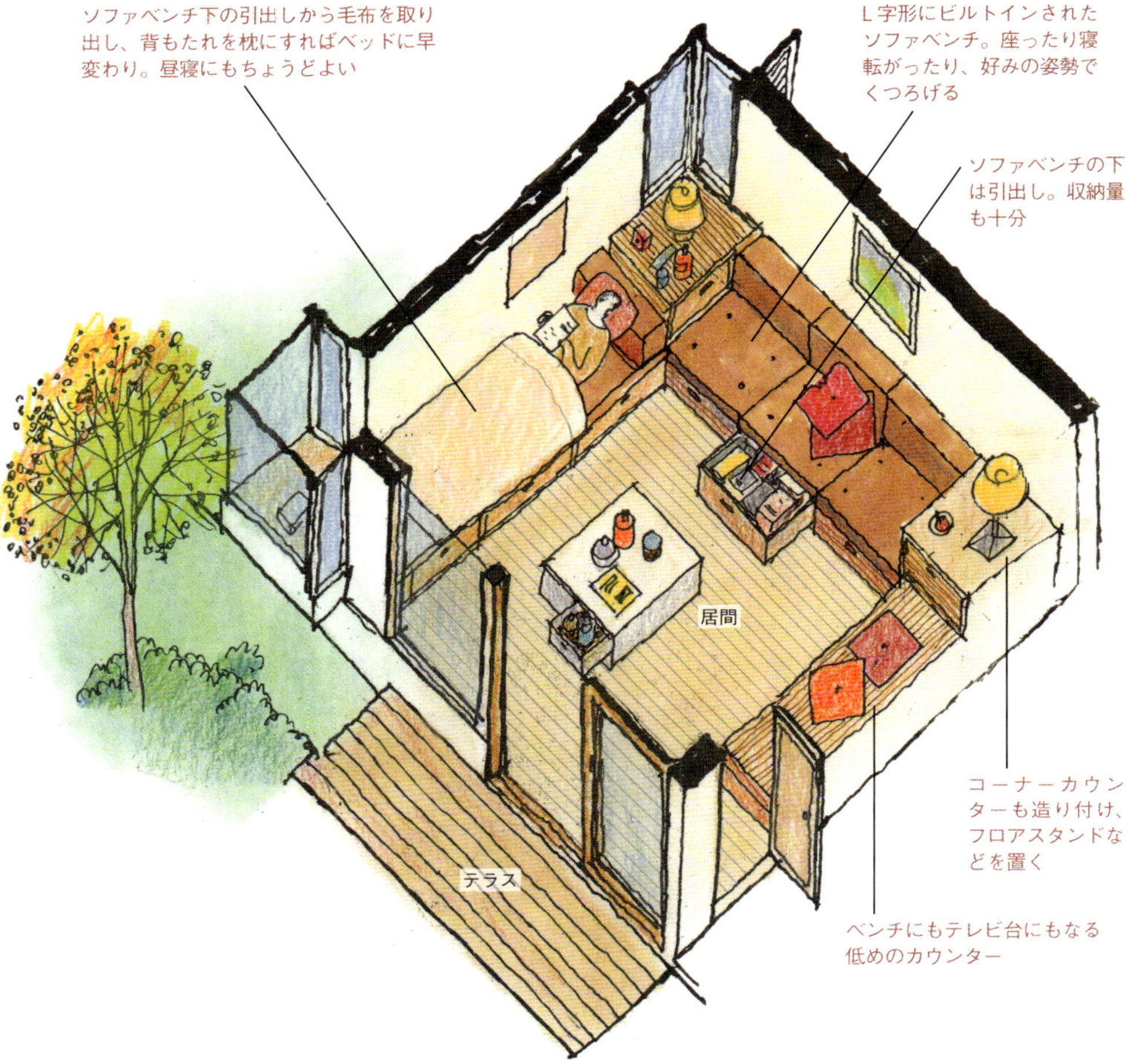
ソファベンチ下の引出しから毛布を取り出し、背もたれを枕にすればベッドに早変わり。昼寝にもちょうどよい
L字形にビルトインされたソファベンチ。座ったり寝転がったり、好みの姿勢でくつろげる
ソファベンチの下は引出し。収納量も十分
居間
コーナーカウンターも造り付け、フロアスタンドなどを置く
テラス
ベンチにもテレビ台にもなる低めのカウンター

ソファベンチのある居間　アクソノ図

座れて寝転べるソファベンチがいい

居間は住まいの中で、最も重要な部屋のひとつ。最近では家族のあり方も変わってきたが、家にはやはり、家族が集まる団らんの場がほしい。その象徴が居間なのだろう。みんながくつろげて、会話も弾むような空間にしたいものだ。

ところが居間につきもののアームチェアやソファ。「応接セット」ともいわれる家具だが、そこに長時間座っていると苦痛になってくるもの。生活スタイルがどんなに欧米化しても、イスではなかなかくつろげない。行儀は悪いが寝転んだり、床に座ったりしたいのだ。

そこでおすすめなのがソファベンチ※。サイズに自由が利く造付けなので、座っても寝転がっても無理のない大きさにできる。そのほか、部屋全体をソファベンチにしてしまうという手も。床もソファの一部なので、腰を下ろしていても違和感がない。どこに座っていても、寝転がっていてもよい、夢のような空間だ。

※：ソファベンチとは、造付けのソファのこと

部屋全体がソファベンチに

部屋の床全部をソファベンチとしてしつらえる。クッションなどを利用して、背もたれにする

POINT

円形が中心性を生む

円形のソファベンチは家族の団らんや、パーティに都合がよい。円形に座ることによって、視線や意識が自然と中央に集まる

円形ソファベンチの居間　アクソノ図

NG お決まりの応接セット

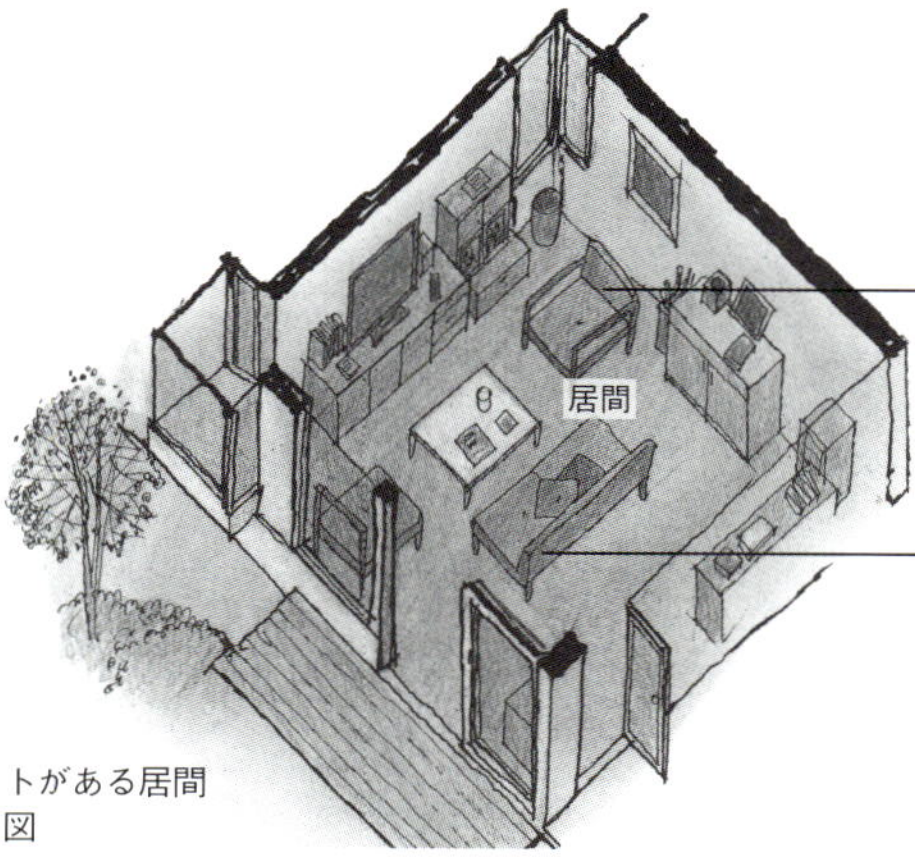

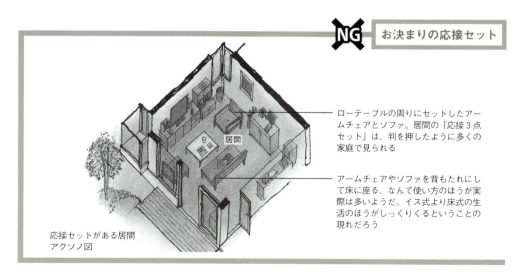

ローテーブルの周りにセットしたアームチェアとソファ。居間の「応接3点セット」は、判を押したように多くの家庭で見られる

アームチェアやソファを背もたれにして床に座る、なんて使い方のほうが実際は多いようだ。イス式より床式の生活のほうがしっくりくるということの現れだろう

応接セットがある居間
アクソノ図

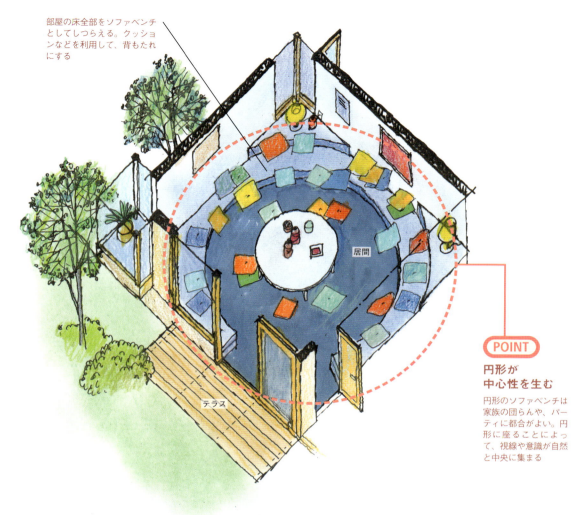

造付けソファベンチと壁面収納ですっきり居間

下がり天井部分も収納に使う。居間は床が１段下がっているので、下がり天井にしても圧迫感がない

天井の中央部に収納を設ける場合は、しっかり固定したうえで、点検口のような小さな開き戸を取り付ける

造付けのソファベンチは引出し付き。意外に収納力があって便利

背もたれ部分は壁面収納になっている。上部には吊戸棚も完備

すっきりとした居間　パース

壁、天井、床を利用して多くの収納をつくることで、収納家具を新たに置く必要がなくなる。家具を減らし、物をしまえば、部屋はすっきりする

床を１段下げたことで、居間に落ち着きが生まれる。ソファベンチを背もたれにして床に座ったり、床で寝転がったりしてもOK

断面図

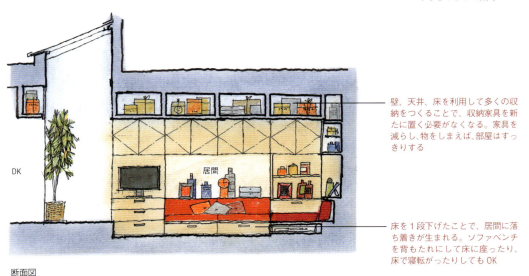

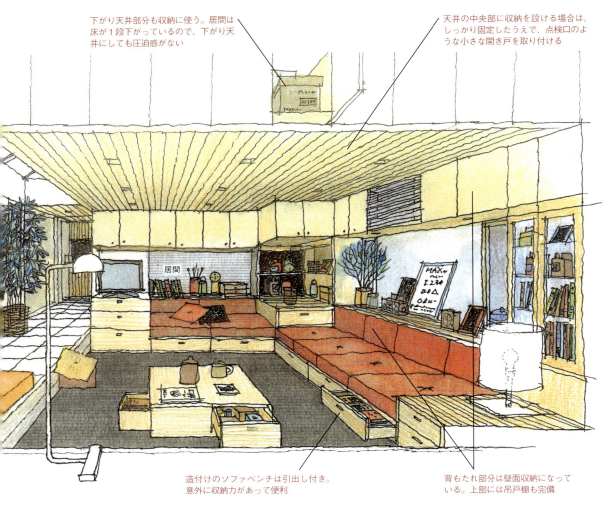

NG あふれる家具で窮屈

地震の際、倒れてくる
家具は凶器と化す
家具であふれた居間で
は物置のようで、家族
も寄り付かない
テーブルやソファ、収納家具など
がごちゃごちゃと居間に置かれて
いる。家具を置いただけなのに、
窮屈な感じがする

ごちゃごちゃした居間　パース

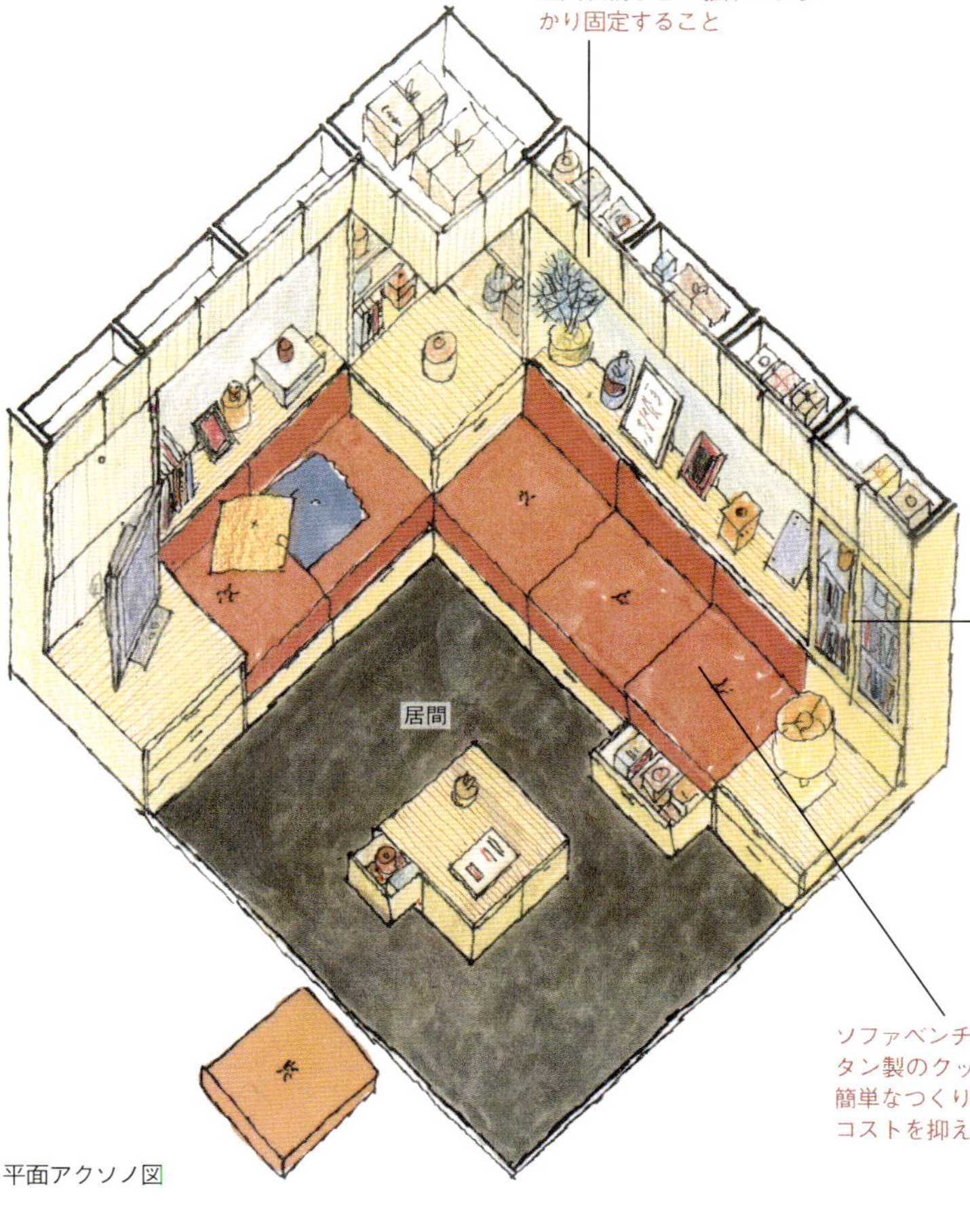
壁面収納などは躯体にしっ
かり固定すること
ソファベンチと収納家具を
一体化できるのも造作家具
ならでは
居間
ソファベンチは、造作家具の上にウレ
タン製のクッションを置いただけの、
簡単なつくり。シンプルな構造なので、
コストを抑えられる

平面アクソノ図

DK

床のくぼみが居間を変える

ピットですっきりとした広々居間に

丸型

大人数が集まる家庭向き。部屋全体をピット化する場合にも◎（47頁）

四角型

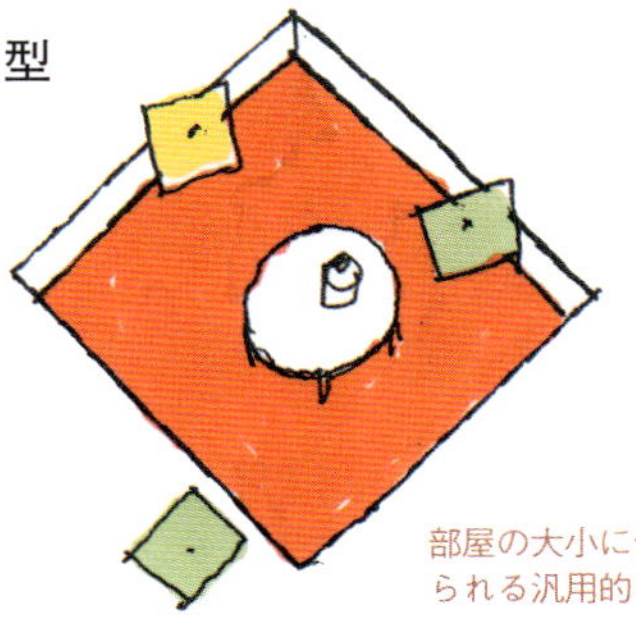

部屋の大小に合わせられる汎用的な形

複合型

1つひとつのピットが大きくなりすぎず、使いやすい

2段型

深さの異なる2つのピットを組み合わせる。さまざまな姿勢でくつろげる

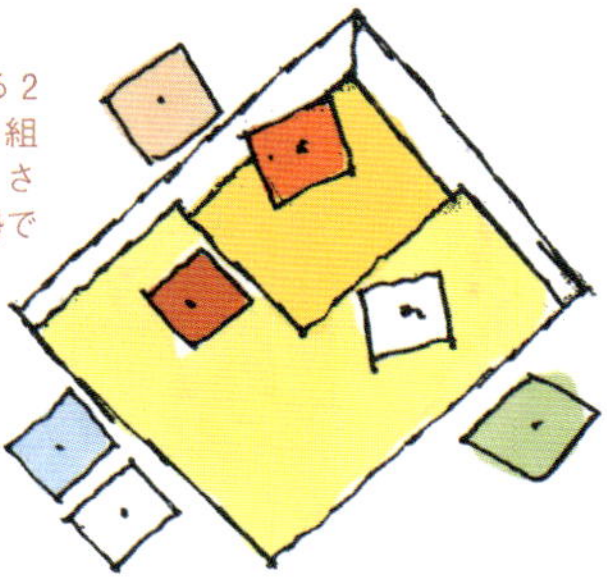

ひょうたん型

大人と子ども、それぞれのエリア（居場所）が自然と生まれる形。自分の居場所があればよりのびのびできる

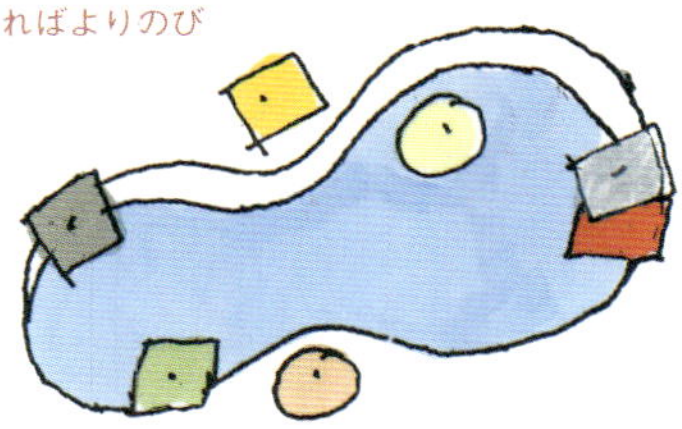

掘ごたつ型

テーブルをピットに置くのではなく、架けるようにしてセット。食事や勉強の場に向く

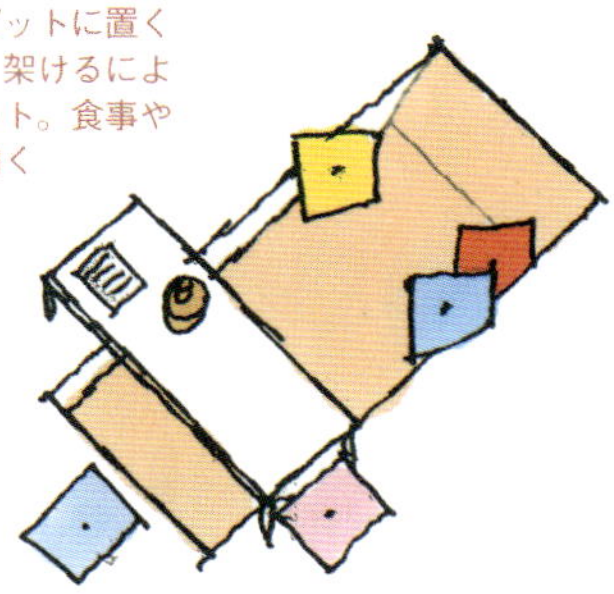

ピットは和洋折衷の心地よい茶の間

「ピット」とは部分的に床を1段下げた、くぼみのこと。隙間などに身を置くとなぜか落ち着くものだが、ピットも「囲まれ感」が心地よい。そこには人が自然と集まって来る。団らんやくつろぎの場である居間に、特におすすめのアイテムだ。

　ピットは直に座ったり寝転がったりできる柔らかい素材で仕上げておこう。段差をイス代わりにしてもよいし、ピットに座り込んで段差に背をもたせ掛けてもよい。つまり、ピットがあればソファやアームチェアは必要ない。存在感のある大きな家具がなくなれば、部屋も広々と見えるだろう。

　ピットのある居間は、畳敷きの座敷、いわゆる「和室」に通じる。直に座ったり寝転んだりしてくつろげる、家具の少ないすっきりとした空間。「ノーファニチャ」「床座《ゆかざ》」※といった暮らし方は現代の私たちにうまくフィットする。住宅にもうまく応用したいものだ。

※：ノーファニチャとは家具のない、もしくは家具の存在感を消した暮らしのこと。床座とは畳での暮らしのように、床を生活の場とすること

床を落とすだけで家具が不要に

ピットとクッションがあれば、ソファやアームチェアは入らない。居間がすっきりとし、広々と使える

なるべく部屋に凹凸ができないよう、テレビやエアコンも壁面収納にビルトインする

テラスよりも床を低くすることで囲われ感の強いより落ち着く空間となる

壁面収納を造り付けておくことで、新たに家具を置く必要がなくなる。多種多様な家具を置いて、ごちゃごちゃすることもない

ピットのある居間　パース

NG 家具で占領された居間は落ち着かない

既製品の置き家具はデザインの統一が難しい。部屋がごちゃごちゃと見えるのはこれが原因のひとつ

家具であふれた居間　パース

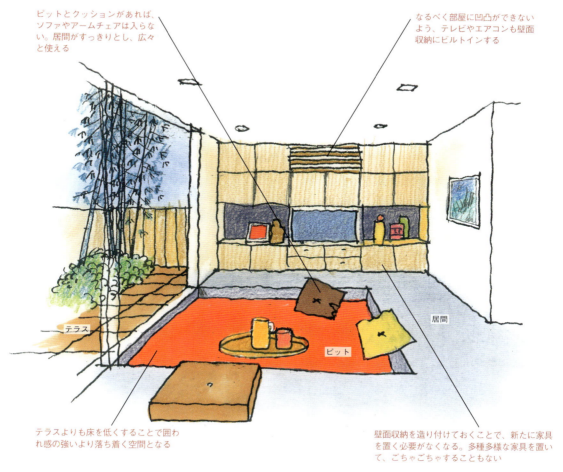

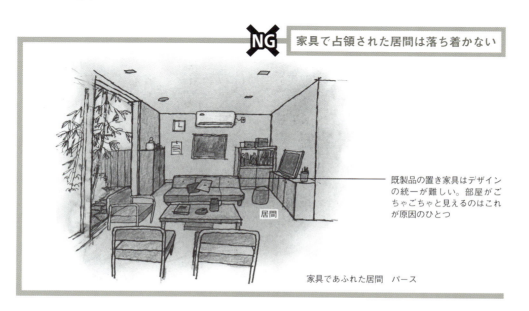

好みのくつろぎ方で決まるピットの形

30〜40㎝深さの標準ピット

300
ピットの深さは30〜40㎝程度。ピットの縁に座るとソファ代わりになる。クッションなどを敷くと◎
クッションをはさんで背もたれにしても。床暖房のあるピットなら、こたつに早変わり

寝心地抜群　浅めのピット

15㎝と浅めのピットは、段差を枕としてもOK
150

皿型ピットにも向く

ピットの段差に緩い勾配を付けた皿型ピット。ゆったりとしてくつろげる

POINT

子どももOK　2段ピット

座面を60㎝にしておけばそこで横になることもできる
450〜600
2段式のピットは、大人も子どもも使いやすい
300
300

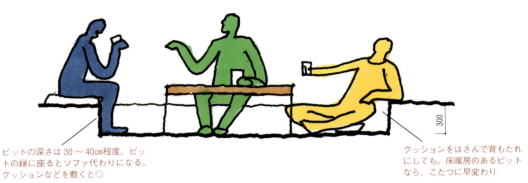

子どもにも大人にもウケる居間

ブラインドを簡易仕切りに

食事室と居間が一体になった空間。全体を見通せて、開放感も高い

空間を仕切るためにブラインドを使用。来客時などにも便利だ。通常、ブラインドは窓などの開口部に取り付けるが、室内用の仕切りとしても使える

和風のインテリアなら「すだれ」を利用しても OK。ブラインドは羽根の角度を変えることによって、仕切る度合いを調整できておすすめ

LD　パース（上：仕切りなし、下：あり）

シーンに合わせて変化させる

小さなお子さんのいる家庭では、家事をしながらも子どもに目が届く、そんな間取りが望ましい。対面式キッチンにして、食事室と居間が見渡せる、それも一案だろう。とはいえ、食事室と居間は用途が異なる部屋。暮らしのシーンによって空間を容易に仕切れるようにしておくとよい。

仕切りは建具だけではない。ブラインドなどを使えば設置も容易である。

また、目が届く範囲に子どもが遊べる場をつくっておくと安心だ。食事の用意をしている間に見えない場所でうろちょろされては困りもの。居間の一角に小さな遊び場をつくってもいいし、居間そのものを遊び場としてしつらえてもよい。たとえば、ウレタン製クッションを敷き詰めた居間はふかふかで、子どものお気に入りの場所になる。クッションの下はピットにしておこう。子どもが寝静まった後、ソファベンチのようにクッションを並び替えれば、大人がくつろげる居間に様変わりする。

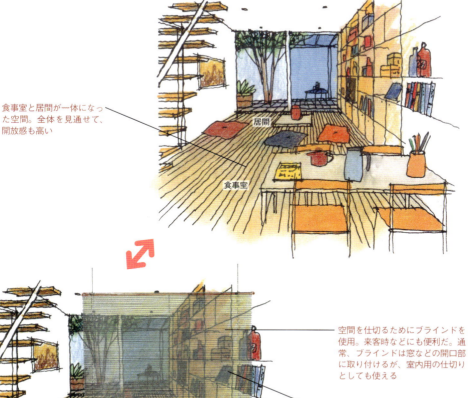

NG 家族に見捨てられた居間

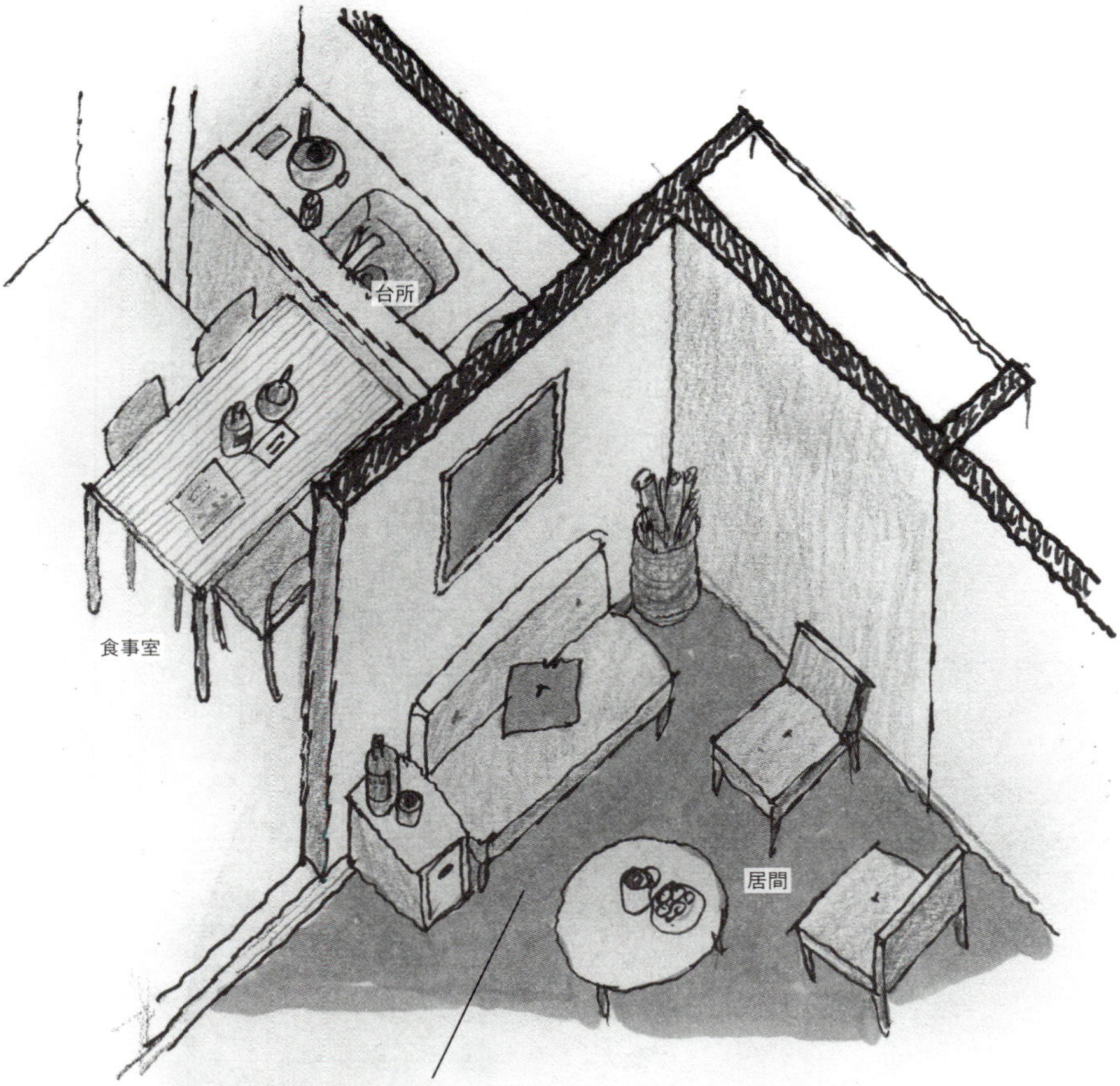

食事室と完全に分断された居間は、使い勝手が悪いもの。人が寄り付かない居間は見捨てられ、「使えない」無駄なスペースになってしまう

壁で仕切られた食事室と居間　アクソノ図

居間に2つの顔をつくる

昼の顔　子どもの遊び場

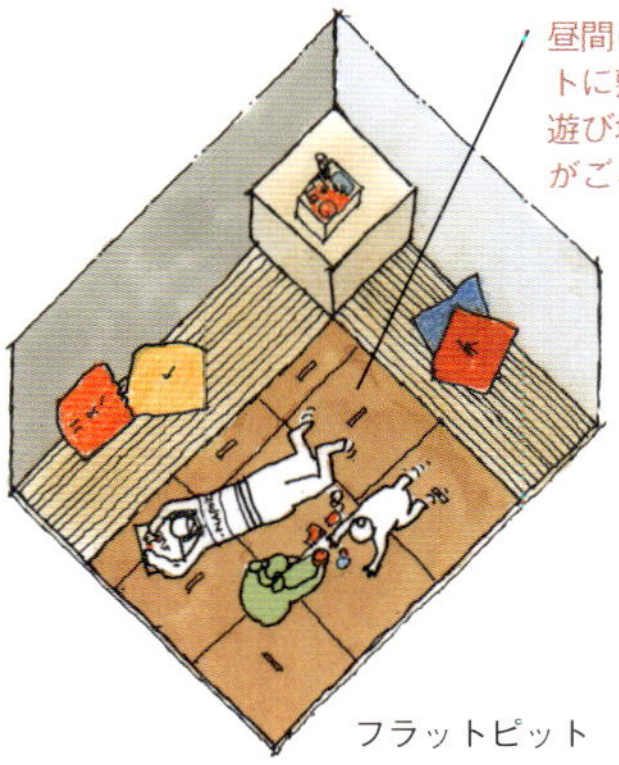

昼間はクッションをピットに敷き詰めて子どもの遊び場に。もちろん大人がごろごろしてもよい

フラットピット

夜の顔　大人のくつろぎの場

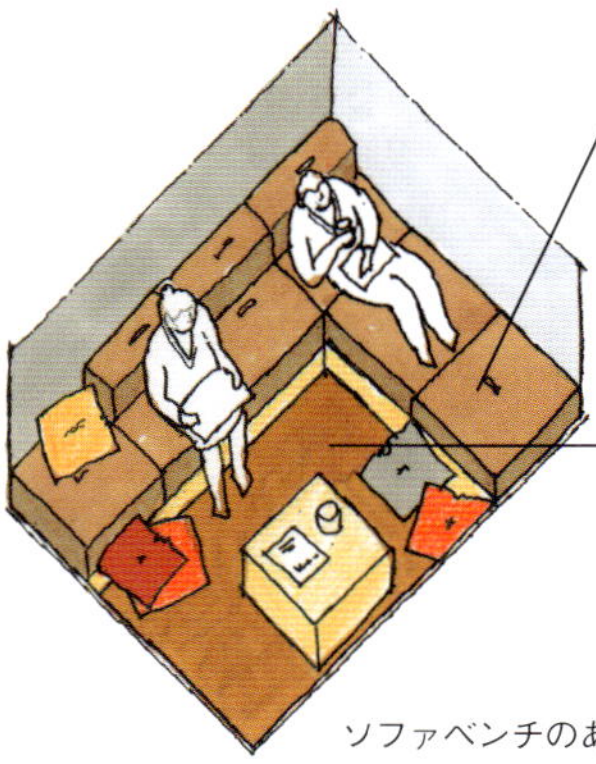

クッションを取り外し並び変えたら、ソファベンチのあるくつろぎの空間に変化する。自由な姿勢でくつろげるのがソファベンチのいいところ

ピットの床はフローリングなどでよいが、床暖房を入れ、シャギーカーペット※を敷くと、直に座ったときに心地よい

ソファベンチのあるピット

POINT

※：シャギーカーペットとは毛足の長いじゅうたんのこと

遊びの場がくつろぎの場に変化する

対面キッチンのある食事室と居間の間に壁はなく、腰までの高さの収納棚で緩やかにつながる。仕切りたいときには、小さな建具を引き出せばよい

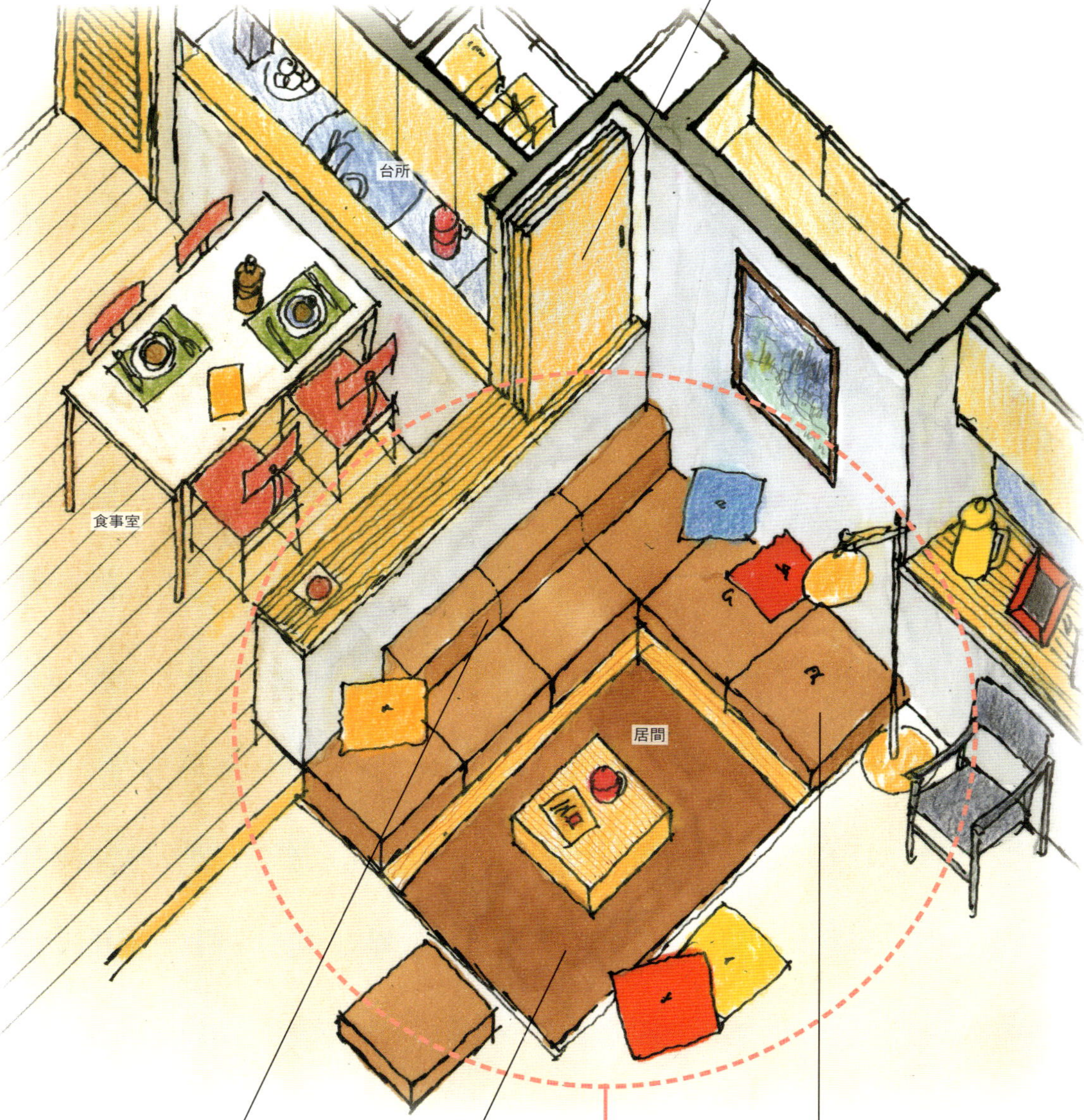

ソファベンチはウレタン製のクッションを並べたもの。クッションをピットに敷き詰めれば、床はフラットになり（フラット・ピット）、子どもの遊び場になる

居間は部分的に床を下げ、ピットにしている。ピットは深さ15㎝

クッションは60～90㎝四方で厚さ10～15㎝程度。それをピットに敷き詰めると、子どもが安全に遊べる程度の柔らかさの床にもなるすぐれもの

小壁でつながる食事室と居間　アクソノ図

ライフスタイルに合ったキッチンを

1列型は壁との関係で大きく変わる

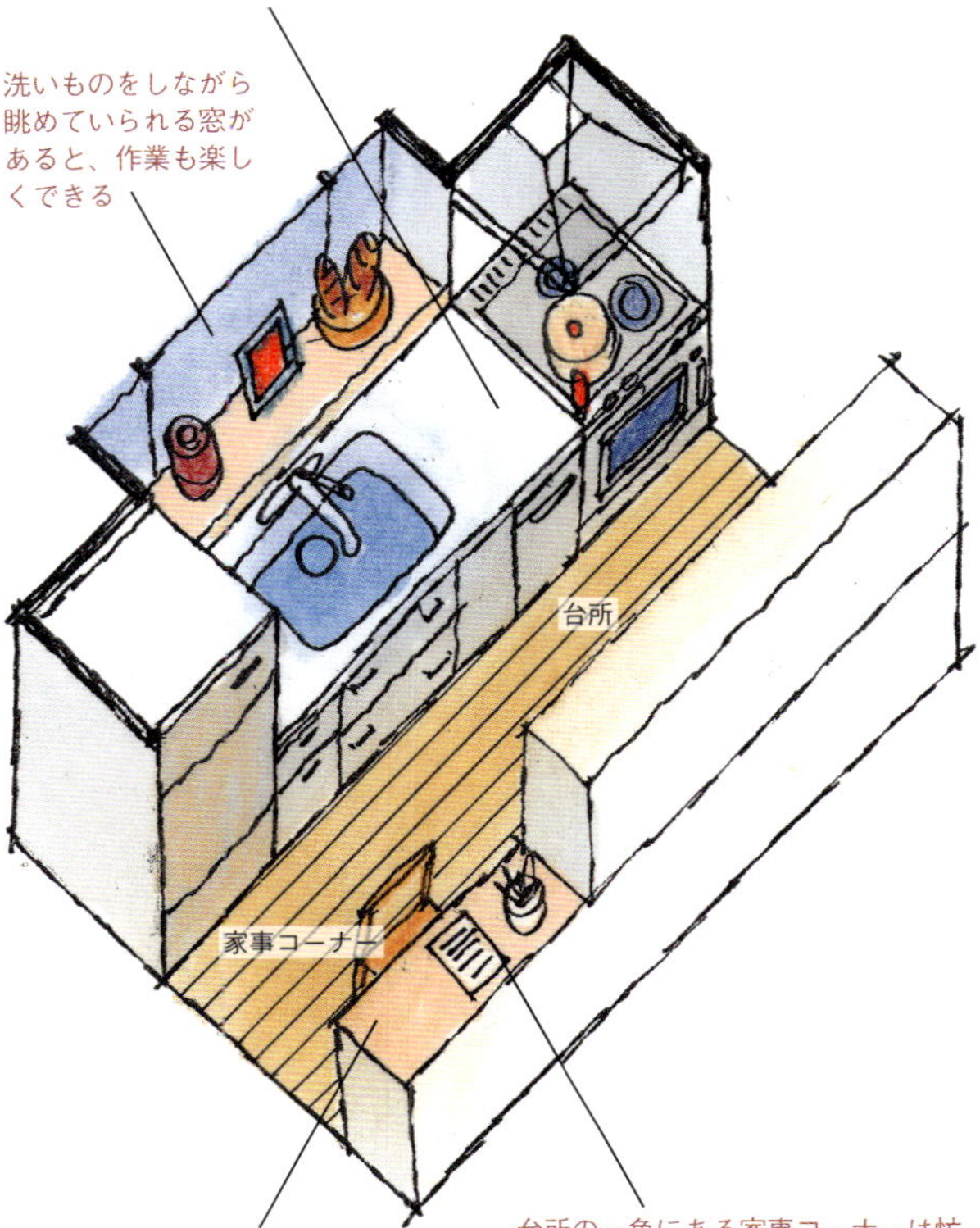
機器の配列が単純で使いやすいタイプ
洗いものをしながら眺めていられる窓があると、作業も楽しくできる
台所
家事コーナー
料理のレシピなどをインターネットで調べながら料理をする新米主婦はパソコンやタブレットを置くスペースが欠かせない
台所の一角にある家事コーナーは忙しい主婦の味方。煮込み料理の火に気を配りながらも、アイロン掛けなど別の家事ができる。レイアウトにかかわらず採用を検討したい

1列型キッチン　アクソノ図

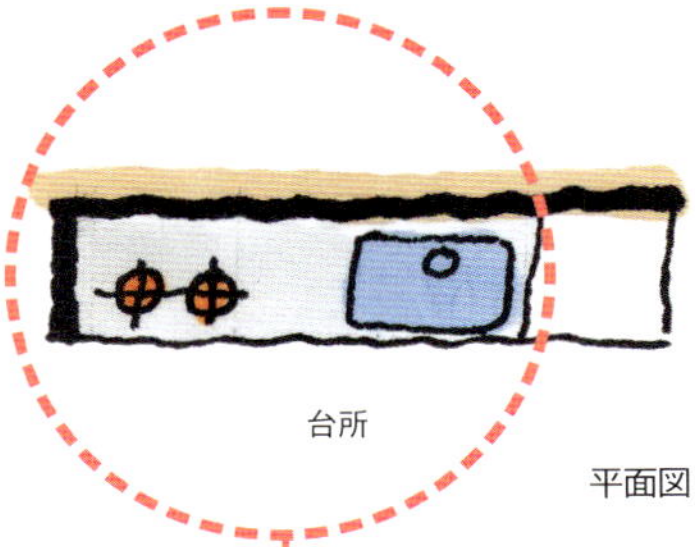
台所

平面図

POINT

バリエーション豊富

同じ1列型レイアウトでも、壁に接していなければ「アイランド型」、壁から半島状に突き出していたら「ペニンシュラ型」になる。これらは対面式キッチンとして使う

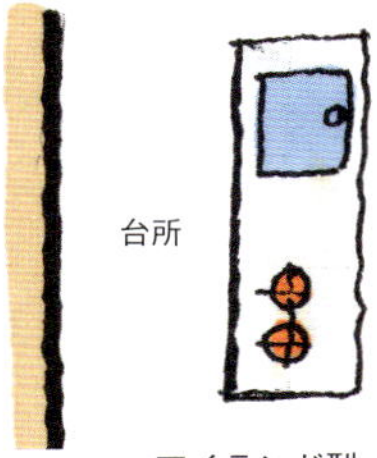
台所

アイランド型　平面図

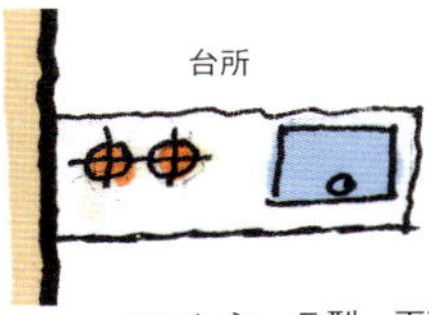
台所

ペニンシュラ型　平面図

機能性＋αがほしい

かつて「主婦の城」といわれた台所に、男性が入る機会も増えてきた。趣味は料理というお父さんが休日にごちそうを振る舞うなど、料理がコミュニケーションツールとなっている家庭も多い。台所にはそれぞれの家族のライフスタイルに合った形があるはずだ。基本レイアウトは次の3つ、プラスアルファしてカスタマイズしていく。

①**1列型**―調理機器がコンパクトにまとめられていて、小人数の家族や狭い住宅に適している

②**L字形**―シンクとコンロを直角に配置すると、調理時に動作が少なく済む。1人で作業することが多く、効率を重視する人におすすめ

③**コの字形**―多くの人が調理に参加できる、広々キッチン。料理するのも食べるのも好きな家族向き

なお、食材や食器をはじめ、調理器具・機器など、料理には多くの物が必要。作業工程も複雑なので、台所は収納力や機能性を重視し、シンプルな動線とすることが前提である。

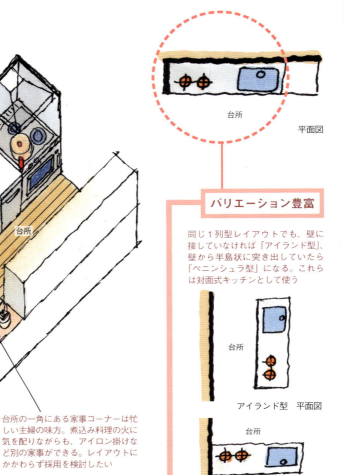

L字形レイアウトは動線◎

動線が少なく済むので作業効率がよいが、コーナー部分にデッドスペースができる（コの字形も同様）
台所

L字形キッチン　アクソノ図

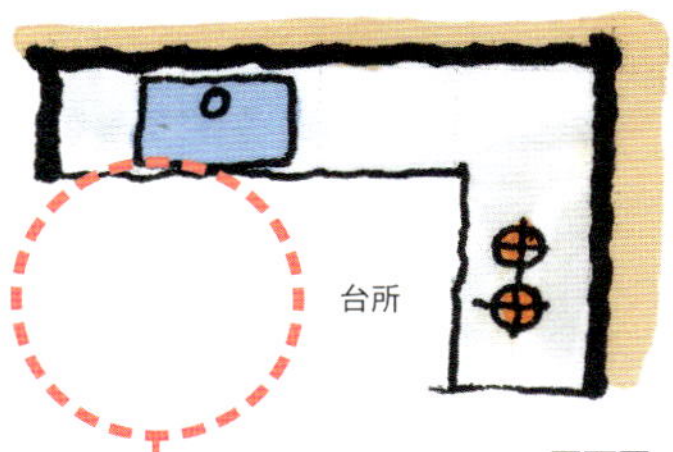
台所

平面図

アイランドをちょい足し

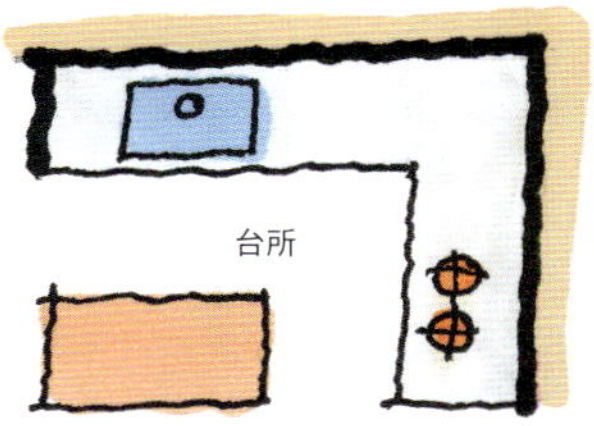
台所

アイランド部分の設置によってさまざまな使い方が可能になる。大人数での調理作業にも対応可

平面図

POINT

コの字形でエンジョイクッキング

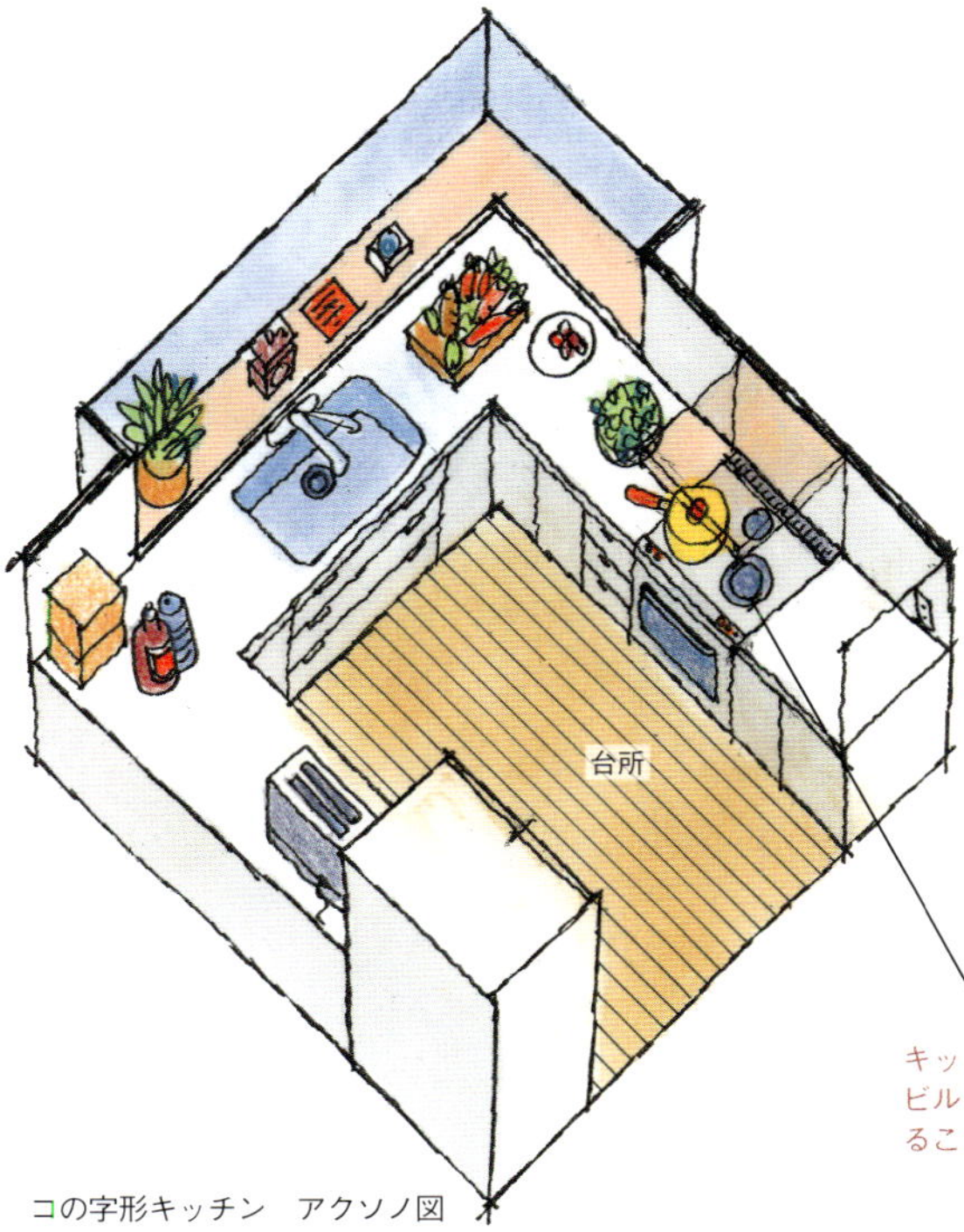
台所

キッチンカウンターが長いので、ビルトインの調理機器を充実させることができる

コの字形キッチン　アクソノ図

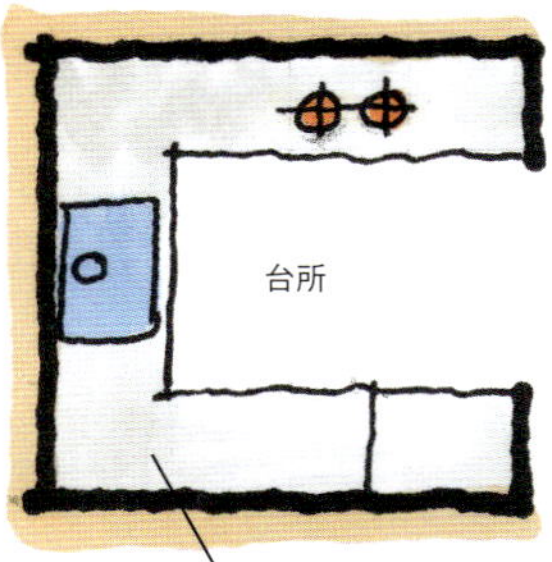
台所

平面図

このレイアウトは比較的広さが必要

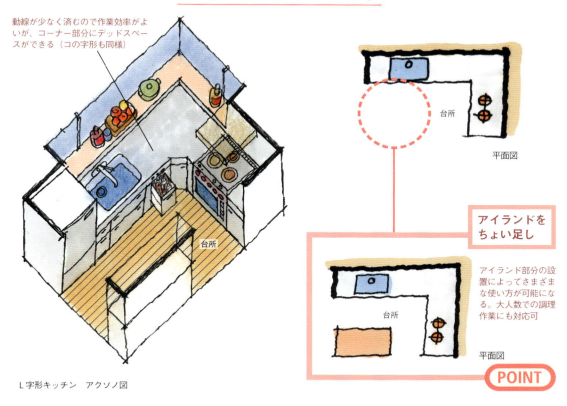

chapter 2
DK
7
いいトコ取りのキッチンづくり

クローズ×センターキッチンのいいトコ取り

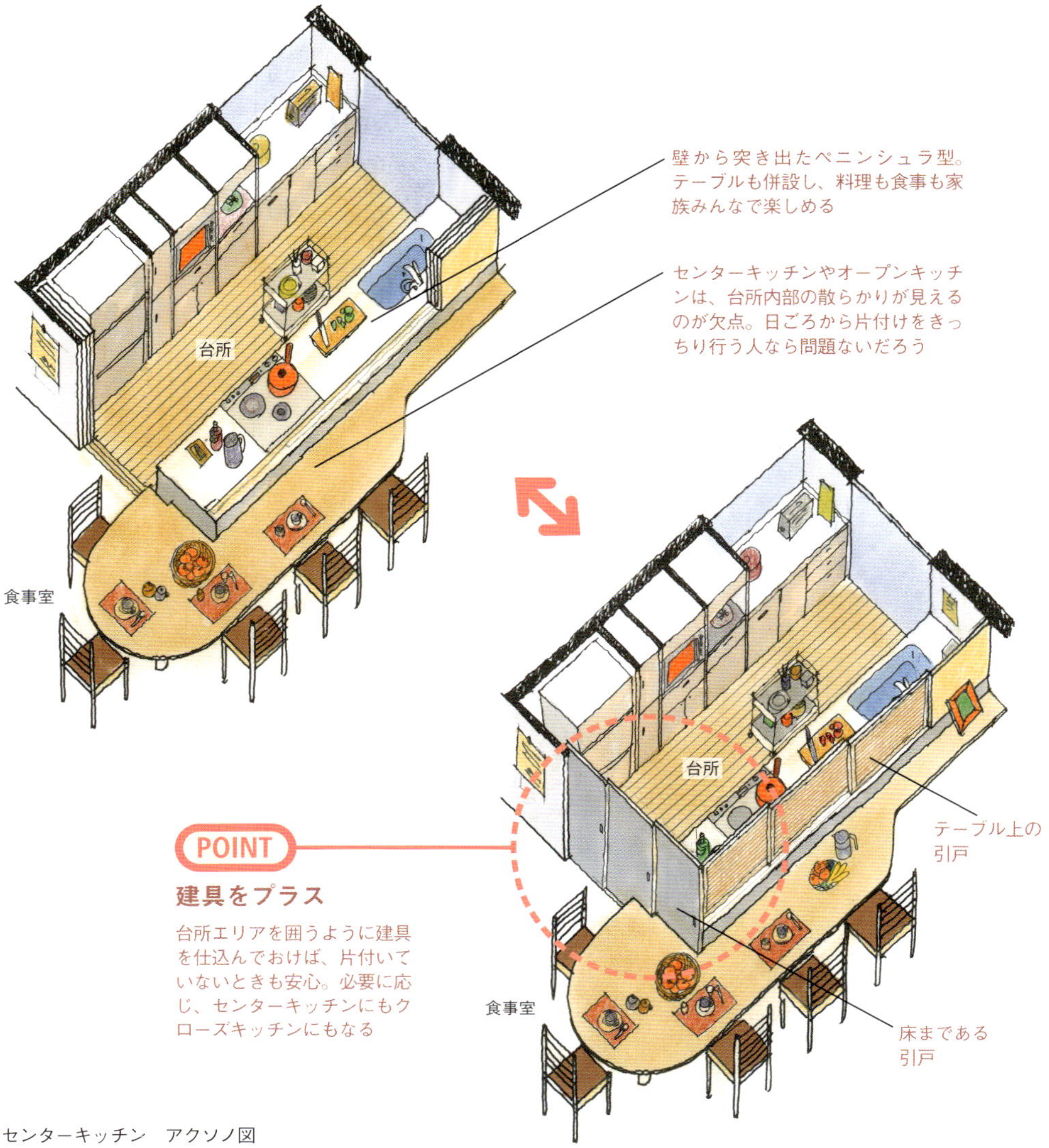

壁から突き出たペニンシュラ型。テーブルも併設し、料理も食事も家族みんなで楽しめる
センターキッチンやオープンキッチンは、台所内部の散らかりが見えるのが欠点。日ごろから片付けをきっちり行う人なら問題ないだろう
台所
食事室
台所
テーブル上の引戸
POINT
建具をプラス
台所エリアを囲うように建具を仕込んでおけば、片付いていないときも安心。必要に応じ、センターキッチンにもクローズキッチンにもなる
食事室
床まである引戸

センターキッチン　アクソノ図

ライフスタイルで異なる台所と食事室の関係

「料理中は邪魔してほしくない」「休日は飲みながら夫婦で料理したい」といった調理に関する希望を叶えるには、キッチンの形だけを考えていても仕方ない。台所と食事室、2つの空間をどうつなぐか、これも重要なポイントだ。台所のつくり方によって「つながり度合い」が異なる。大きくは、

①**クローズキッチン**―壁などで囲い、独立性を高めたもの
②**オープンキッチン**―食事室とひとつながりの空間に設けたもの
③**センターキッチン**―アイランド型やペニンシュラ型（56頁）など、キッチンセットによって食事室とゆるやかにつながるもの

の3つに分けられる。①は閉鎖的、②③は散らかったキッチン廻りが丸見え、という点がマイナスだが、壁に開口を設けたり、小壁や建具を付けたりすれば調整可能だ。うまく組み合わせて、住み手に合うオリジナルをつくろう。

ブラインドで調整してもOK

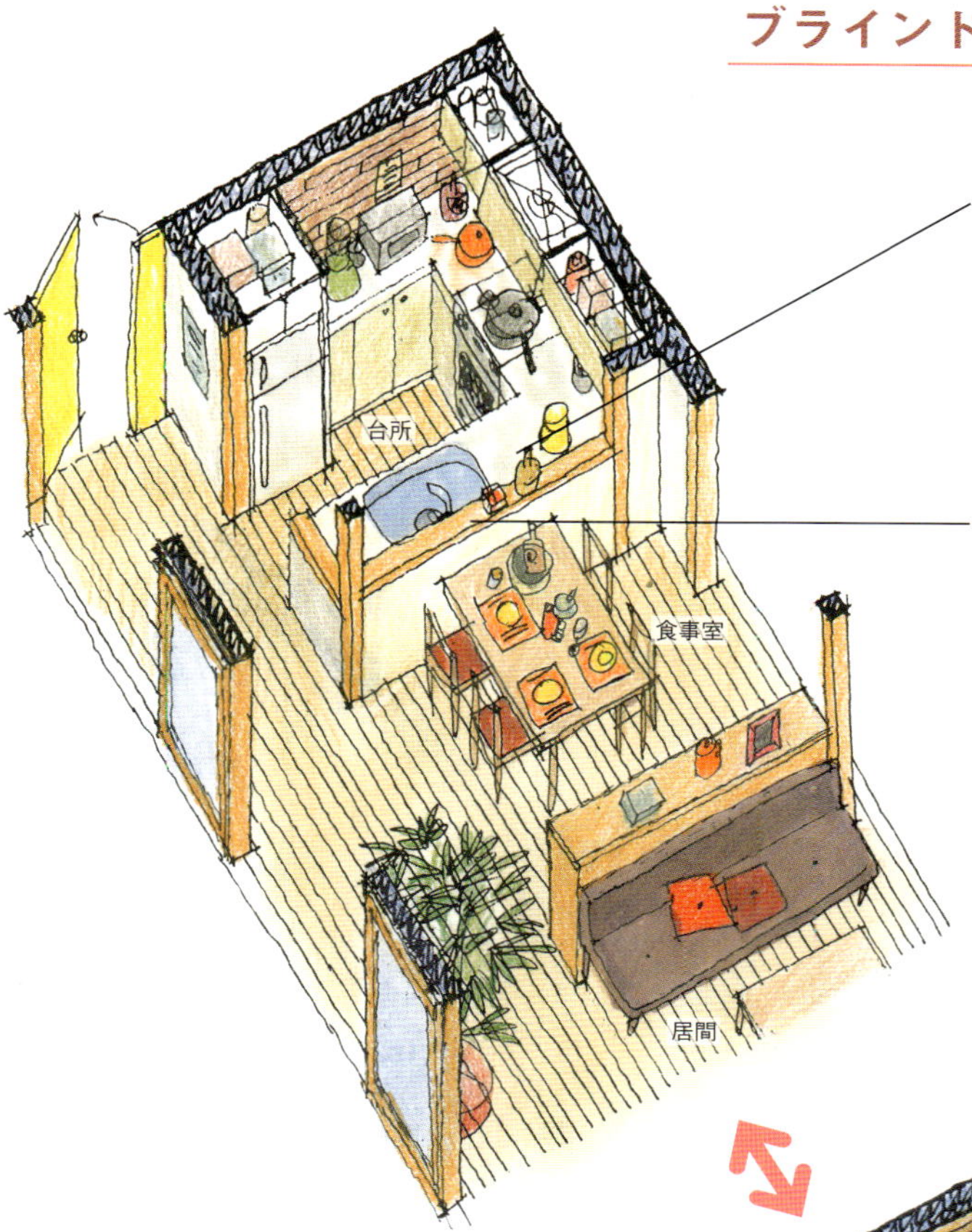

片付けが苦手な主婦でも、閉鎖的なクローズキッチンは嫌という人も多い。クローズキッチンも壁の一部を開口にすれば対面式になり、食事室とのつながりがつくれる

開口の大きさによって、食事室とのつながり具合が変化する。シンクの上30cmまで開口にすれば台所の細々とした物が隠れるし、シンクぎりぎりまで開口にすれば、より開放感が得られる

POINT

ブラインドなら後付けOK

手元を隠せない開口だと負担に感じるという場合は、ロールブラインドなどを取り付けるという方法も。ブラインドは色彩豊かな製品が市販されていて、インテリアに合わせてカラーコーディネートするのも楽しい

食事室と居間もロールスクリーンで仕切れるようにしておけば、食卓に片付いていない食器があっても気にならない

クローズキッチン（対面式）のあるLDK　アクソノ図

chapter 2
DK
8

最高に楽しいアイランド型キッチン

小さな別荘にもぴったり

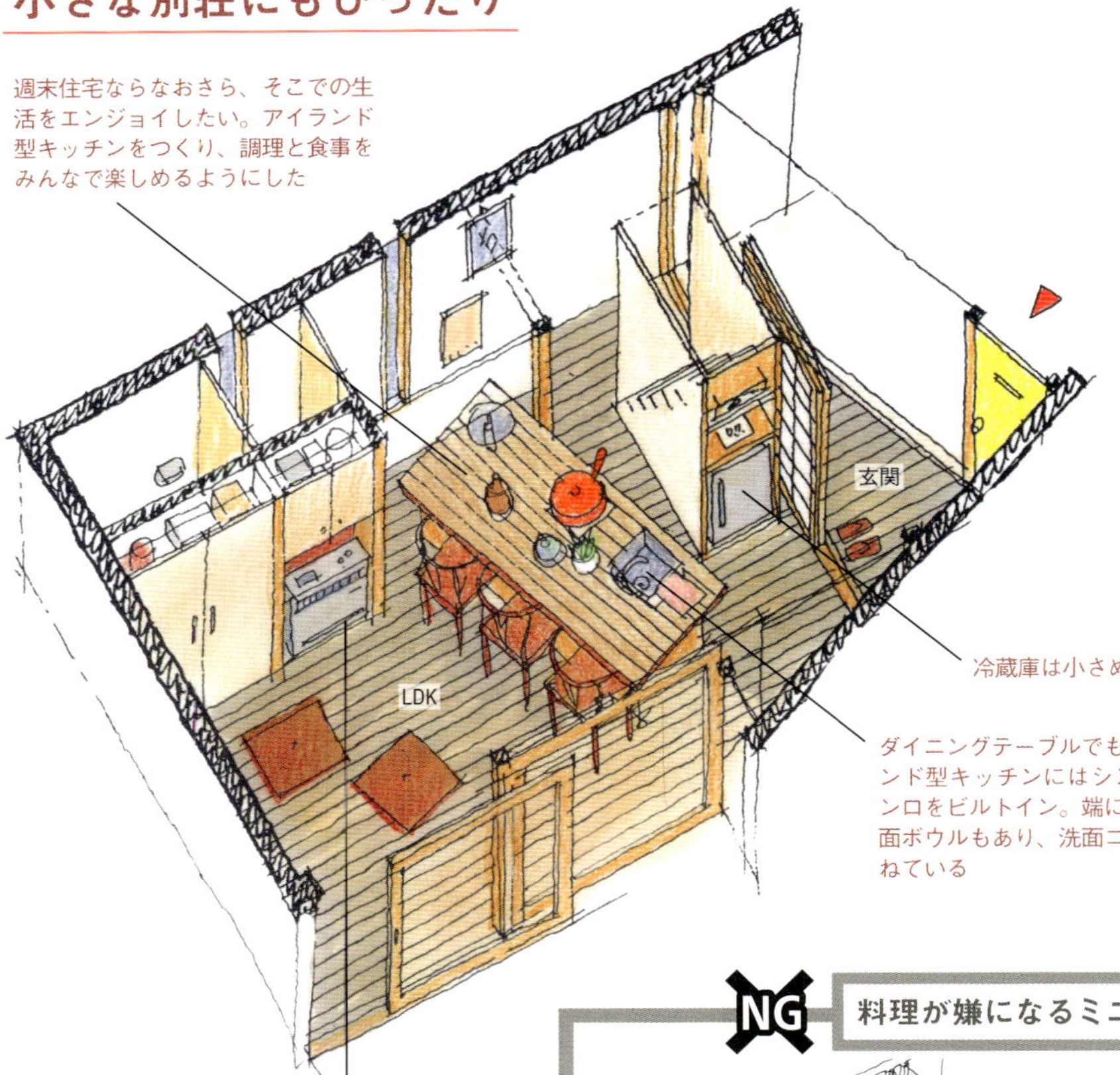
週末住宅ならなおさら、そこでの生活をエンジョイしたい。アイランド型キッチンをつくり、調理と食事をみんなで楽しめるようにした
玄関
冷蔵庫は小さめのもので十分
LDK
ダイニングテーブルでもあるアイランド型キッチンにはシンクとIHコンロをビルトイン。端には小さな洗面ボウルもあり、洗面コーナーを兼ねている
暖房器具も部屋のくぼみに設置すれば、小さな部屋もごちゃごちゃしない

アイランド型キッチンのある LDK アクソノ図

NG 料理が嫌になるミニキッチン

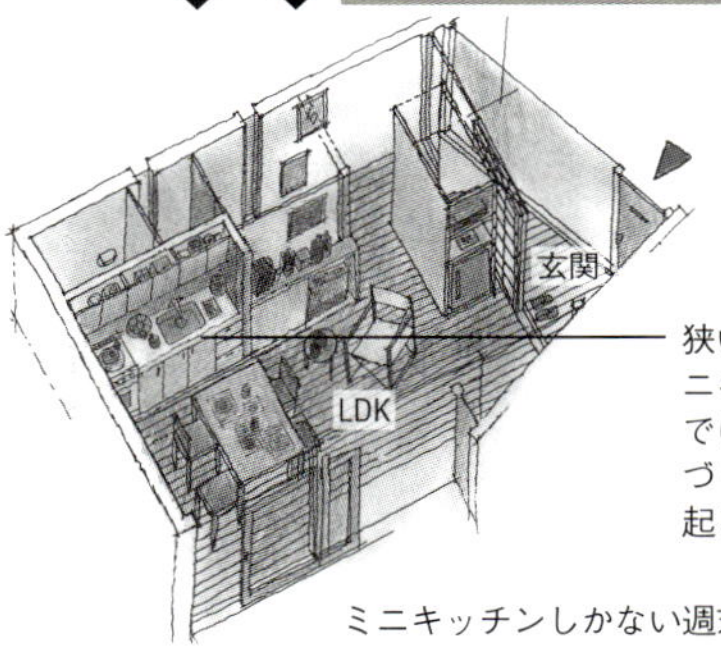
玄関
LDK
狭いからといって、ミニキッチンを付けるのではつまらない。使いづらく、料理する気も起こらない

ミニキッチンしかない週末住宅　アクソノ図

料理嫌いに捧げる魔法のキッチン

本来、料理は楽しいものだ。調理の間の「ひとりぼっち感」や面倒な片付けなどが、料理を嫌なものに変えている。毎日の食事の用意がつらいと思っている人にこそ、アイランド型キッチン（56頁）をおすすめしたい。

アイランド型キッチンはテーブルを兼ねることが多く、そこには必然的に家族が集まって来る。炒めたり、盛り付けたりと調理の様子を目の当たりにすると、思わず参加したくなるもの。キッチンの形によっては邪魔になるだけだが、壁に接していないアイランド型は大人数で囲むことができるので、配膳や調理・片付けもみんなで一緒に楽しめるのだ。

部屋の大きさやライフスタイルに合わせて、仕様を決めよう。シンクをアイランド部分に設置してもいいし、L字形キッチンにアイランドを合わせてもよい（57頁）。バリエーションが豊富で、間取りに合わせやすいのも魅力のひとつである。

孤立した主婦を救うアイランド型キッチン

テーブルを兼ねたアイランド部分にはシンクを設け、ガスコンロは壁側に配置した。子どもがいる場合はこのようにテーブルから火元を離すのもいい

食後、大きなテーブルで子どもが勉強することも。片付けをしながら宿題を見てやることもできる

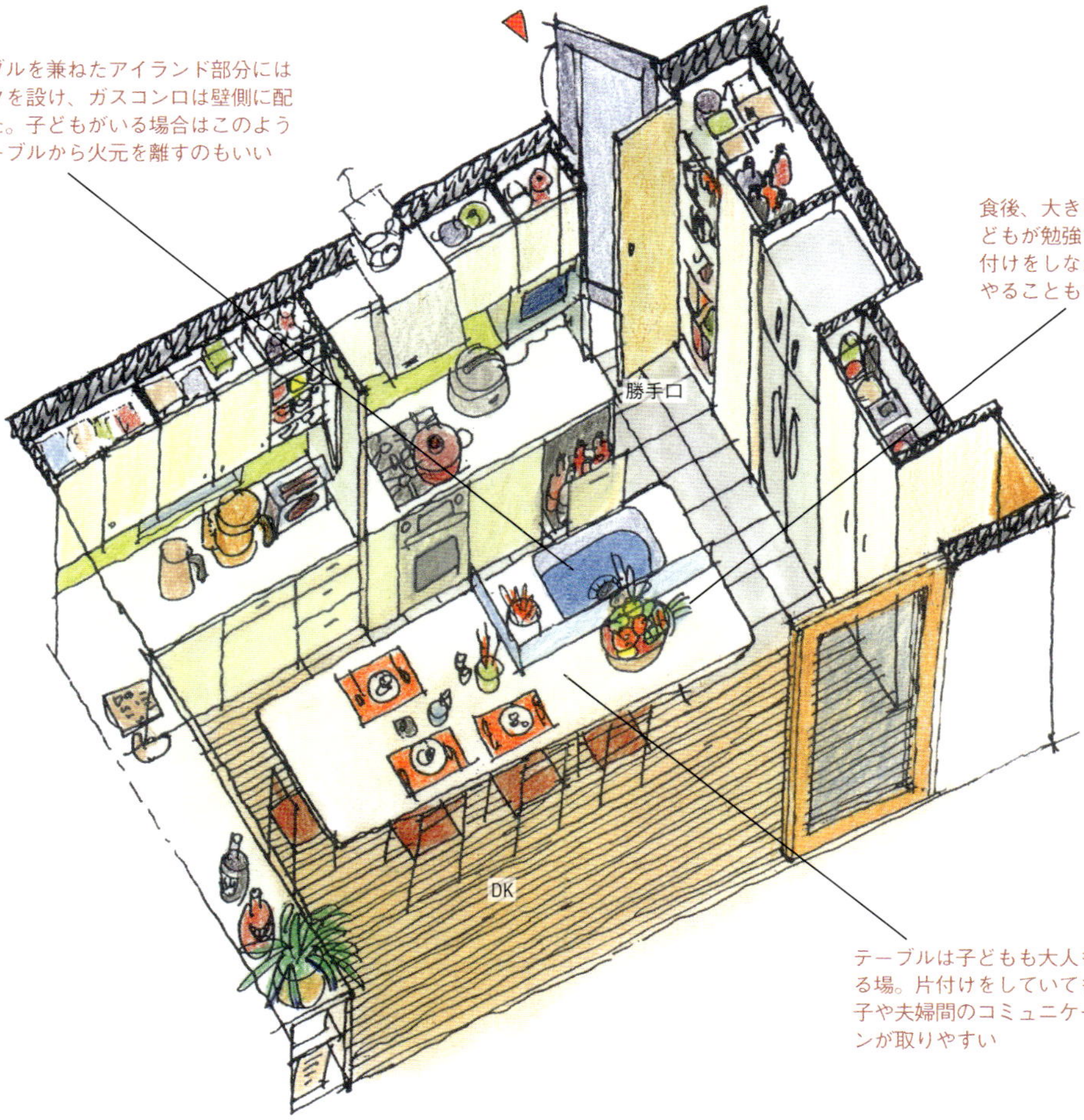

テーブルは子どもも大人も集まる場。片付けをしていても、親子や夫婦間のコミュニケーションが取りやすい

アイランド型キッチンのある DK　アクソノ図

NG 小さなクローズキッチンが元凶

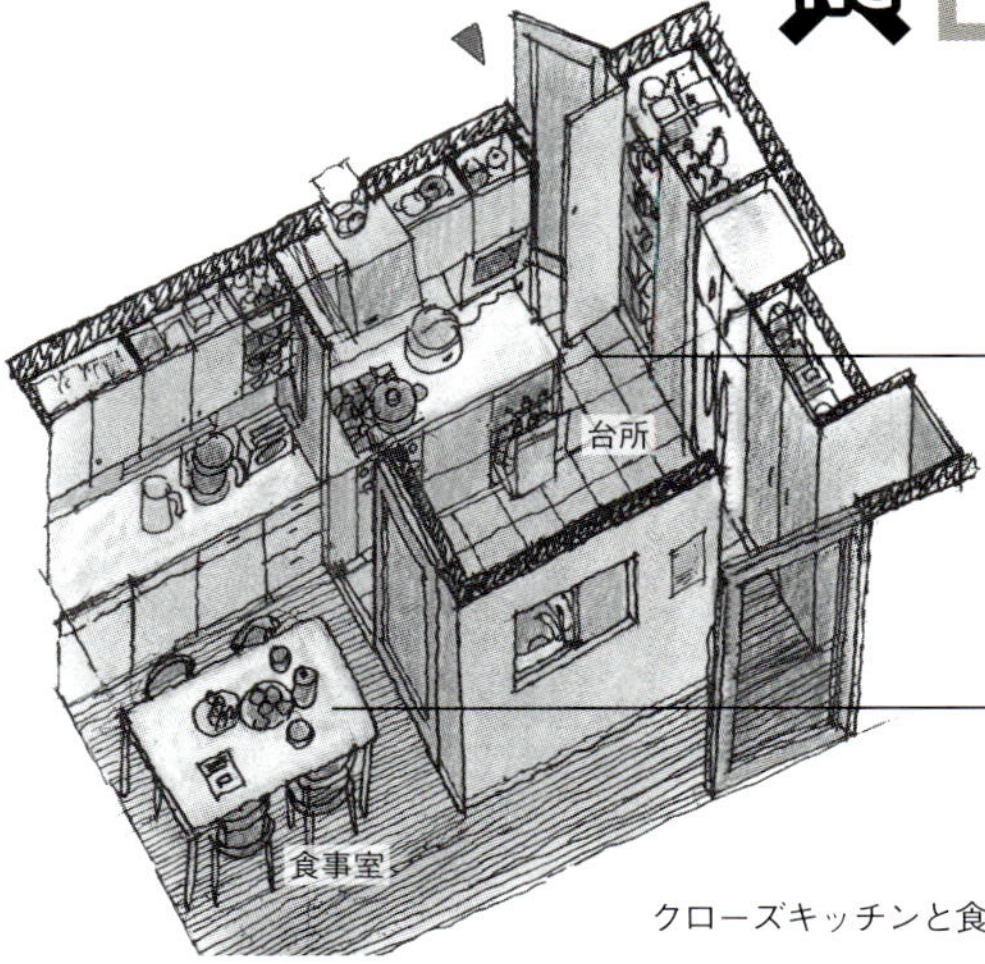

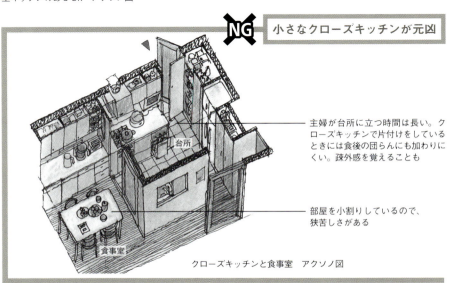

主婦が台所に立つ時間は長い。クローズキッチンで片付けをしているときには食後の団らんにも加わりにくい。疎外感を覚えることも

部屋を小割りしているので、狭苦しさがある

クローズキッチンと食事室　アクソノ図

薄暗い台所にサヨナラ

デッキテラスで明るく広がりのある台所

POINT

壁に向いていたキッチンの位置を変えることで、外壁に大きな開口が取れるように。ただし、水廻りの移設に伴う改築費用はややかさむ

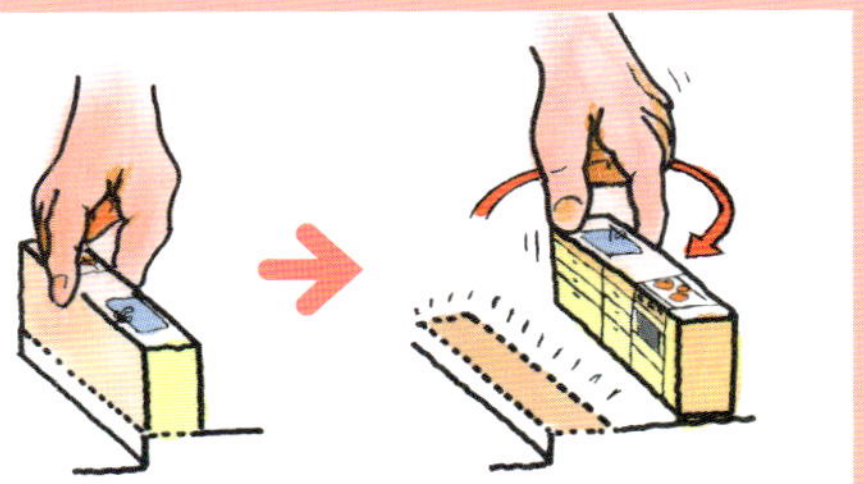

キッチンを2mほど動かし回転するだけ

塀との間はテラスに。床とほぼ同じ高さのウッドデッキをつくることで、部屋に広がりが生まれる。イスやテーブルを置くことができれば理想的だが、狭くても問題ない

足もとまである大開口をつくれば、台所がぐっと明るく

テラスのある台所　パース

キッチンをずらすだけで明るく広々空間に

台所は北側に押しやられがちな部屋のひとつ。罪滅ぼしのようにキッチンの前に出窓をつくっても、その先には塀が立っていることが多く、薄暗さはあまり解消されないようだ。

ここでは塀との間にある狭い空間を活用し、明るく開放感のある台所に変える方法を紹介したい。まずは北側の壁にへばりついているキッチンを動かそう。壁に大きな窓を開けることができるようになるので、台所が明るくなる。塀と外壁の間の空間はデッキテラスとしてしつらえ、部屋の延長として使う。どんなに狭いテラスでも、台所が広々と感じられるだろう。また、塀との間に増築が可能な場合は、台所を広げ、その一角に家事コーナーをつくるのもおすすめだ。

キッチンの位置を移すことで、使われていなかった外部空間を活用できる。北側の台所には明るさと広がりが生まれる。一石二鳥のリノベーションだ。

増築で台所の一角を家事コーナーに

塀を取りやめて台所部分を広げるように増築した。ガラス屋根にすれば、とても明るい部屋に

台所の一角に設けた家事コーナー。食器棚の裏側にあり、落ち着く空間だ。夫婦でお酒を飲むなど、大人の隠れ家としても使える

テーブルを兼ねたペニンシュラ型キッチン。家事コーナーから光が入る明るい空間になる

家事コーナーのある台所　パース

NG　北側台所には薄暗さが漂う

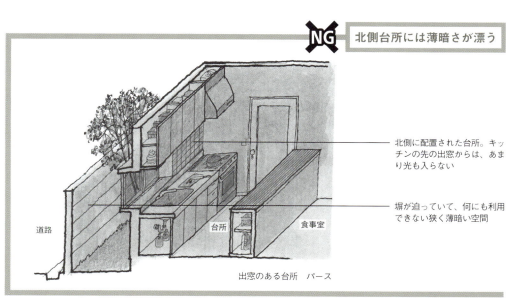

北側に配置された台所。キッチンの先の出窓からは、あまり光も入らない

塀が迫っていて、何にも利用できない狭く薄暗い空間

出窓のある台所　パース

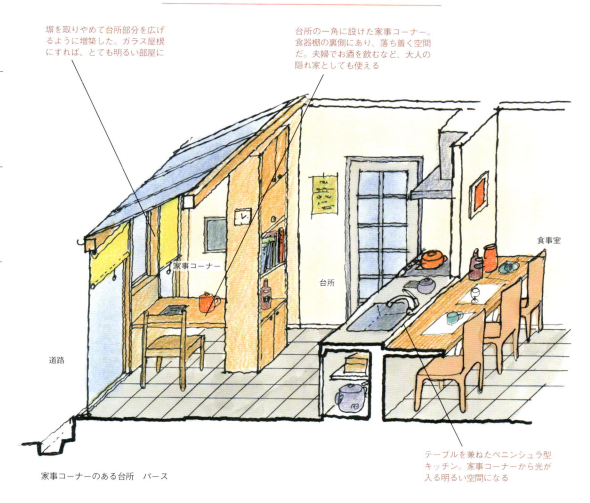

寝るだけなんて、もったいない

狭い寝室でもOK　書斎カウンター

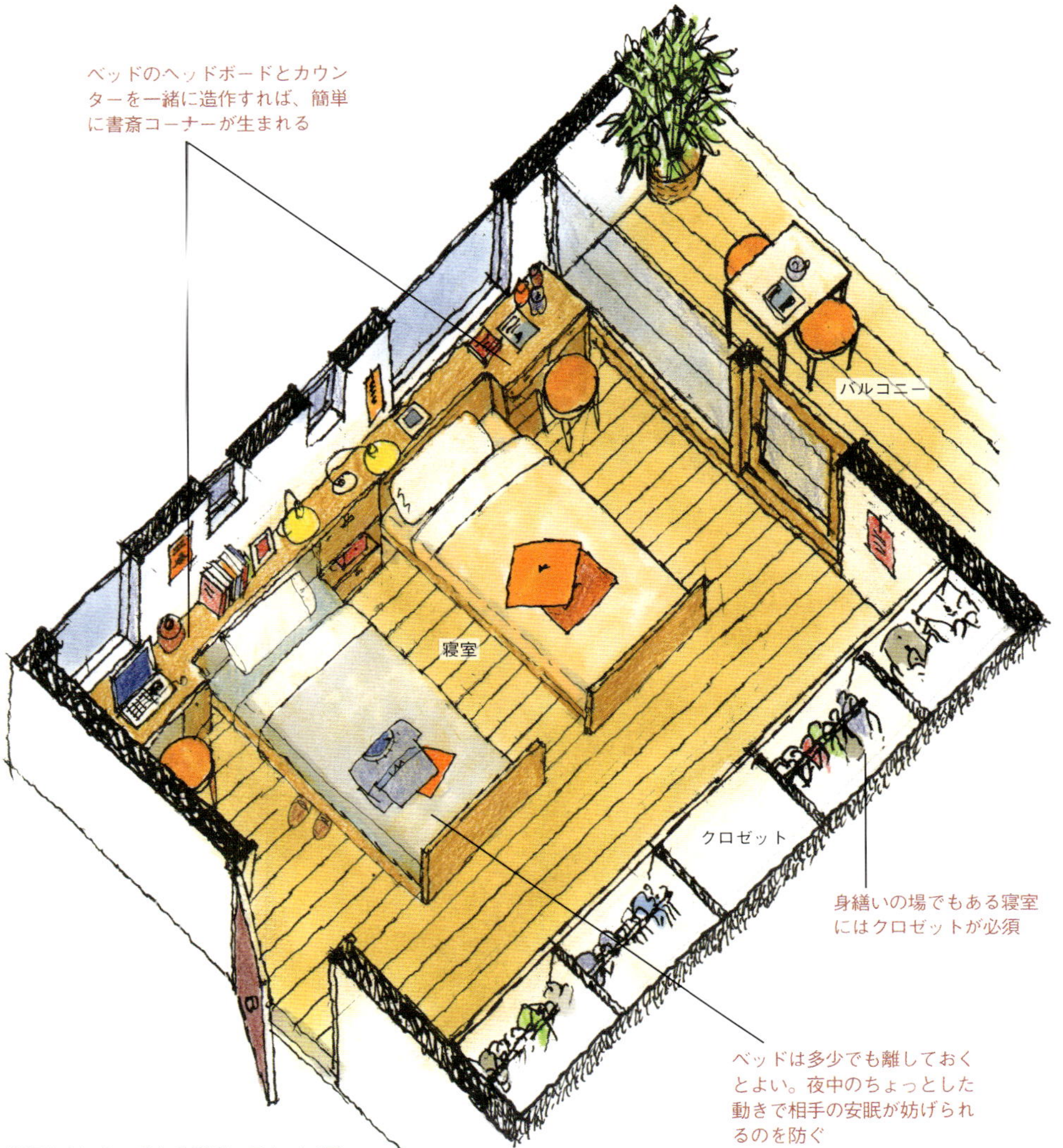
ベッドのヘッドボードとカウンターを一緒に造作すれば、簡単に書斎コーナーが生まれる
バルコニー
寝室
クロゼット
身繕いの場でもある寝室にはクロゼットが必須
ベッドは多少でも離しておくとよい。夜中のちょっとした動きで相手の安眠が妨げられるのを防ぐ

書斎カウンターのある寝室　アクソノ図

大人1人ひとりに書斎を

書斎は世の男たちが憧れる場所だが、女だって例外ではない。誰だって、自分だけの場所がほしいもの。かといって家の広さには限りがある。書斎ひとつだってままならないのが現実だ。

そこでおすすめなのが、寝室に書斎コーナーをつくる方法。そもそも寝室は「寝るためだけの部屋」ではない。ベッドに横たわりながら、読書や寝酒をたしなんだり、顔のお手入れをしたりとマイペースに自分の時間を楽しむ部屋でもある。寝室に夫婦それぞれの書斎コーナーがあれば、より充実した「1人の時間」を過ごせるだろう。

ヘッドボードを利用した書斎カウンター（右頁）なら、比較的狭い寝室にも取り入れやすい。就寝時間が大きく異なる夫婦の場合は、書斎と寝室を大まかにエリア分けしておけば気兼ねも無用だ（左頁）。なお、書斎コーナーのような小さな空間は、天井まである壁や建具で仕切ると狭苦しくなるので気を付けたい。

低い壁の向こうに書斎コーナー

低い壁のみで仕切られた書斎コーナー。適度な「囲まれ感」が心地よく、1人の時間に没頭できる

書斎コーナーを仕切る壁には小さな開口があるとよい。書斎とベッドスペースにほどほどの関係がつくれ、安眠を妨げることもない

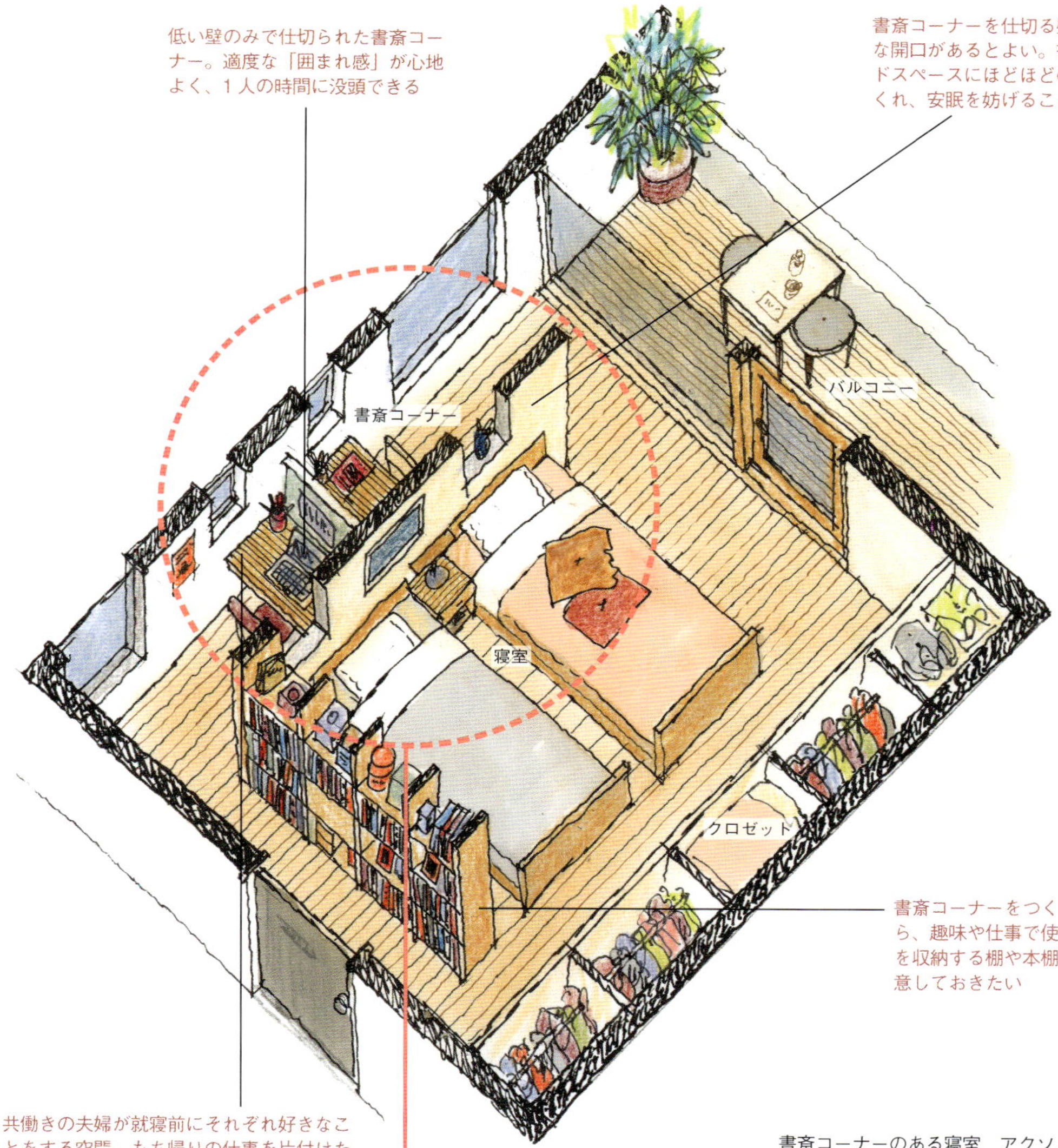

書斎コーナーをつくるなら、趣味や仕事で使う物を収納する棚や本棚も用意しておきたい

共働きの夫婦が就寝前にそれぞれ好きなことをする空間。もち帰りの仕事を片付けたり、小説を読んだり、何をしてもよい

書斎コーナーのある寝室　アクソノ図

低い壁を挿入するだけで2つの空間に

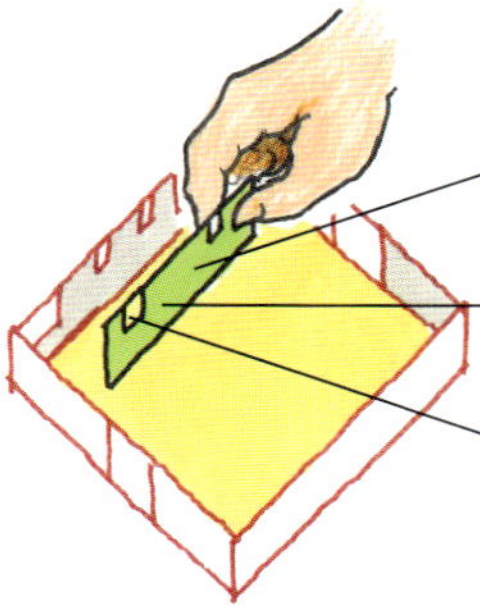

高さ2mほどの壁を1枚立てるだけで、部屋に2つの空間ができる。ここでは壁の向こうを書斎コーナーに当てる

壁を立てるほか、しゃれた本棚や収納棚を置くだけでも空間を分けることができる

壁に穴を開けることで圧迫感を軽減

POINT

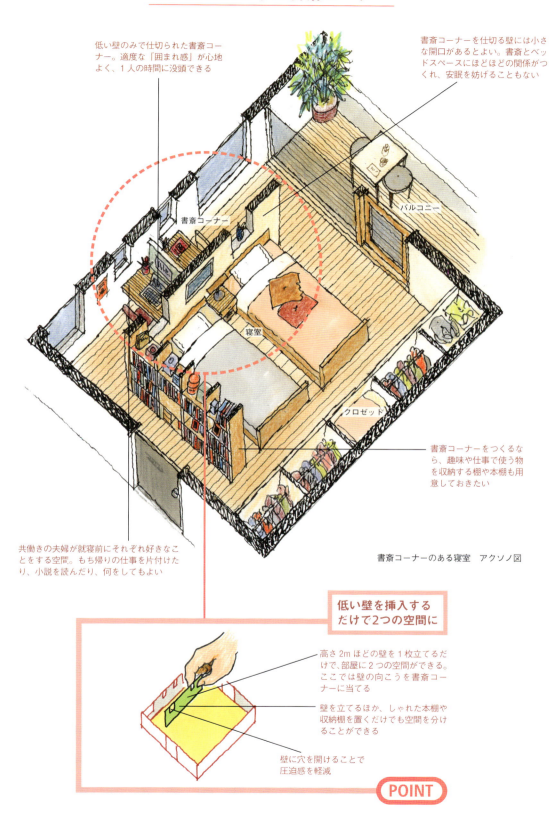

寝室は水廻りと収納のセットで

プライベート空間も間取りパズルで

夫婦2人の寝室を中心とした「プライベート空間」。方眼紙の1マスを91㎝グリッド（住宅の基本単位のひとつ）と考え、寝室を最低6畳（3×4マス）、水廻りを2畳（2×2マス）などとして切り抜き、方眼紙上で配置を検討する

書斎カウンターは夫と妻それぞれに用意

シングルベッドは1×2m程度だが、周辺に幅30㎝以上の通路スペースが必要になる

クロゼットは壁面タイプとウォークインタイプ（WIC）を用意

クロゼットよりも安上がりだが面積が必要になる

パズルで柔軟に

間取りをパズルのように検討する方法は、建て主だけでなく、設計者にも向いている。手を動かすことで、思いも付かなかった間取りが生まれることも

POINT

寝室単体では成立しない

夫婦の寝室は、2人分のベッドを置くためにも、ある程度の広さが必要になる。せっかくなら、長居もできて用事も済ませられる、快適で機能的な空間にしたい。書斎コーナー（64頁）はもちろん、身繕いに必要なクロゼット、化粧台、水廻りも含め「プライベート空間」として考えよう。その中の主役が寝室なのである。

プライベート空間の配置を、12頁と同様、パズルを使って検討してみよう。シングルベッドを2台並べるなら最低でも寝室エリアは6畳程度、トイレと洗面室を備えた水廻りが2畳ほど。そこにクロゼットや書斎などをうまくつなげていくだけだ。

クロゼットはウォークインタイプもあるが、内部に通路が必要になってくる。広い住宅なら「無駄」なスペースも「ゆとり」に変わるが、あまり余裕がない場合は別だ。部屋に面した壁面タイプのクロゼットにするほうが、効率よく衣服を収納できる。

数多くのプランがすぐつくれる

水廻り省略タイプ

妻の書斎カウンターは化粧台も兼ねている

図のプライベート空間は全体で17畳ほど。ウォークインクロゼットを除いた寝室エリアは15畳くらいの広さ

夫婦専用の水廻りを設けなくてもOK。寝室を出た先の廊下に家族共通の水廻りを設けている

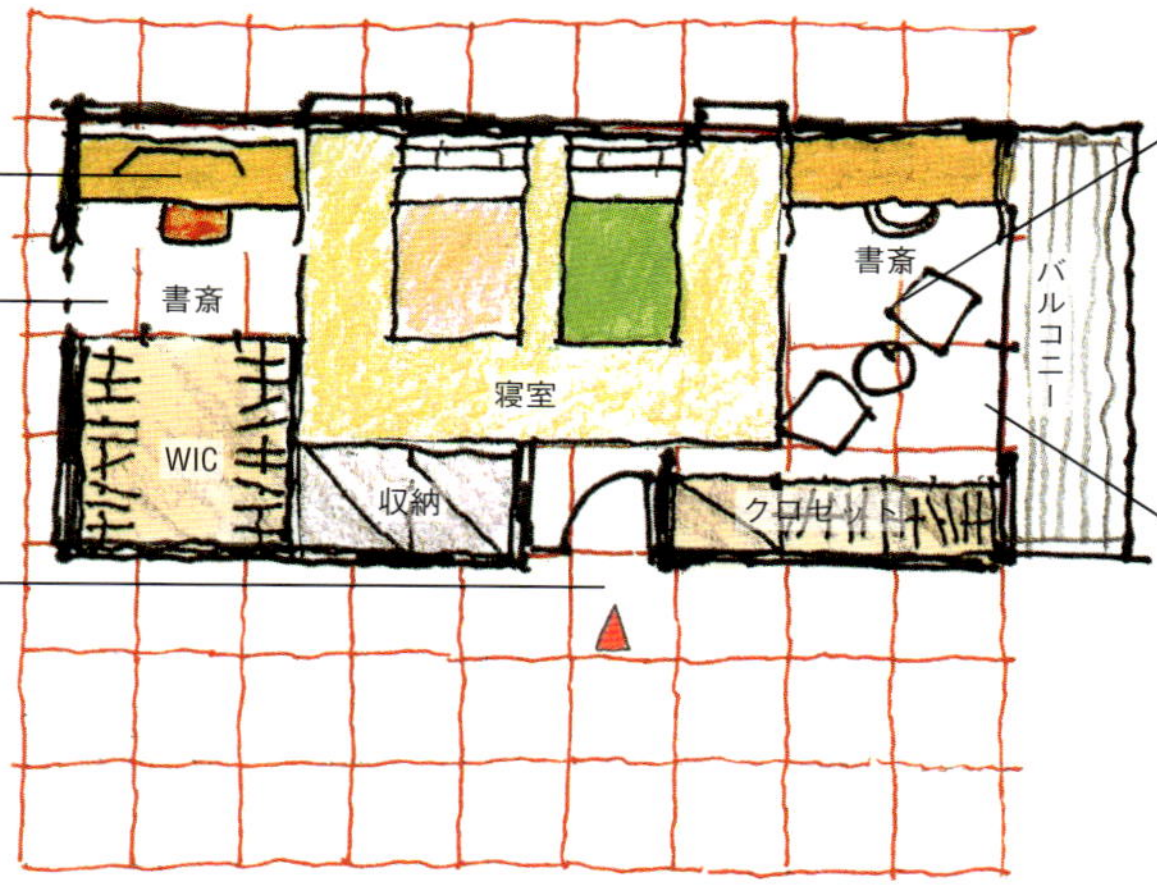

衣服の少ない男性などは、クロゼットの容量を減らして、イスやテーブルを置いても。書斎カウンターとは違った落ち着きが生まれる

間取りパズルの際には、窓の位置も合わせて考える。掃き出し窓の前には、カウンターテーブルなどを置けないので要注意

必要十分の標準タイプ

寝室のそばにトイレや洗面室があると、何かと便利。高齢化対応のプランでもある。水廻りに面した壁は防音対策をしっかりと

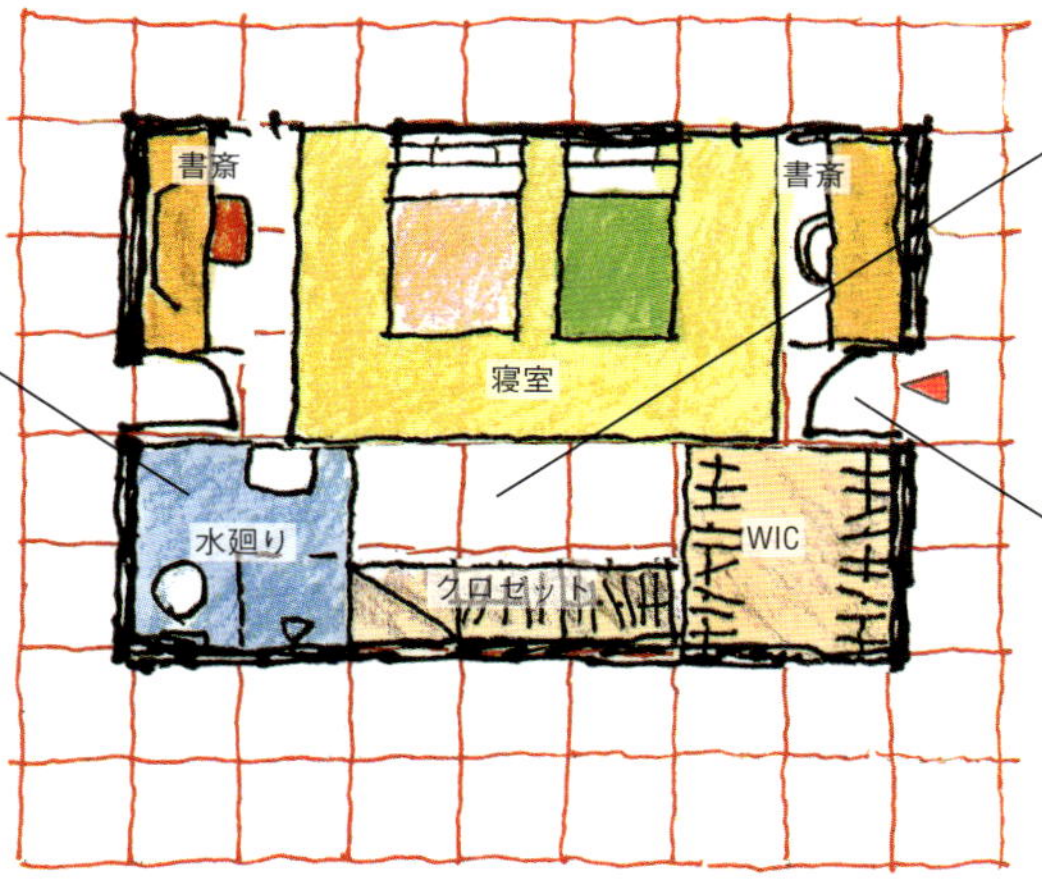

パズルのない余白の空間によって寝室エリアが広がる

図のプライベート空間は全体で17.5畳ほど。水廻りとウォークインクロゼットを除いたいわゆる寝室エリアは13.5畳ほどと上図よりは狭め

ゆとりのタイプ

間取りパズルをする際は、プライベート空間が住まいのどの位置にあるのか、方角や隣地との関係を常に頭に入れておく。窓をどう開けるか、採光や通風はもちろん、プライバシーの確保も重要になる

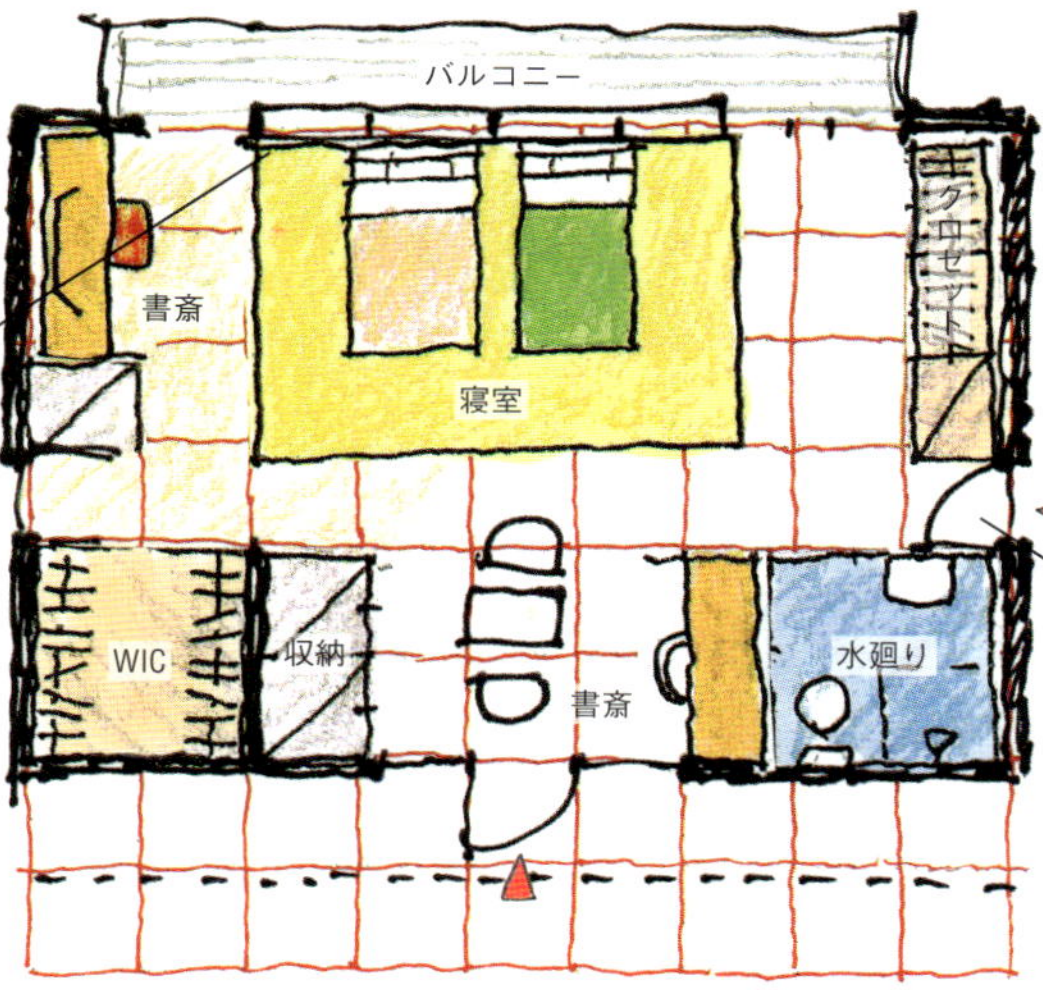

図のプライベート空間は全体で約27畳。水廻りとウォークインクロゼットを除いた寝室エリアは、23畳ほどとゆとりのある広さ

クロゼットは形で収納量が大きく変わる

収納力△　2列型ウォークイン

寝室に約3畳（2.7×1.8m）のウォークインクロゼットを設けた例。ハンガーパイプを2列にすると、畳1畳分の通路スペースが必要になる

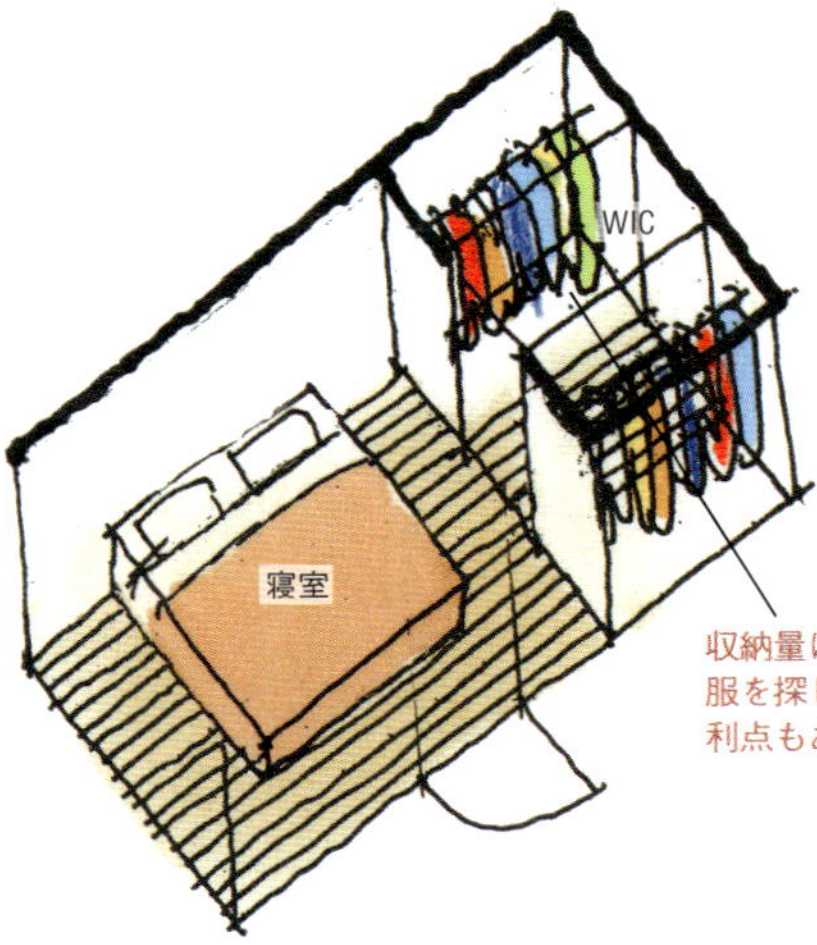

収納量は落ちるが、洋服を探しやすいなどの利点もある

WIC（2列）のある寝室　左：平面図、右：アクソノ図

収納力○　コの字形ウォークイン

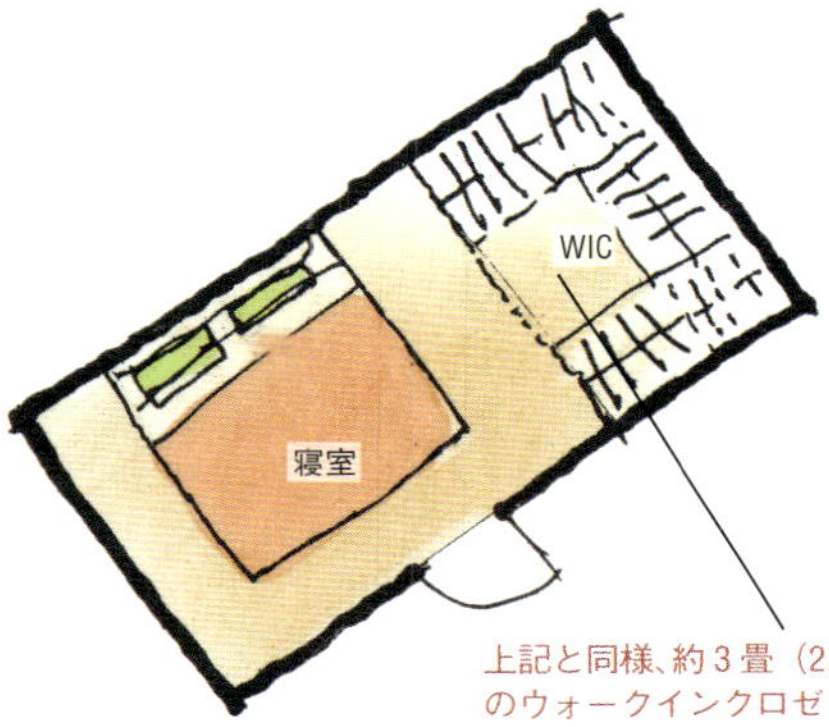

上記と同様、約3畳（2.7×1.8m）のウォークインクロゼット。ハンガーパイプをコの字にすると、通路は半畳分で済む。しかしコーナー部分は使いにくくなる

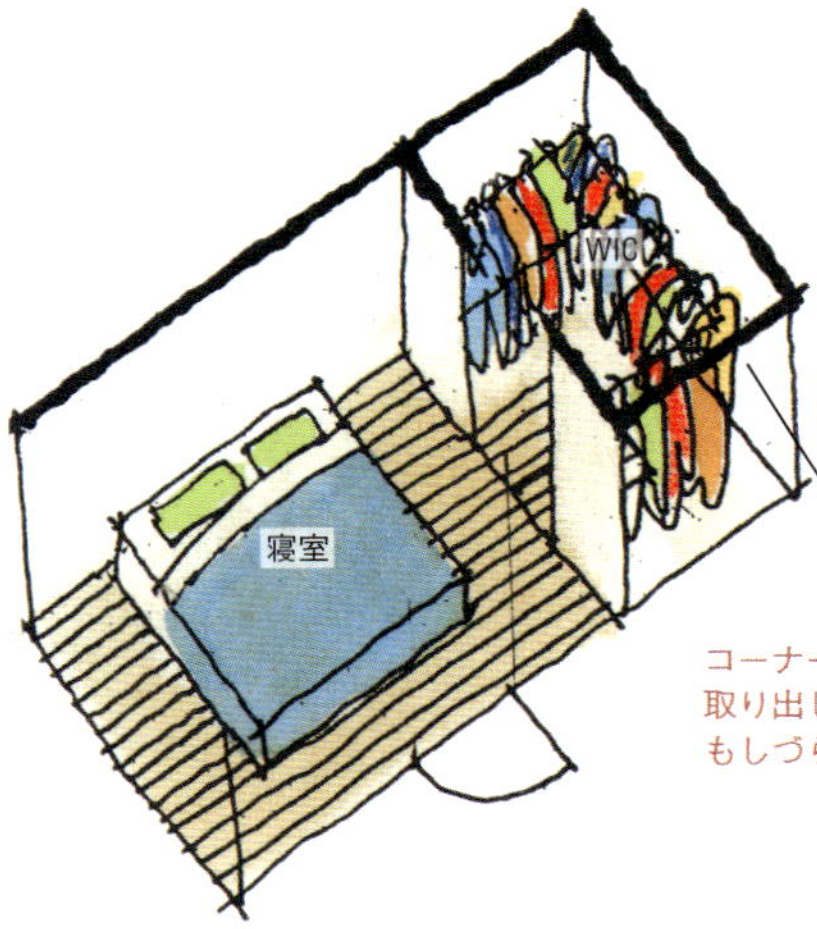

コーナー部分の洋服は取り出しにくく、収納もしづらい

WIC（コの字）のある寝室　左：平面図、右：アクソノ図

収納力◎　壁面タイプ

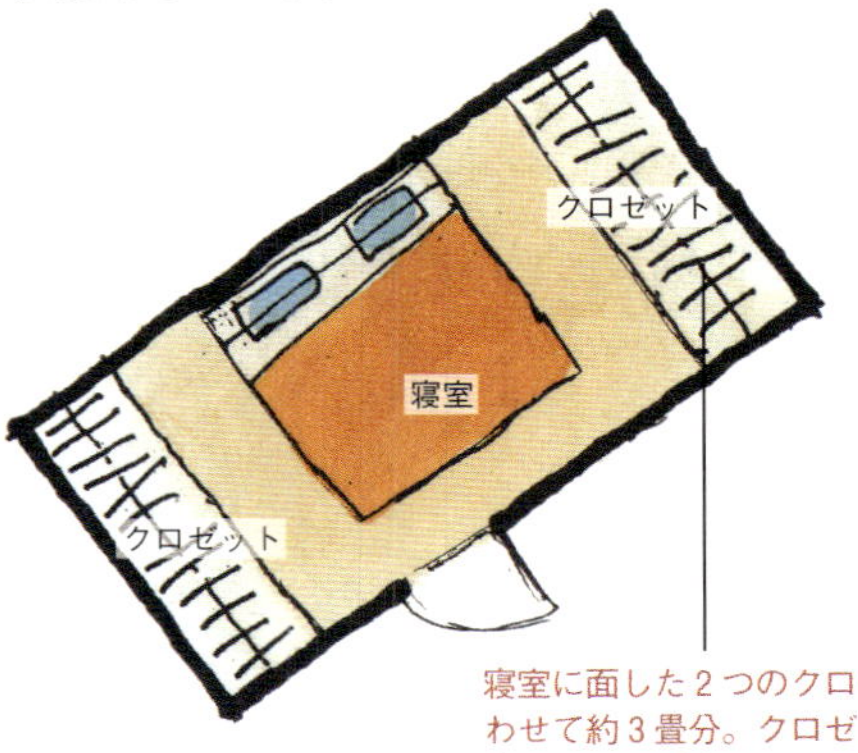

寝室に面した2つのクロゼットは合わせて約3畳分。クロゼット内に通路スペースがないので、3畳分すべてを収納に使えて省スペース

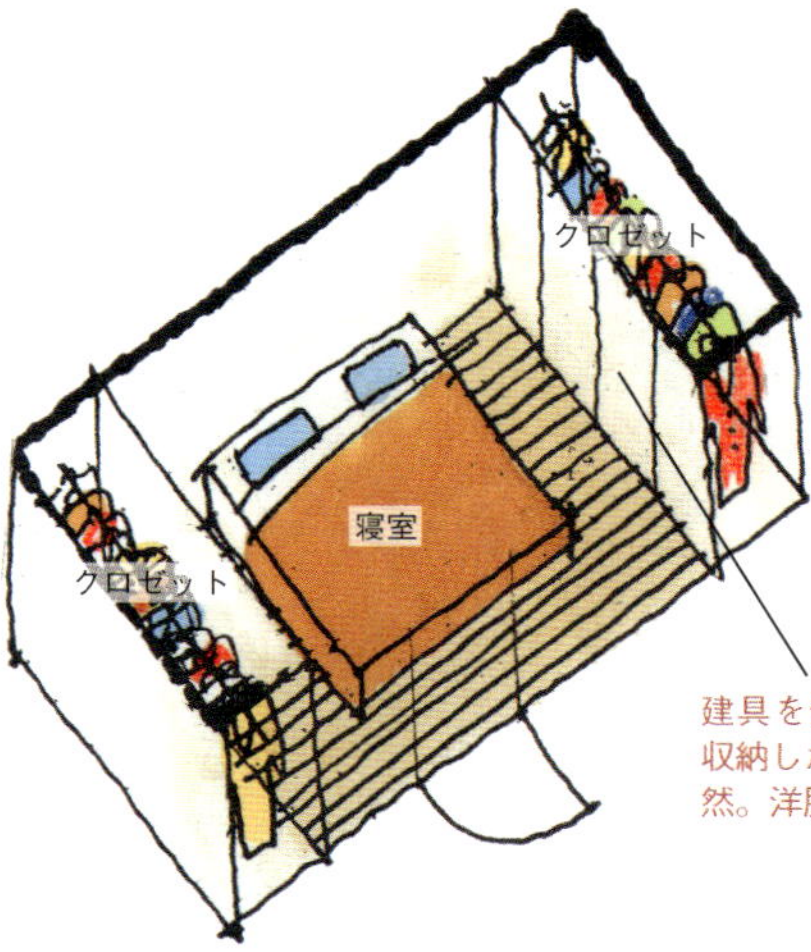

建具を全部開ければ、収納したものも一目瞭然。洋服を探しやすい

クロゼットのある寝室　左：平面図、右：アクソノ図

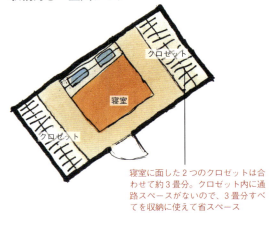

chapter 2
寝室

12 時にはベッドの配置を変えてみる

快適な寝室を目指して

寝室はプライバシーが確保されていることも重要。外部からの視線を考慮し、開口の位置や大きさを検討しよう。ここでは、出窓の正面は壁にしておき、両脇が通風窓、上部にガラス屋根のトップライトを取り付けた

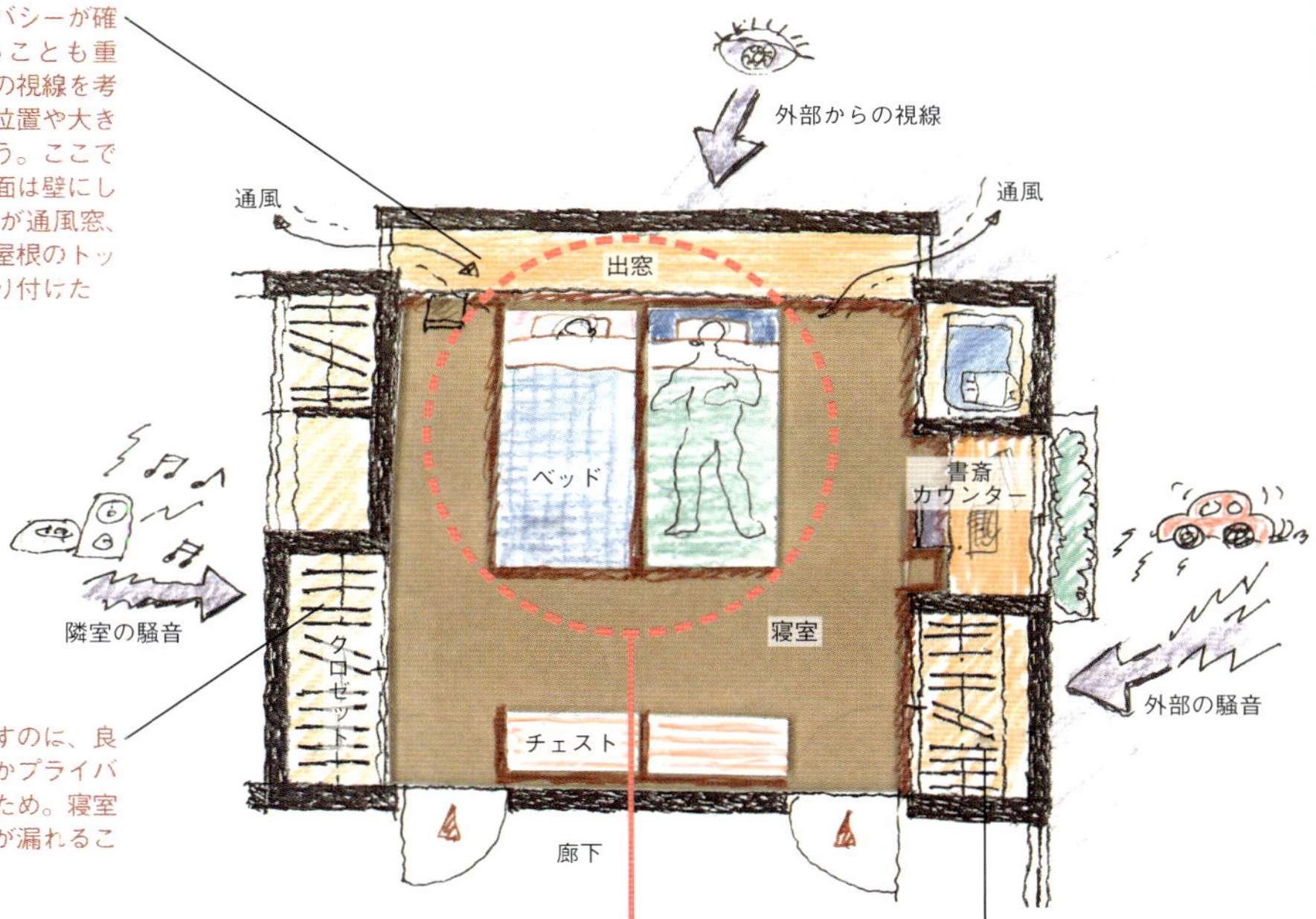
外部からの視線
通風
通風
出窓
ベッド
書斎カウンター
隣室の騒音
クロゼット
寝室
外部の騒音
チェスト
廊下

遮音対策を施すのに、良質な睡眠のほかプライバシーの確保のため。寝室内での内緒話が漏れることもない

外壁側に収納をレイアウトして遮音する

寝室平面図

レイアウトを変え気分転換

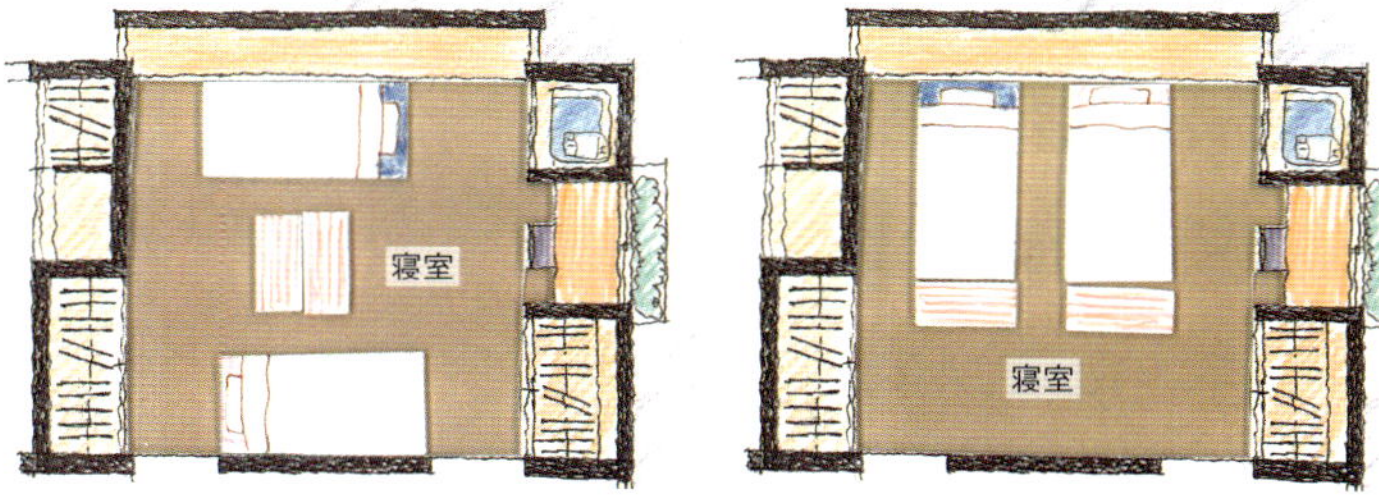
寝室
寝室

ベッドとチェストを使って、簡単な「模様替え」。位置を変えるだけで雰囲気もがらりと変わる。それだけでぐっすり眠れるようになることも

POINT

寝心地のよい寝室づくり

寝室は「寝る」だけの部屋ではないが、睡眠に最適なしつらえが必要なのはいうまでもない。良質な睡眠には、明るすぎないこと、音を遮ることが重要だ。照明のスイッチはベッド廻りにも設け、夜間はフットライトのみにしておく。隣室からの音漏れはクロゼットなどをはさむことで、ある程度対応できる。

気分転換で寝心地アップ

ベッドは位置が決まればなかなか動かさないもの。とはいえ、レイアウトを変えるだけで気分転換ができるのなら、やらない手はない。

夫婦の寝室でシングルベッドを2つぴったり並べている場合は、スタンド台を間にはさむだけでもよい。「自分だけの領域」が生まれると、相手に気兼ねせずゆっくり休めるものである。ベッドの向きを変え、距離を置く配置にすれば、より領域がはっきりとする。壁紙を張り替える以上の効果が得られるだろう。

子供室には広さより楽しさがほしい

chapter 2
子供室
13

子どもがのびのび育つ、楽しい部屋

ベッドに入っていても、互いの顔を見ながらおしゃべりできる

兄弟の2つのベッドは上下2段に、かつ、片方のベッドの向きを90度回転させることで、子供室が動きのあるダイナミックな空間に

天井が1段低くなった空間や、高いところにあるベッドなどは、子どものお気に入りの場所

2台のベッドを立体的に配置すると、床の部分が広く使えるようになる

4.5畳分の子供室だがベッドの配置を工夫することで、勉強できるスペースが生まれた

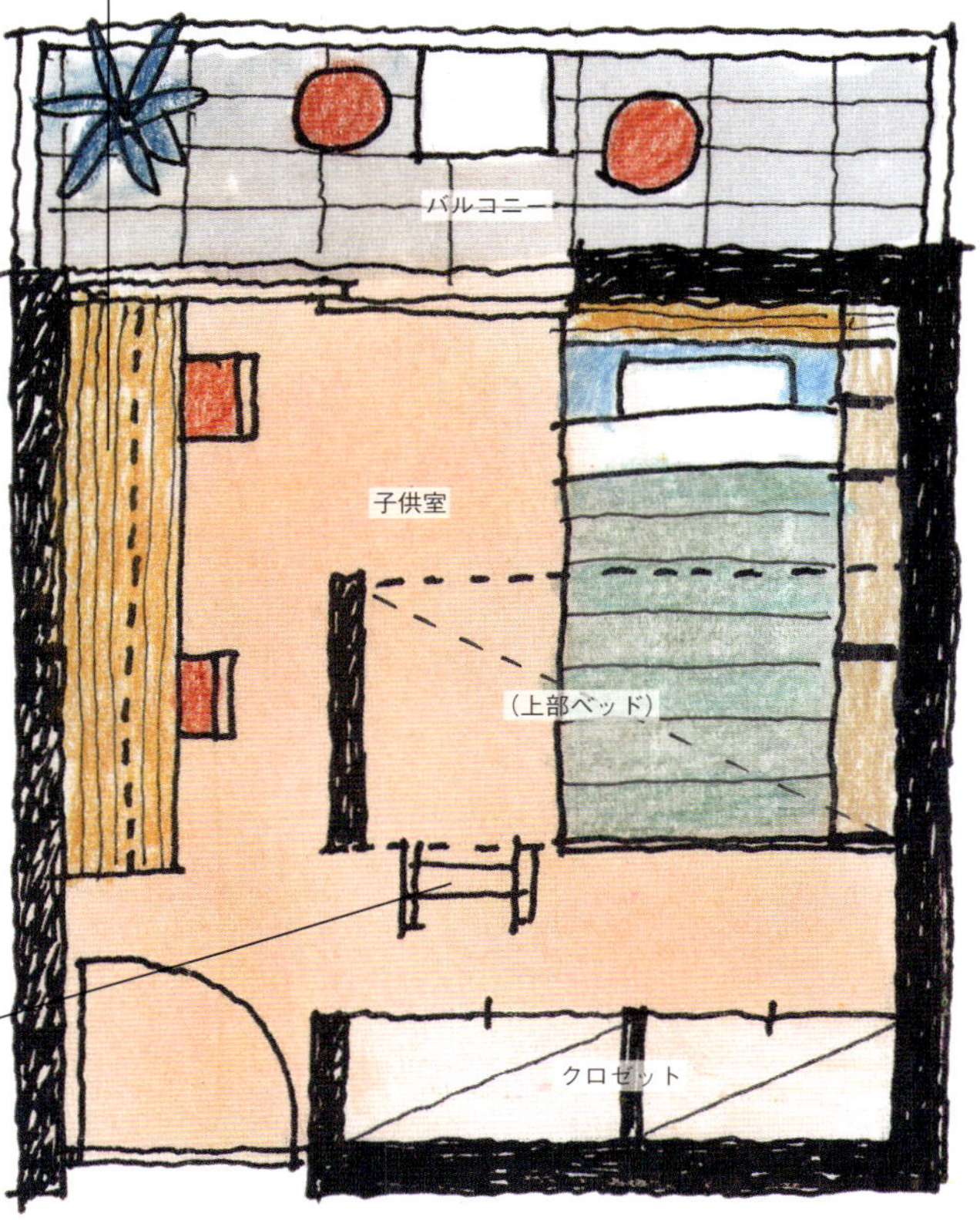

上段のベッドに上がるためのハシゴ

子供室　平面図

子どもを1人にしない

子供室は「落ち着いて勉強できるように」とつくられることが多い。とはいえ親の意に反し、宿題は食卓で済ませるという子も。ひとつのテーブルに兄弟が並ぶと小競り合いも起きるものだが、それもいい。子どもには個室より、空間を共有するという経験のほうが重要ではないか。互いに譲り合い思いやるという、社会で生きていくために大切な素養も身に付く。子どもの人格形成に必要なのは勉強だけではないのだ。

ここで紹介するのは、兄弟2人で使う子供室。もともとベッドを並べただけの部屋だったが、成長に伴い勉強スペースが必要になった。「改築するなら1人部屋を」という兄弟に対し、両親は教育上、個室化に反対。そこで、ベッドの配置を立体交差させ、空いたところに長いカウンターをつくった。寝るときは上下で、勉強するときは左右で空間を分け合う。ベッド廻りの狭さ・高さは子どもの冒険心をくすぐり、豊かな創造力を育むだろう。

子供室　アクソノ図

NG 狭い部屋をさらに狭くする

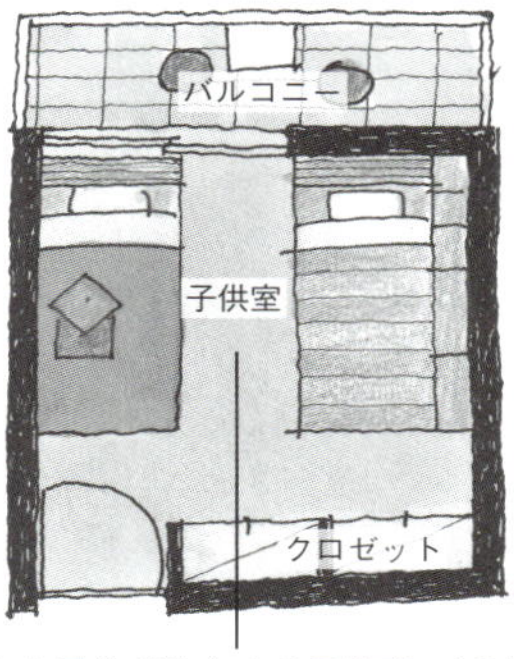

2人兄弟が共有する子供室。4.5畳と狭い部屋が2つに並べたベッドでさらに狭苦しく

子供室（左：アクソノ図、右：平面図）

個室化よりも協調性を育む空間へ

合板で簡単！　ジャイアント家具

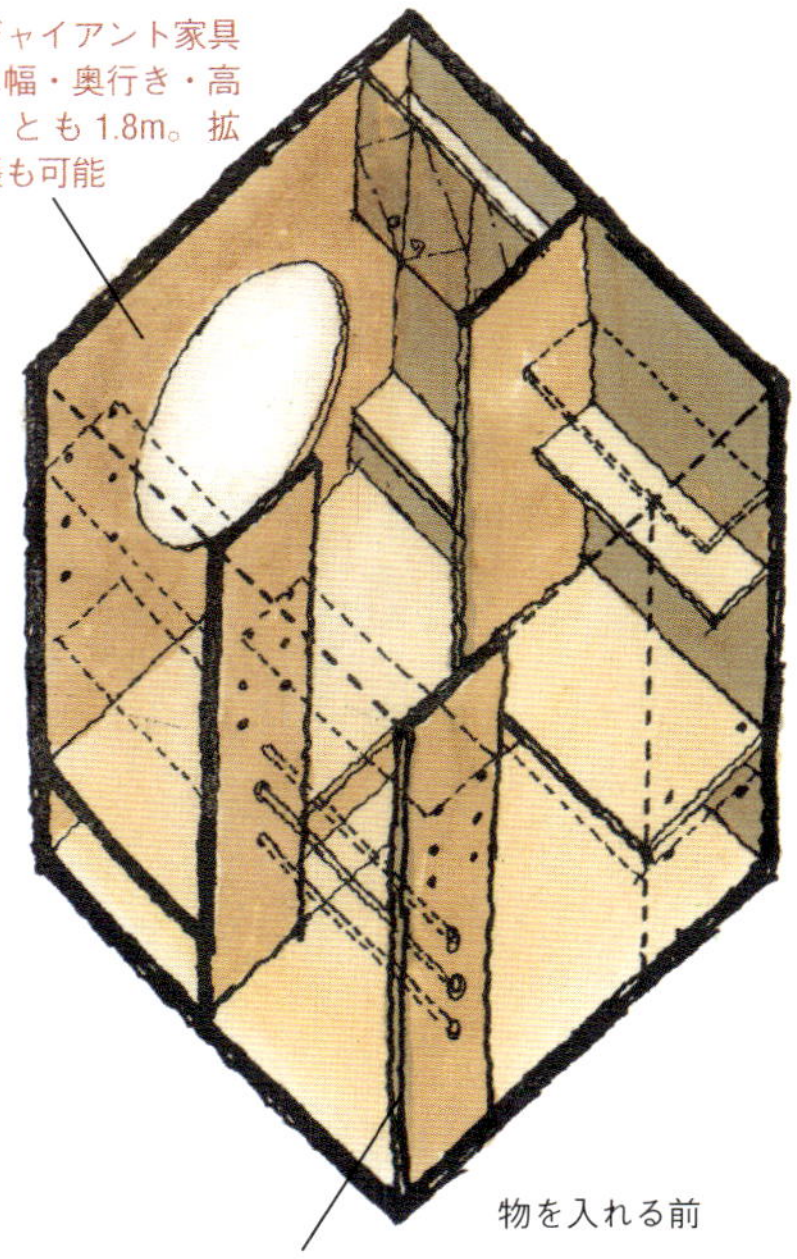
ジャイアント家具は幅・奥行き・高さとも1.8m。拡張も可能
厚さ24㎜程度の合板を組み合わせるだけなので、設計も製作も簡単

物を入れる前

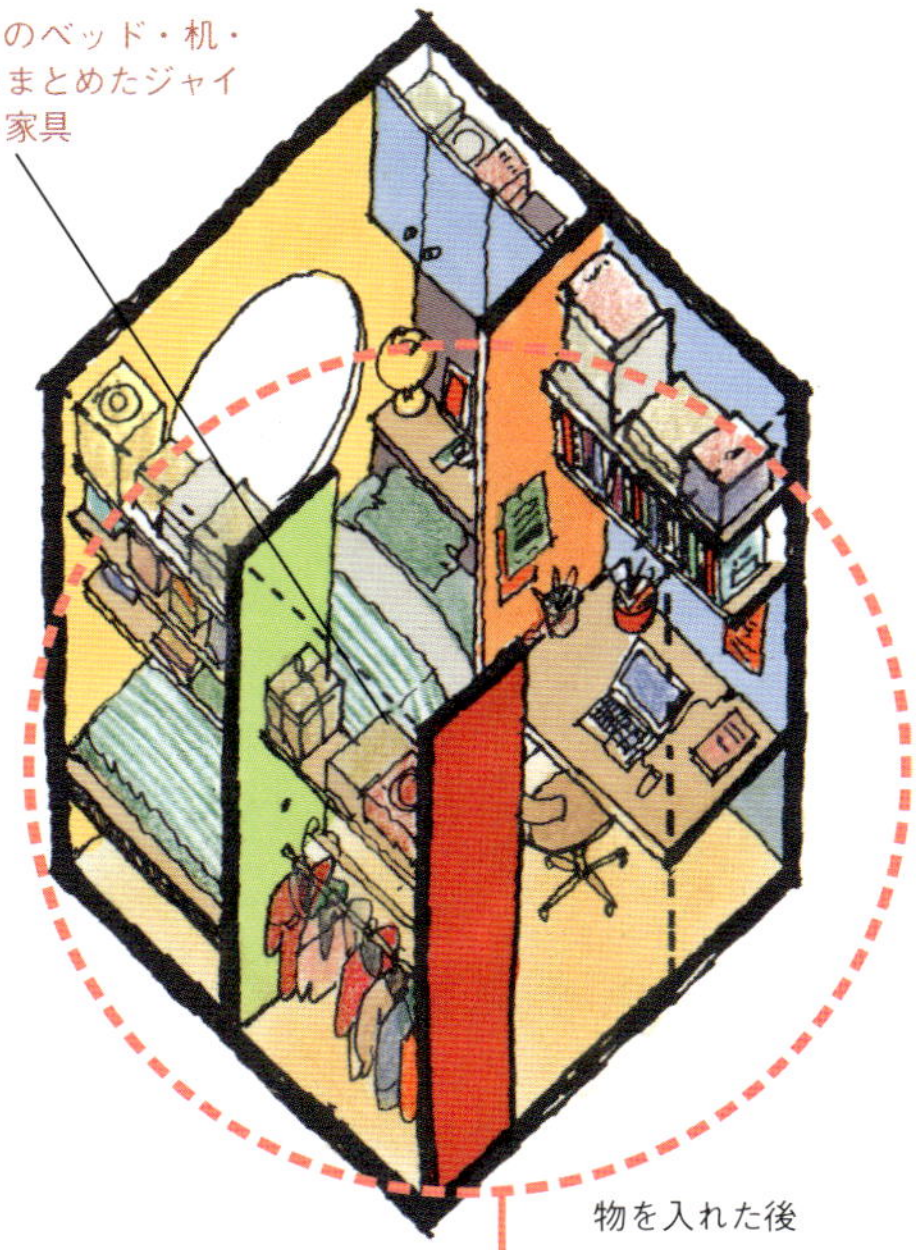
1人分のベッド・机・収納をまとめたジャイアント家具

物を入れた後

バリエーション豊富

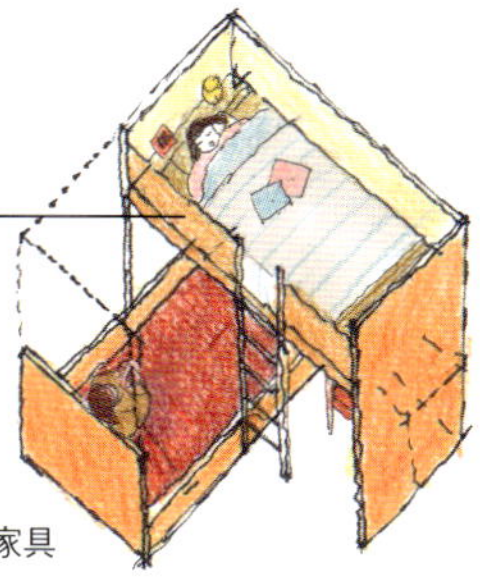
狭い子供室におすすめのジャイアント家具は、2段交差ベッドタイプ。空間を上下で分け合うことができる

2人用ジャイアント家具

POINT

子どもの小さな隠れ家

他人に気兼ねすることのない「個室」は居心地がよいもの。子どもだって個室がほしい。かといって、兄弟や友達との遊びを通して、社会のルールやマナーを身に付けていく時期に、完全な個室を与えなくてもよいだろう。

ひとつの部屋を兄弟で共有するときに重宝するのが「ジャイアント家具」である。ベッドや机、収納を組み込んだジャイアント家具を人数分つくって、子供室に設置する。完全に仕切られているわけではないが、自分の領域があるというだけで満足できる。子供室という同じ空間に兄弟がいれば、ふれあいも多いが、ケンカも増えるだろう。ジャイアント家具はそんなときの逃げ場にもなる。

ジャイアント家具は厚さ24～30㎜のシナ合板（0.9×1.8ｍサイズ）の組み合わせでできている。ビスや金物で接合するだけなので、成長に合わせた解体・再利用が容易だ。合板をあまり細分化しないように考えておくことがコツである。

2人兄弟の子供室にジャイアント家具を置く

個室化された2つの子供室

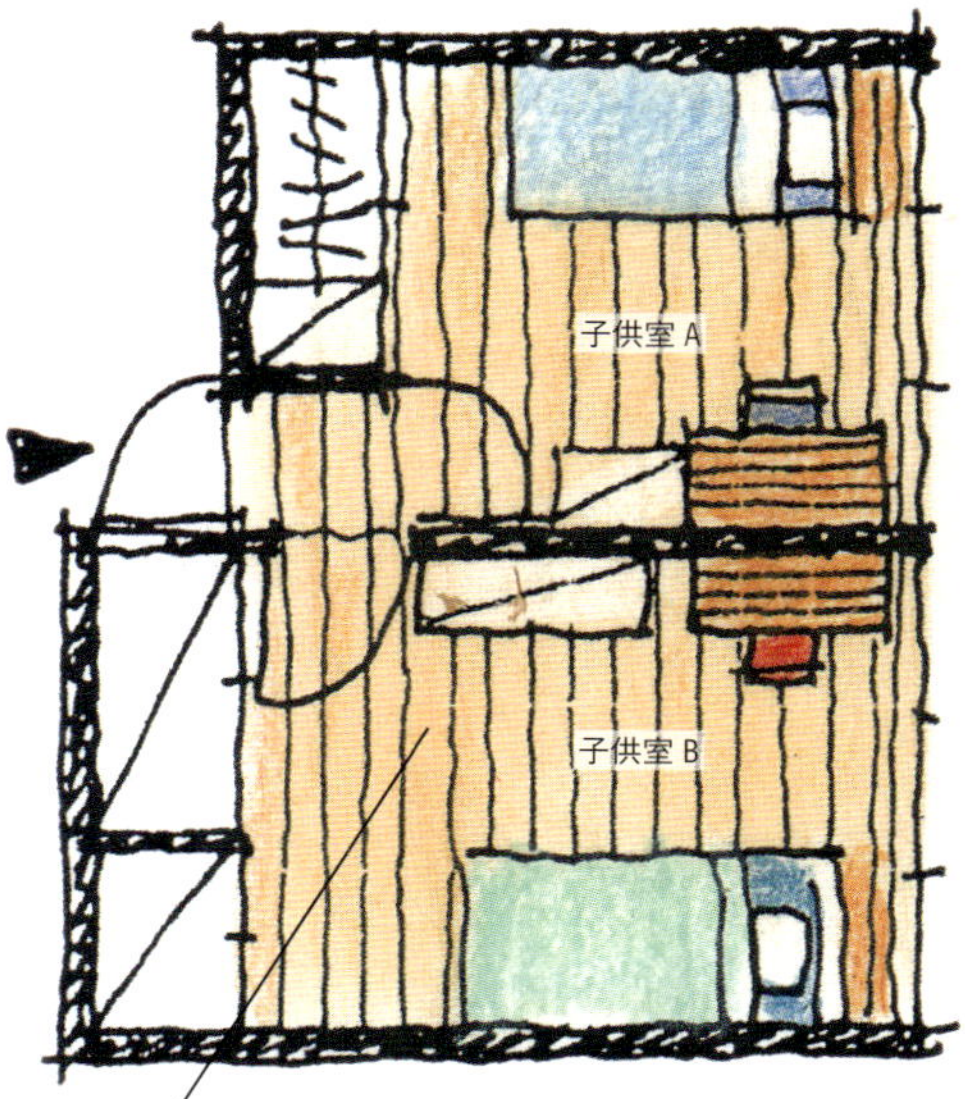

典型的な1人1室の子供室。個人のプライバシーと自由を尊重した個室タイプ

2人で共有する広い子供室

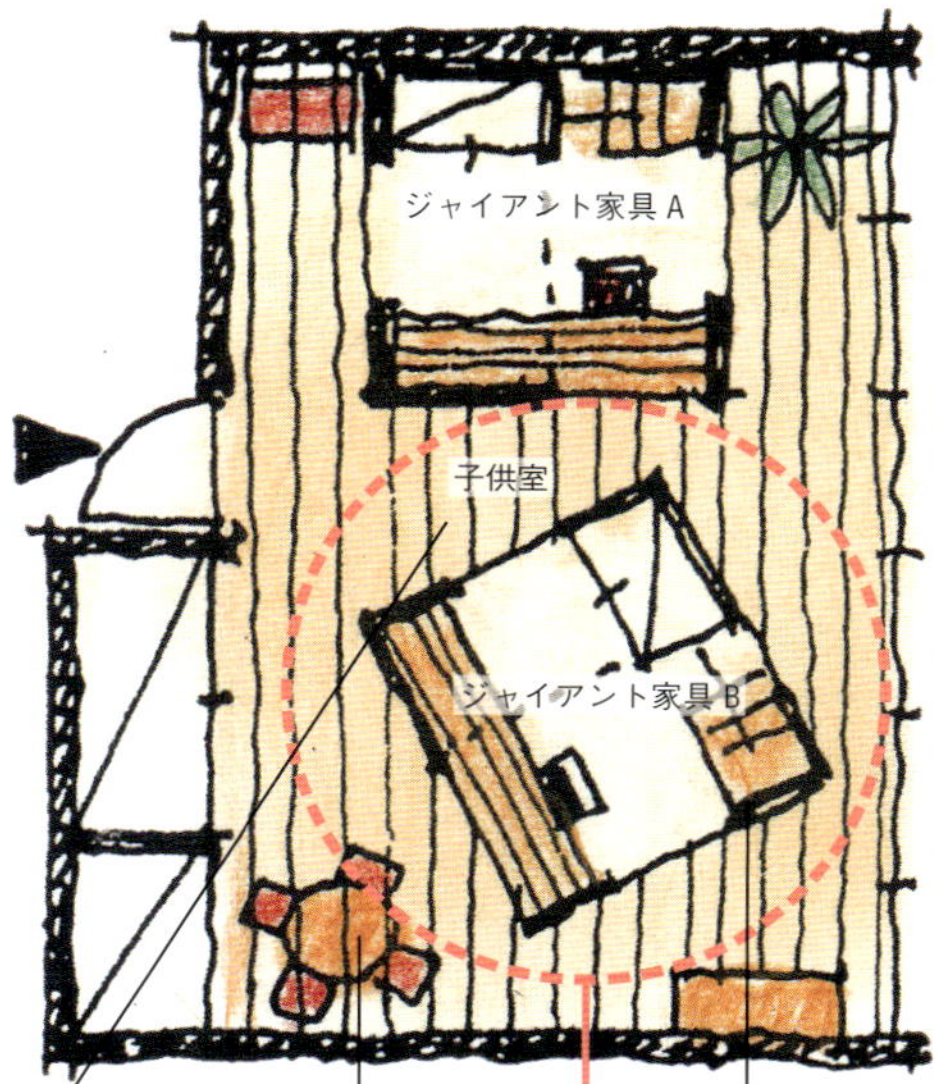

中央の壁を取り払い、大きなワンルームの中にジャイアント家具を2つ配置。兄と弟それぞれが使う専用空間になっている

2人でお茶できるカフェテーブル

ジャイアント家具は床に固定しないので、配置を自由に変えることができる

ジャイアント家具で1人空間を確保

ベッドは上部にある

ジャイアント家具は91×182cmサイズの合板の組み合わせ。ボール紙で模型をつくれば、子どもでも好みのデザインを検討することができる

1人用のジャイアント家具。2層の中に、ベッド、机、収納が納まっている。階段は昔の「箱階段」のように書棚や小物入れとしても使う

勉強机も合板でつくる

階段下は小さな収納

ベッドの下はクロゼット

ジャイアント家具　アクソノ図

POINT

仲良し3人兄弟には1つのジャイアント家具を

3人兄弟は性別が同じなので、大きなワンルームで生活を共にする。協調性と兄弟愛をはぐくむことが目的

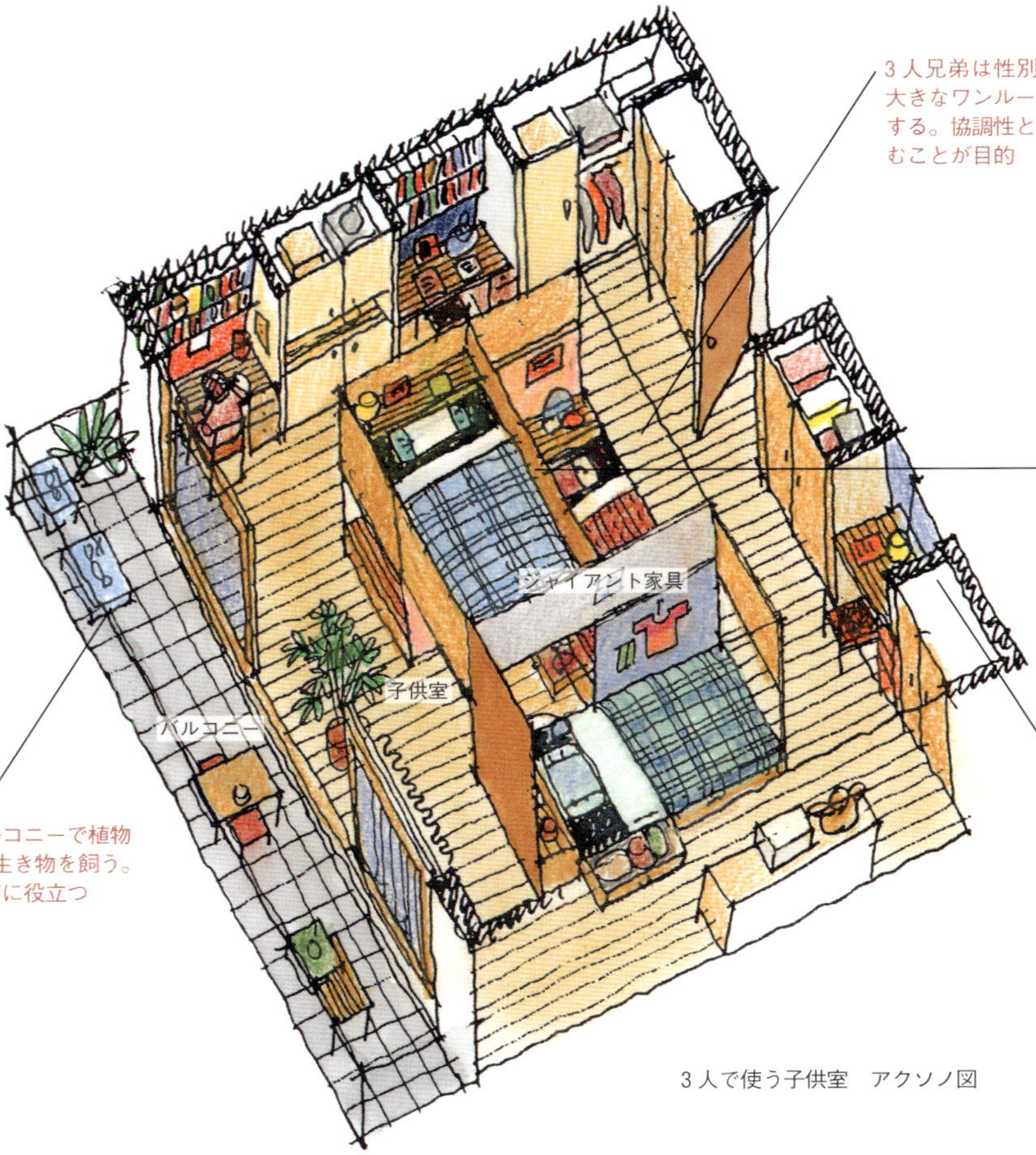

子供室の中心に置いたジャイアント家具（幅3m ×奥行き・高さ2.1m）は3台のベッドと収納からなる。立体的なベッドが子どもたちの冒険心と遊び心をくすぐる

広いバルコニーで植物を育て、生き物を飼う。情操教育に役立つ

収納と机は壁際に集め、耐力壁を兼ねている

3人で使う子供室　アクソノ図

勉強机やクロゼットは3人それぞれに与える

それぞれの空間で寝転がっていてもコミュニケーションが取りやすいようにベッドをレイアウトしている

平面図

NG 他人行儀な並列型子供室

個室が3つ並んだレイアウト。壁で仕切られているので、仲のよい3人兄弟もコミュニケーションが希薄に

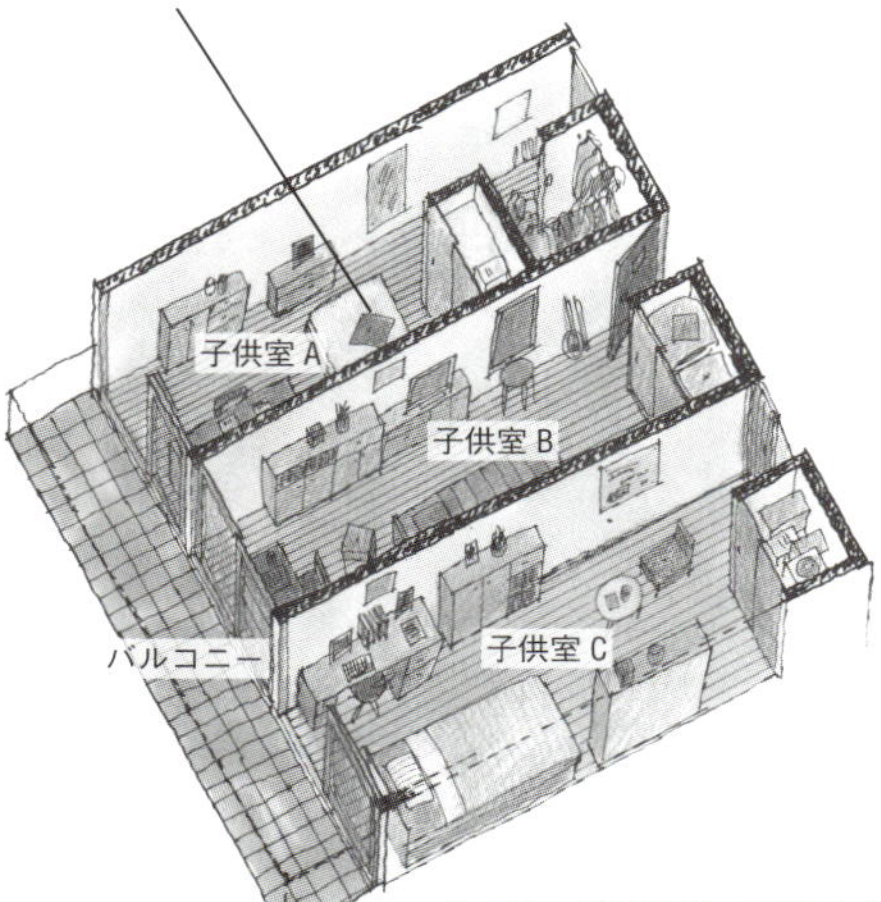

3つ並んだ子供室　アクソノ図

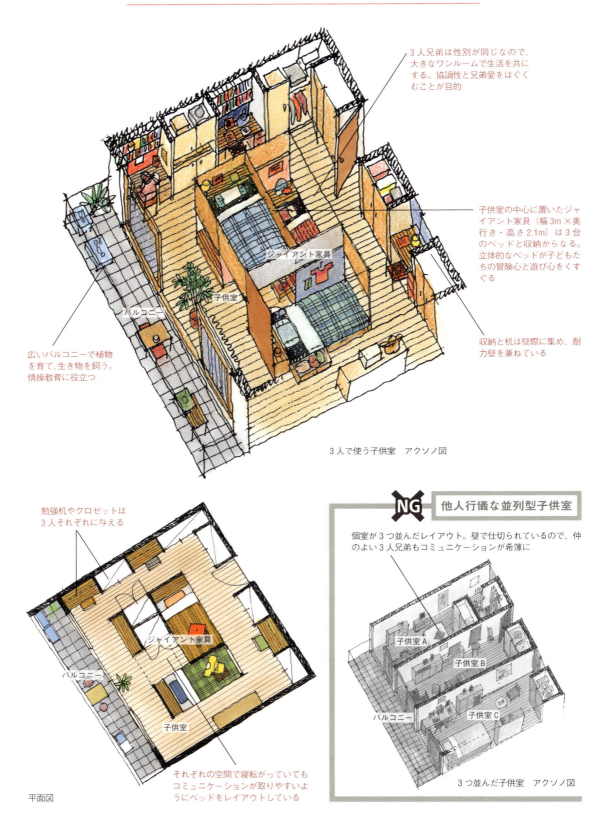

2人用ジャイアント家具のつくり方

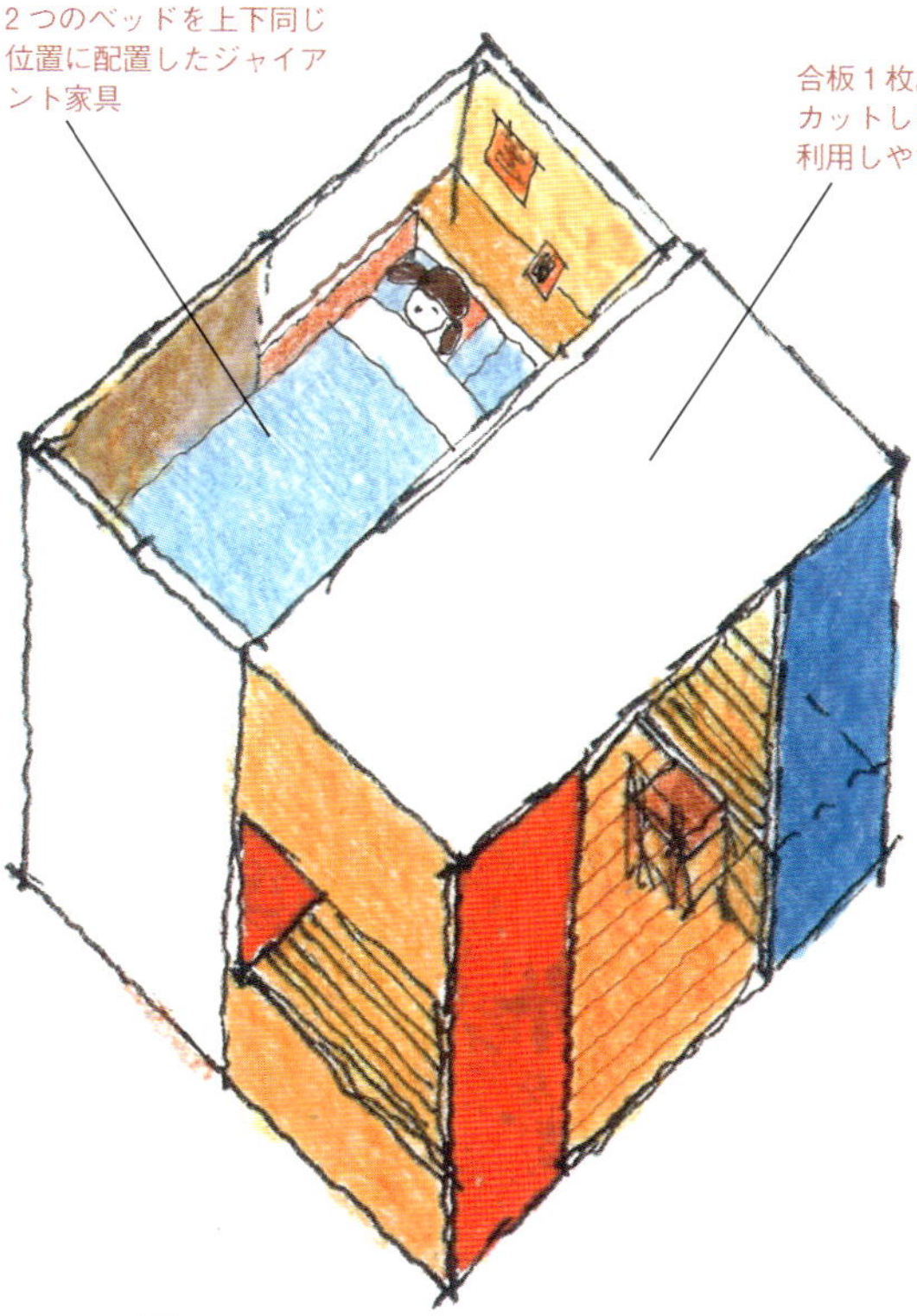

アクソノ図

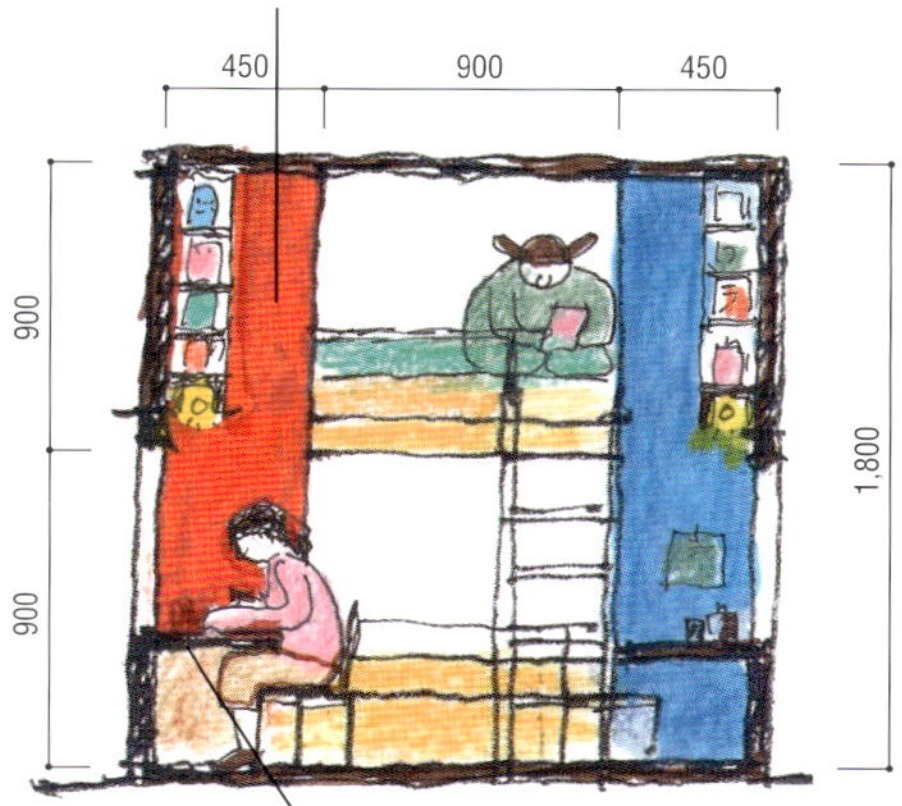

断面図

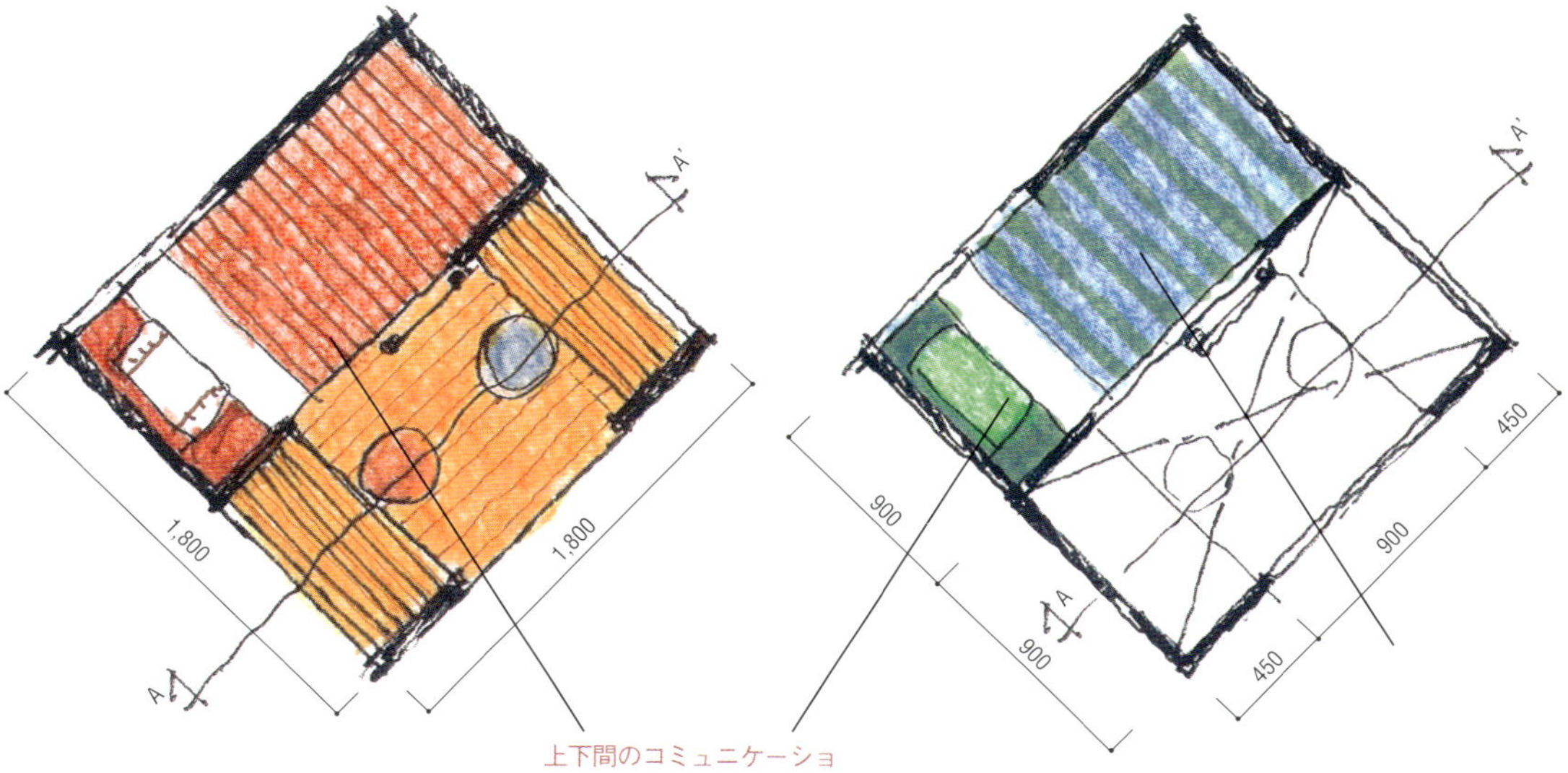

2人用ジャイアント家具　平面図（左：1層、右：2層）

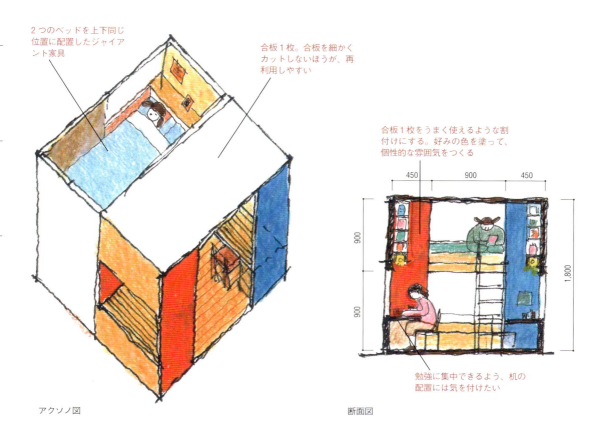

chapter 2
子供室
15

2つ並んだ子供室は中庭でつなぐ

部屋は狭くても、中庭で魅力倍増

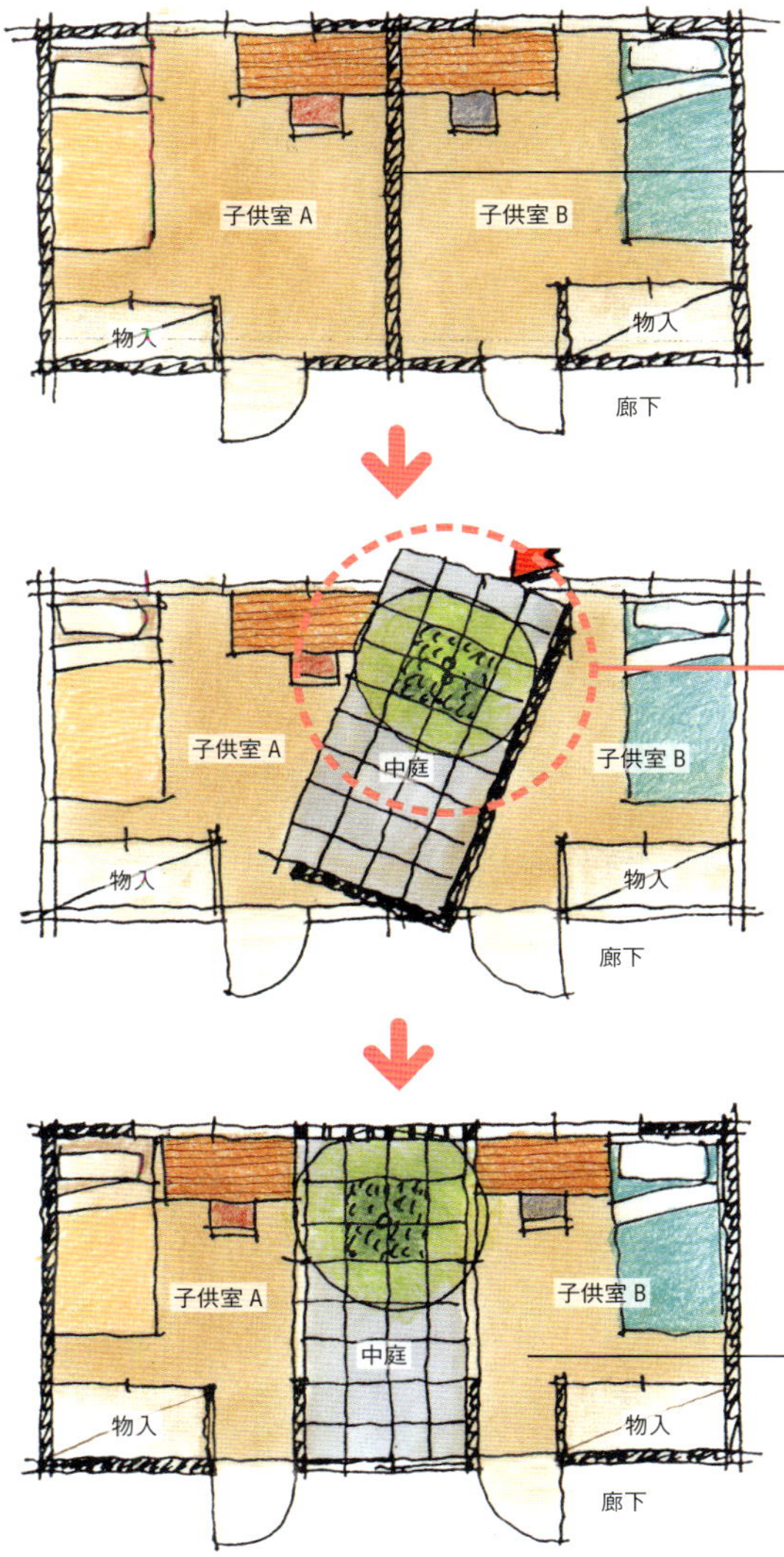

2つの独立した子供室が壁をはさんで隣り合う

POINT

中庭でつなごう

2室が壁で完全に仕切られるのではなく、中庭を挿入して、緩くつなげるという手法もある

中庭によって明るく、風通しもよい子供室になった。部屋の面積は減ったが、中庭があることで広がりも生まれている

兄弟で使う遊びの空間は学びの場でもある

子供室を複数つくるときは、間取りをはじめ居住環境に差が生じないように心掛ける。壁をはさんで左右対称に子供室が並ぶプランは、兄弟に平等な愛情を注ごうという親の気持ちの表れでもある。とはいえ、このような子供室は壁が多く閉鎖的になりやすい。兄弟がすぐ隣にいるのに何をしているのかも分からない。勉強には専念できそうだが、果たしてこれでよいのだろうか。

ここで提案したいのは、壁1枚で兄弟の部屋を隔てるのではなく、中庭で兄弟の部屋をつなぐという手法。中庭越しにお隣の気配が伝わってくる。また、中庭は子どもたちだけが使える「共用の遊び場」。草花を育てたり、メダカや小鳥を飼ったりすれば、命の大切さも学べる。勉強は机以外でもできるのだ。もちろん中庭は子供室の通風・採光にも役立つ。場合によっては、サンルームやインナーテラスなどに替えてもよいだろう。

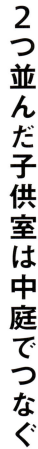

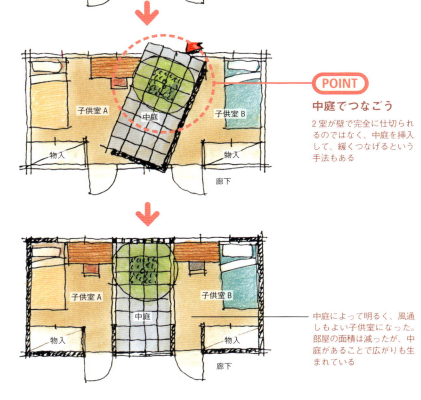

2つの子供室が中庭でつながる

2つの子供室の間に挿入された共用の中庭が子どもの生活を楽しくする
中庭があることで採光・通風がよくなり、部屋の快適性が増す
子供室A
子供室B
中庭
大きな観葉植物と机を置いた中庭のおかげで、兄弟が交流する機会が増えた。タイル敷きの中庭は部屋の延長として使える

子供室をつなぐ中庭　アクソノ図

NG 何の気配も伝わらない

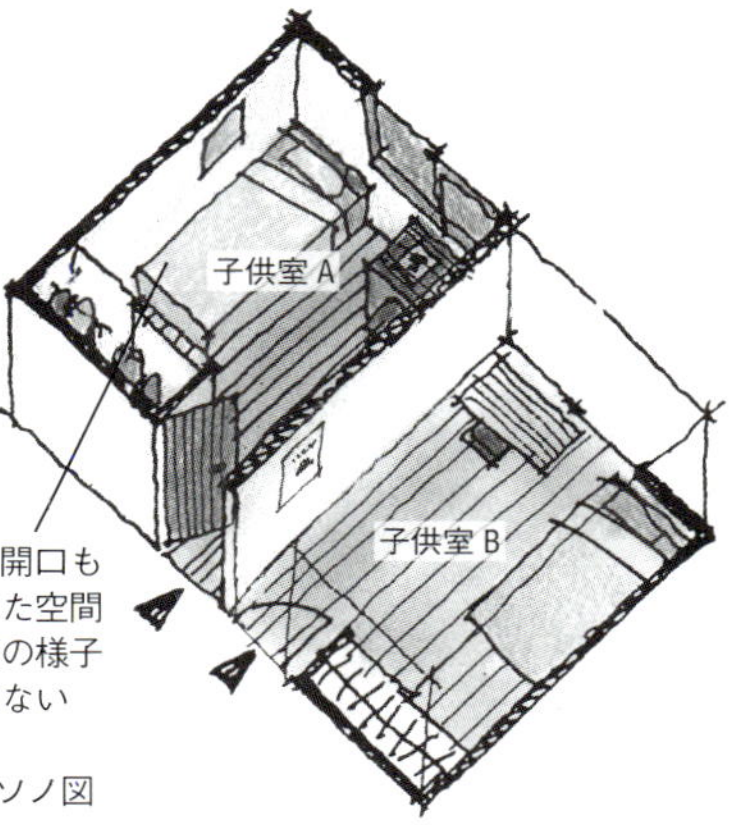
子供室A
子供室B
6畳程度の子供室。開口も小さく、壁に囲まれた空間は閉鎖的。隣の部屋の様子もまったく感じ取れない

2つの子供室　アクソノ図

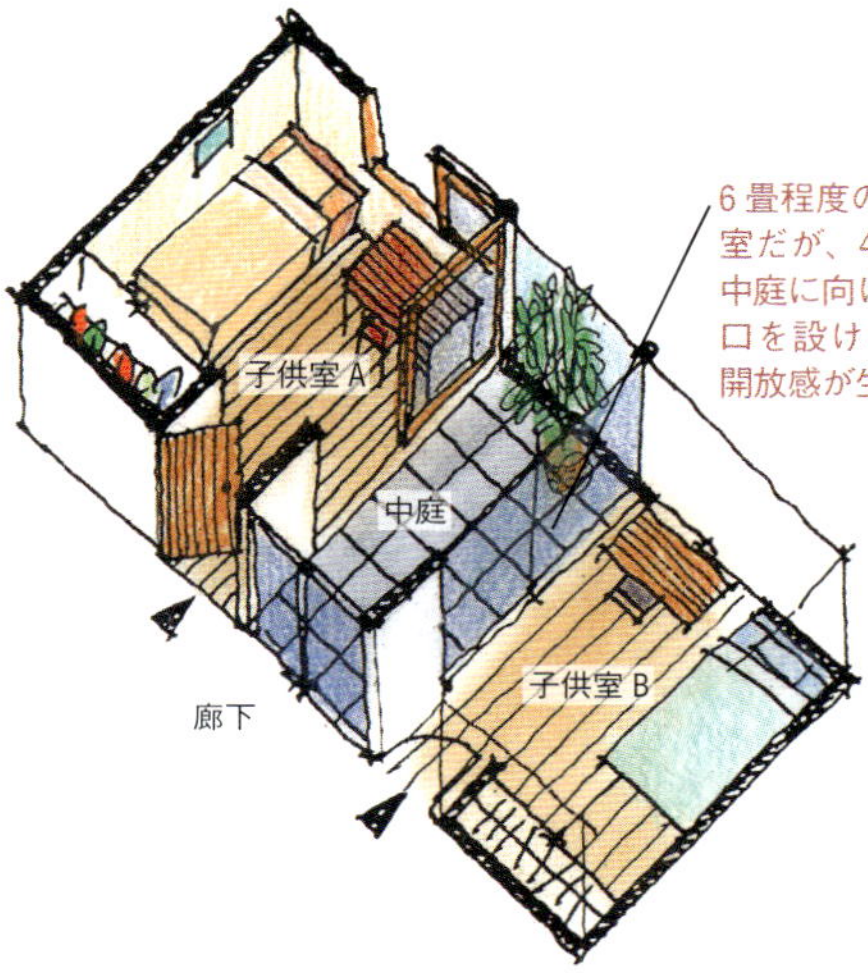
6畳程度の狭い子供室だが、4畳ほどの中庭に向け大きな開口を設けることで、開放感が生まれる
子供室A
中庭
廊下
子供室B

中庭でつながった子供室　平面アクソノ図

chapter 2
子供室
16

何不自由ない部屋より自由な部屋を

板とボックスで家具をつくる

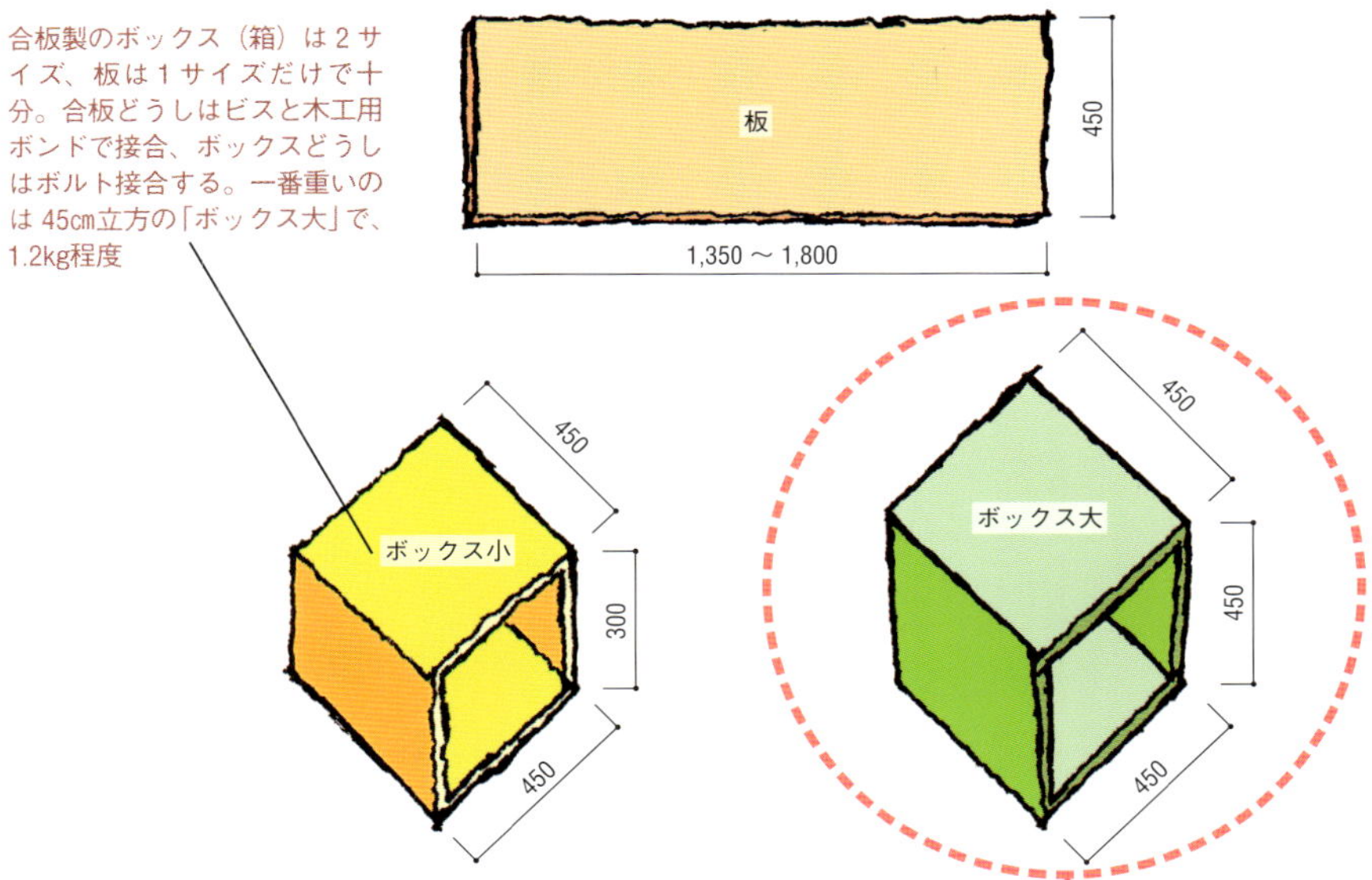
合板製のボックス（箱）は２サイズ、板は１サイズだけで十分。合板どうしはビスと木工用ボンドで接合、ボックスどうしはボルト接合する。一番重いのは45㎝立方の「ボックス大」で、1.2kg程度
板
450
1,350 ～ 1,800
ボックス小
450
300
450
ボックス大
450
450
450

組み合わせるだけで家具になる

ボックスを組み合わせて、家具や自分の領域をつくる
板は机やベンチに使うだけなので、３～４枚あればよい。６畳ほどの空間であれば、ボックスは10個くらいほしい

POINT

「不自由」が生む「自由」

子供室といえば、勉強机とベッド。そのほか本棚や収納、クロゼットなど意外にたくさんの家具が必要になる。とはいえこれだけの家具をそろえるのは大変なこと。部屋の大きさによっては、入りきらないなんてことも。さらに、子どもの成長によって、ほしい家具の大きさや量も変わる。必要なときに必要な家具を簡単につくることができれば、どんなによいだろう。

実は、ボックスと板さえあればそれは実現可能な話。おもちゃのブロックのように、ボックスを組み合わせてベッドや机をつくるので、子どもでも造作ない。時に失敗やケガをすることもあるだろうが、楽しみながらカスタマイズでき、創造性も養える。ボックスと板は強度と重量を考慮し、厚さ18～21㎜のシナ合板でつくるのがおすすめだ。

「何不自由ない部屋」を与えられた子どもは幸せだが、自分なりの工夫ができる「自由な部屋」も子どもにとっては魅力があるものだ。

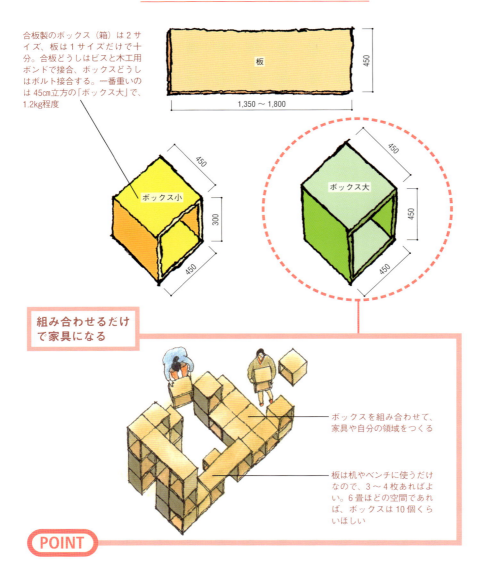

成長や部屋の大きさに合わせて

机と本棚のある小さめボックス家具

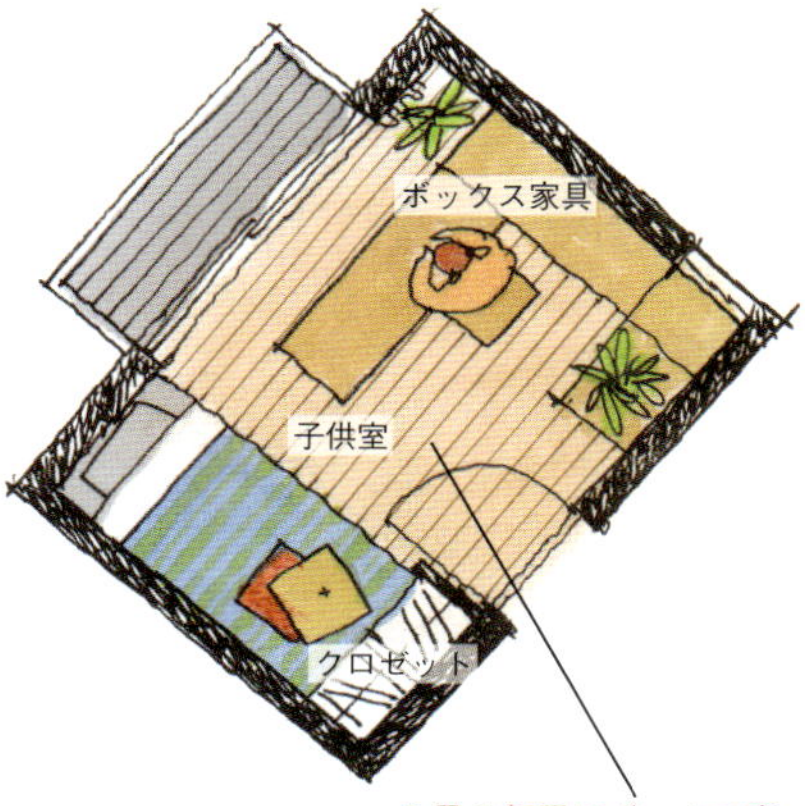

6畳の部屋にボックス家具をレイアウト。ベッドは既製品を使用

子供室　平面図

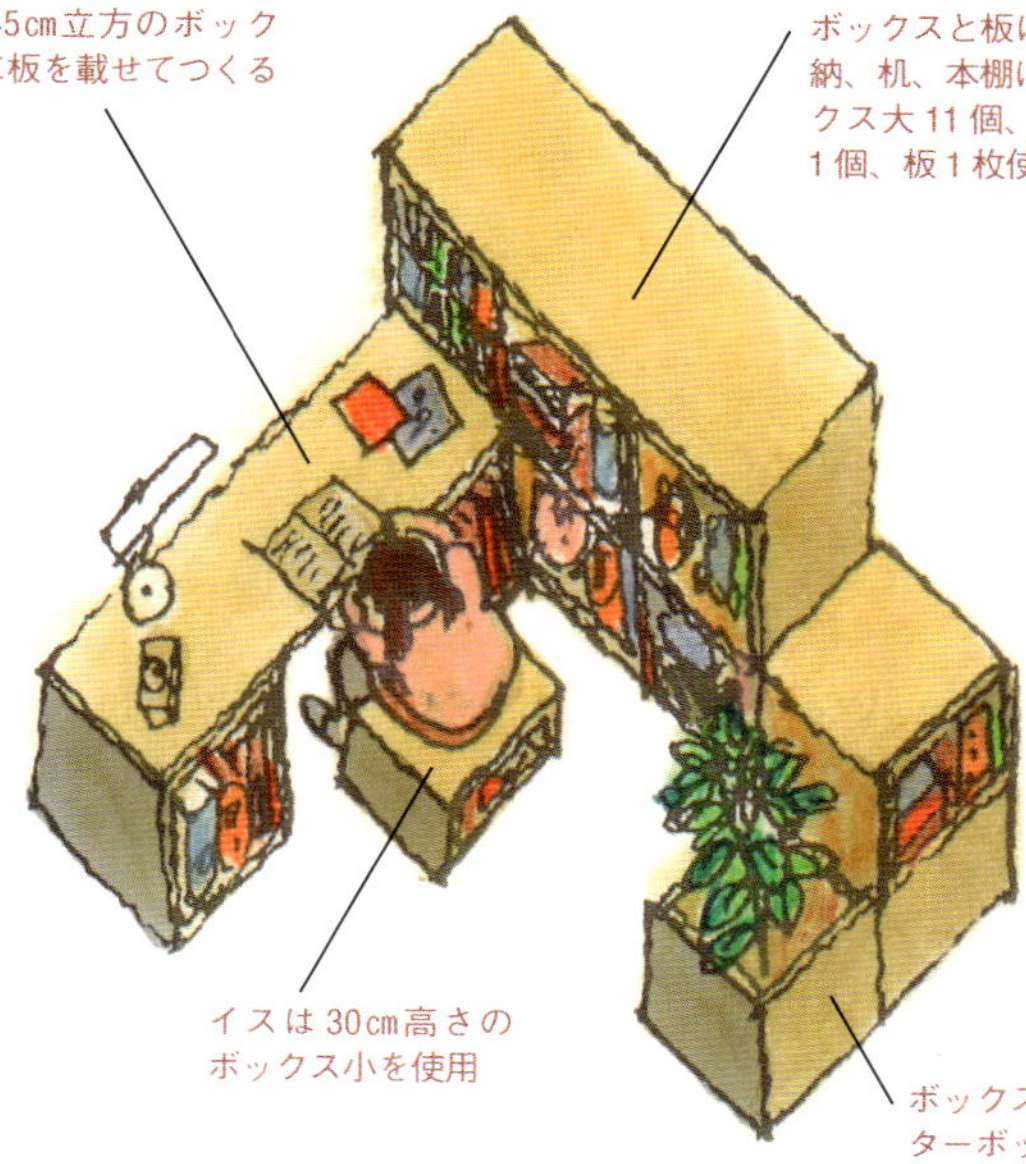

机は45cm立方のボックス大に板を載せてつくる

ボックスと板は、イスや収納、机、本棚になる。ボックス大11個、ボックス小1個、板1枚使用

イスは30cm高さのボックス小を使用

ボックス大をプランターボックスとして使う

ボックス家具　アクソノ図

ベッドもベンチもある大きめボックス家具

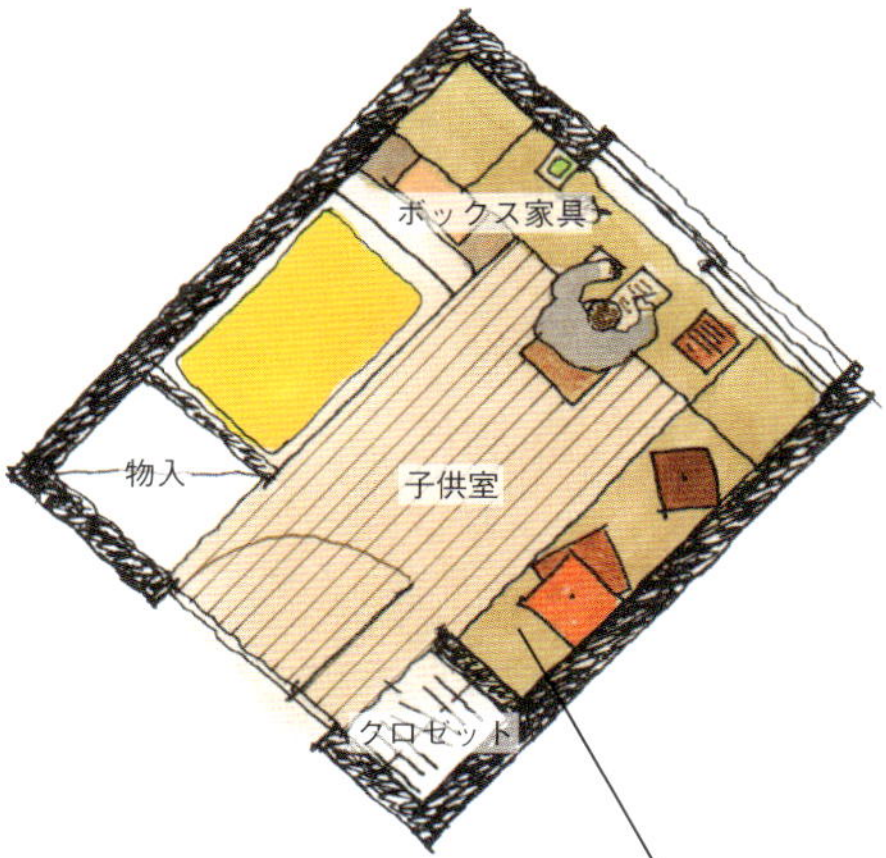

クロゼットと物入以外はすべてボックス家具。6畳の子供室に配置している

子供室　平面図

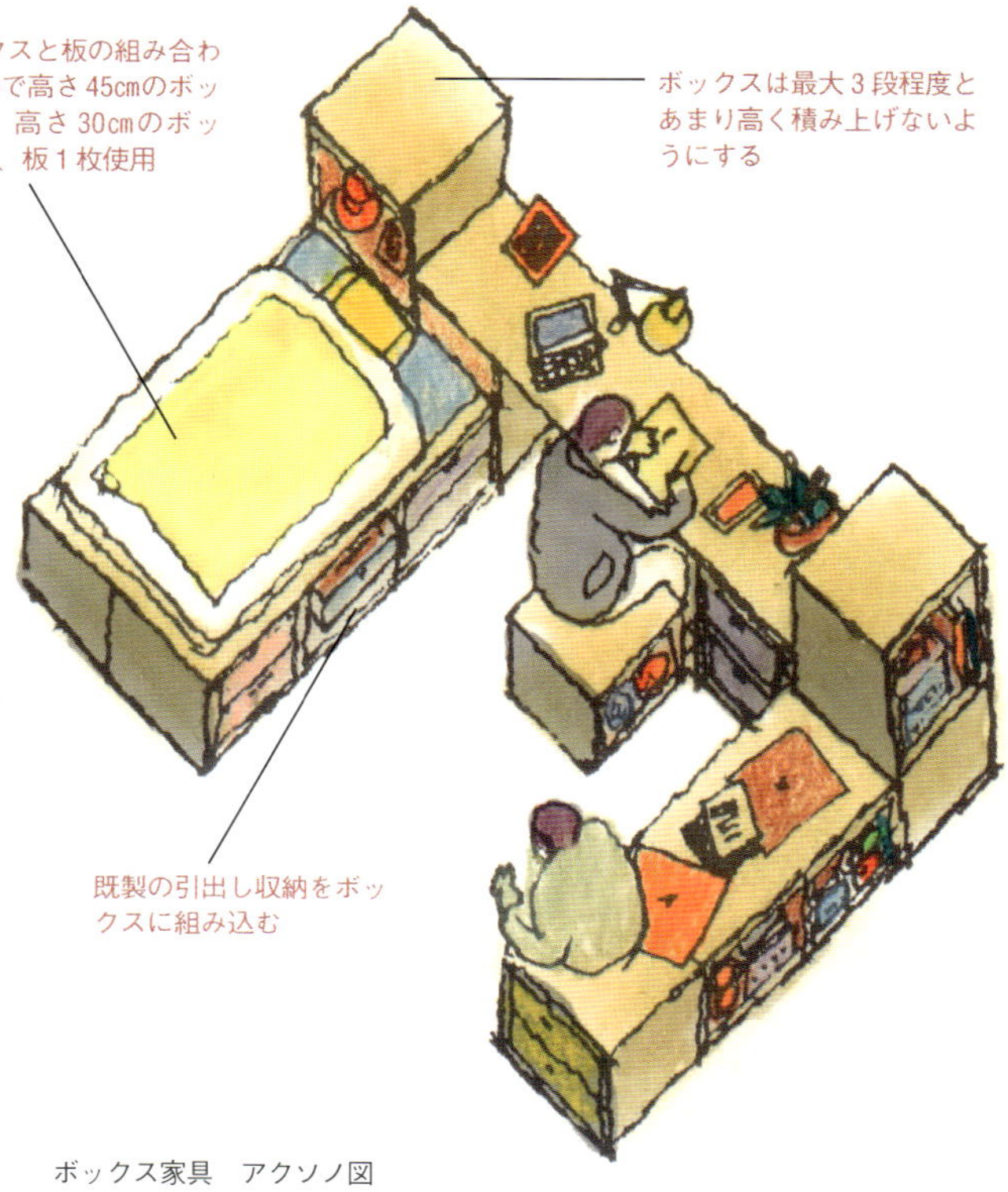

すべてボックスと板の組み合わせ。家具全体で高さ45cmのボックス大4個、高さ30cmのボックス小12個、板1枚使用

ボックスは最大3段程度とあまり高く積み上げないようにする

既製の引出し収納をボックスに組み込む

ボックス家具　アクソノ図

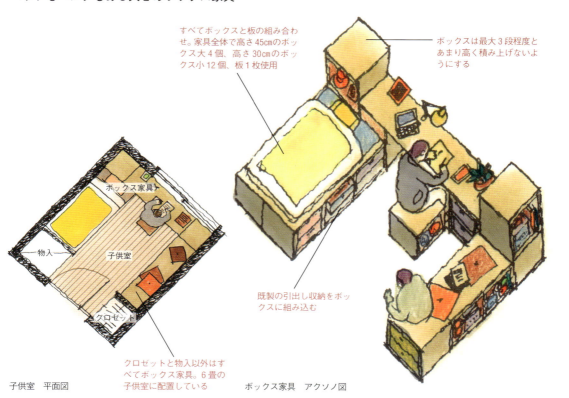

chapter 2
浴室
17

浴室こそ積極的に外を取り込もう

NG 閉鎖的な浴室と見捨てられた庭

プライバシーを重視した、閉鎖的な浴室は薄暗く、陰湿な空間になりがち。通風のために設けた小さな窓では、景色を楽しむこともできない

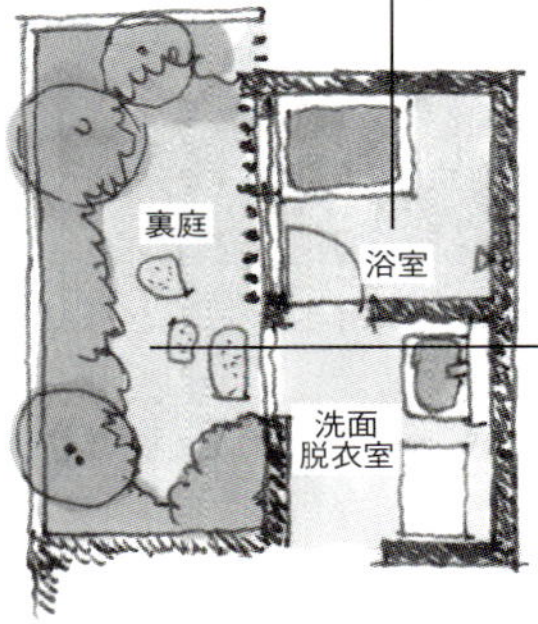

水廻りと裏庭　平面図

水廻り空間の脇に設けた裏庭は、北側にあるためかほとんど活用されていない、要は美しくないのだ

快適なバスタイムを過ごしたい

風呂好きという人は多い。入浴することできれいになるのはもちろん、身体も心も癒やされる。浴室は思う存分リラックスできる空間にしたい。

ところが浴室の窓といえば、プライバシーを考慮し、必要最低限の通風・採光ができる大きさにするのが一般的だった。たとえ庭に面していたとしても、浴室は外部とのかかわりを避けてきたように思う。これではもったいない。浴室を癒やし空間とするには、外部空間をうまく取り入れるのがコツだ。

庭があれば、浴室から出入りできる「バスコート（テラス）」として整備しよう。大開口から入る光で浴室は明るくなり、開放感も生まれる。外部からの視線は植栽やパーゴラ※、塀などを組み合わせれば、気にする必要はない。バスコートにはタイルやデッキを敷き、イスやテーブルを置く。ビールでも飲めれば最高だ。外に出なくても、浴槽につかり美しい庭を眺めるだけで心が癒やされる。

※：格子に組んだ棚

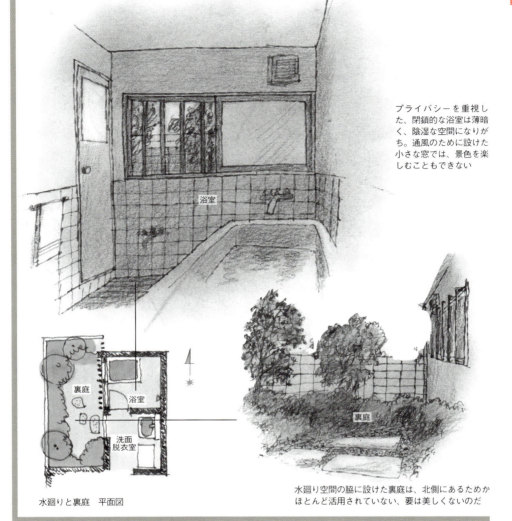

バスコートで入浴を快適に

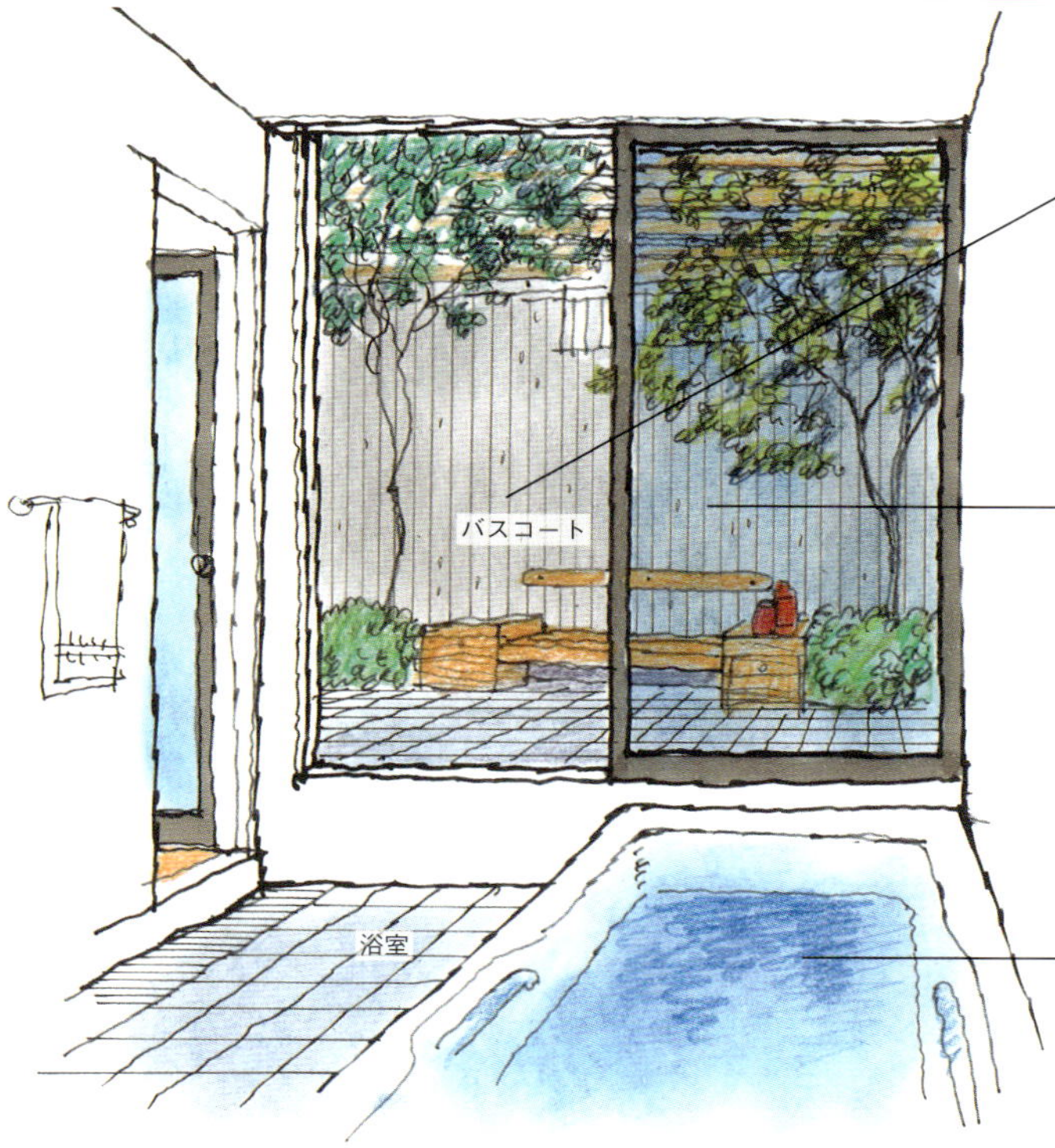

浴室の隣にあった裏庭をバスコートとして整備。浴室から直接出入りできる

バスコートが高い塀で囲まれていれば、浴室に大きな開口を設けることができる。浴室がぐっと明るくなる

入浴しながら、バスコートの緑が楽しめる。開放感が気持ちいい

バスコートのある浴室　パース

バスコートの上部には木製のパーゴラを掛ける。格子の高さと間隔と角度を調整すれば上部からの視線を遮ることができる。つる性の藤やブドウをはわせてもよいし、夏にはヨシズを載せておくのも◎

高塀にも開放感あり

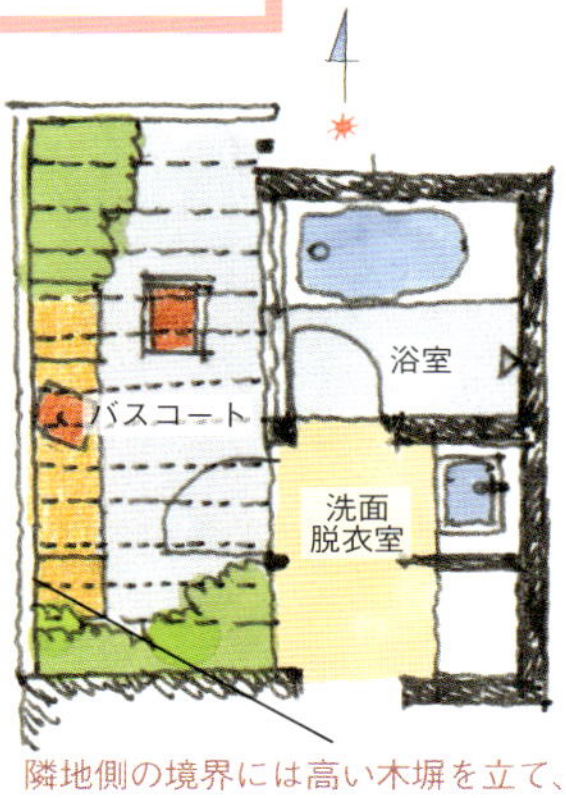

隣地側の境界には高い木塀を立て、プライバシーを確保する。上部を無双窓にすれば、通風もよくなる

水廻りとバスコート　平面図

POINT

ベンチを備えたバスコート。入浴後にくつろげる

バスコート　パース

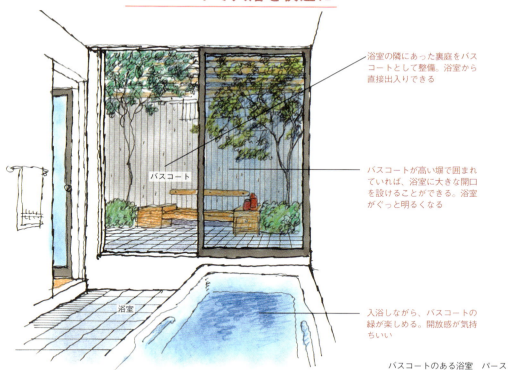

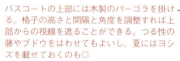

露天風呂付きの庭が非日常空間をつくる

庭に露天風呂を設けられれば、風呂好きにはたまらない。水着を着て入るような「開放的な浴室」があるのも楽しい

排水位置などの検討が必須だが、浴槽を床に埋め込むことができれば、外部とのつながりが強くなり、浴室に開放感が生まれる

埋込み式の浴槽は、縁をまたぐ動作がなく入浴しやすいが、メンテナンス性に欠けるのが難点

露天風呂のある浴室　パース

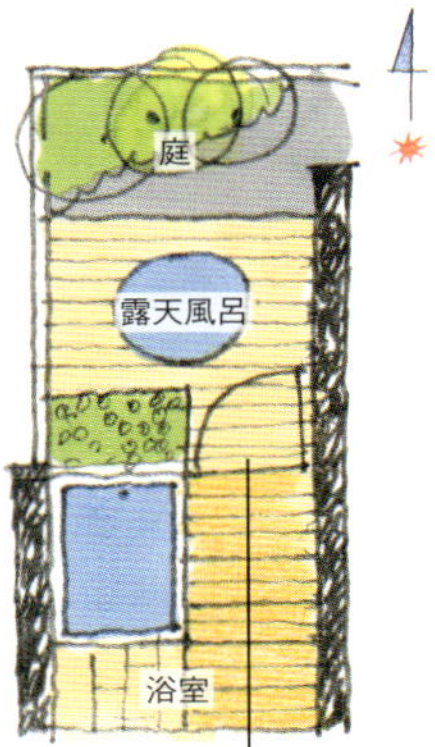

外部とはガラス壁やガラスドアなどで仕切る。床材もそろえて、浴室の広がり・開放感を演出

平面図

NG 外とのつながり感がない

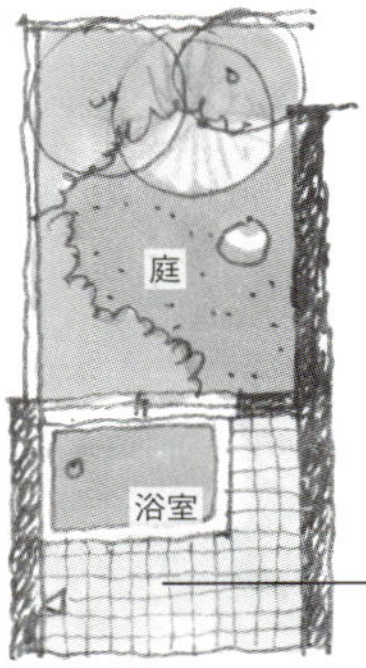

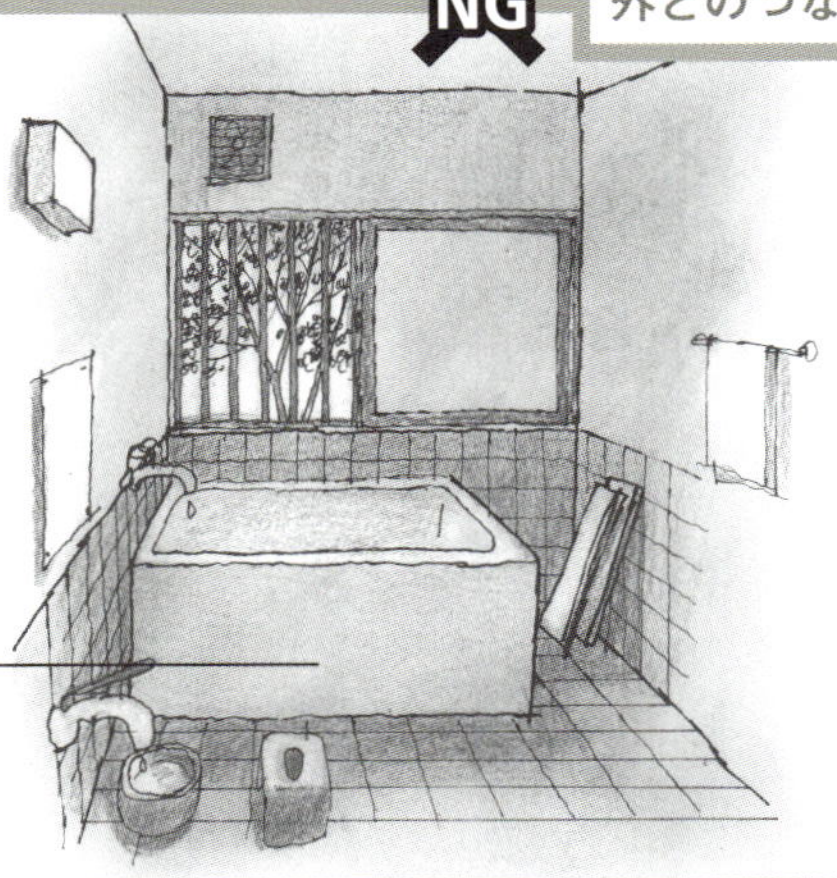

窓の向こうに大きな庭があっても、窓が小さくそれを感じられない残念な浴室

庭とのつながりが薄い浴室　平面図

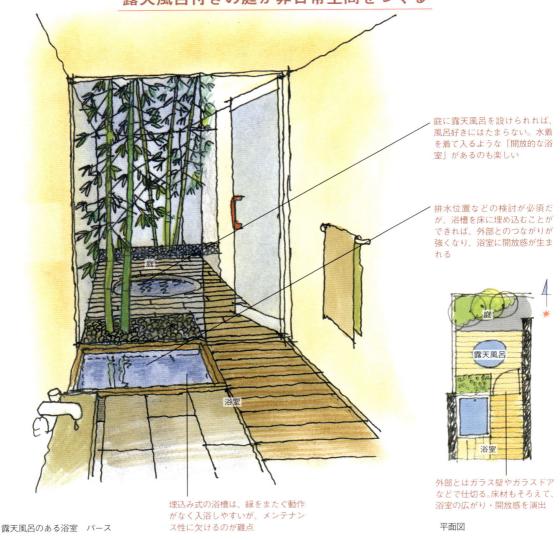

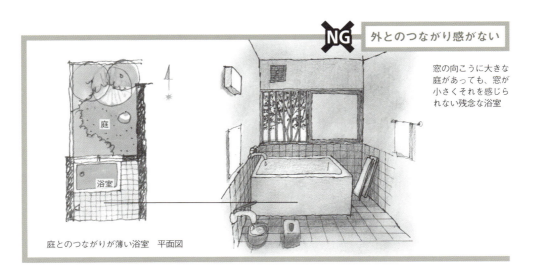

chapter 2
浴室
18

塀との隙間が浴室を変える

敷地境界に立てた塀と浴室外壁の間にはスペースがあるはずだ。1mでも50cmでもいい、その隙間を活用すれば、浴室を明るく広々と見せることができる。建ぺい率がいっぱいでも問題ない。隙間を小さなバスコート（テラス）として仕上げ、浴室に大きな開口をつくるだけ。バスコートは「使う」ためのものではない。浴室を明るく広々と感じさせる装置としての役割を果たしている。

デッドスペースをバスコートに

POINT

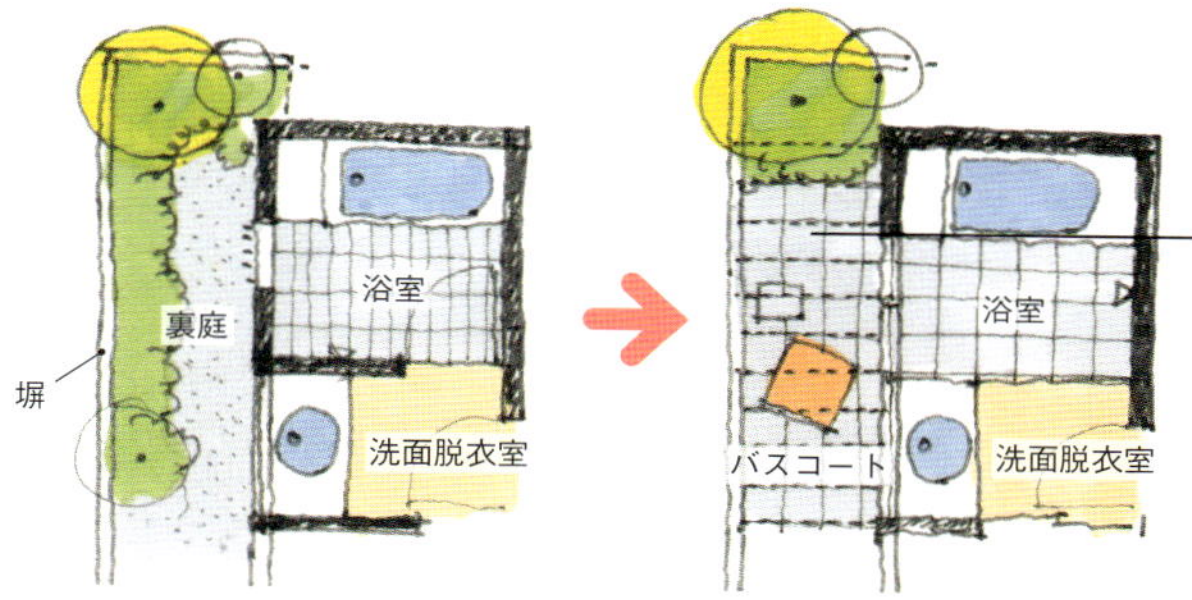

塀と外壁の離れは1m。その隙間をバスコートとして整備し、バスコートに向かって大きな窓を開ける

隙間と浴室をつなげる

木製パーゴラにはガラス屋根を掛けてもよい。室内化したバスコートがあれば、入浴がより楽しくなる

塀は美しい木製に

バスコートのある浴室　パース

NG 内壁が暗さの原因

浴室が狭い場合には、洗面脱衣室との壁が空間をより窮屈にする。ガラスなど透過性のあるものに変えると、広々と見せることができる

塀と家との間は環境が悪くデッドスペースになりがち

洗面脱衣室　パース

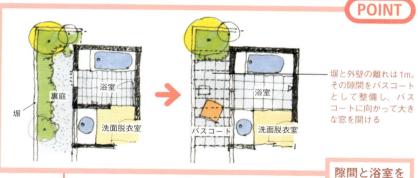

ヒノキの香りいっぱいの浴室

木の量で浴室の雰囲気も異なる

浴槽だけ木製

タイルや石で内装を仕上げた浴室に木製の浴槽を設置。木製浴槽は肌にやさしい

天井・壁だけ木製

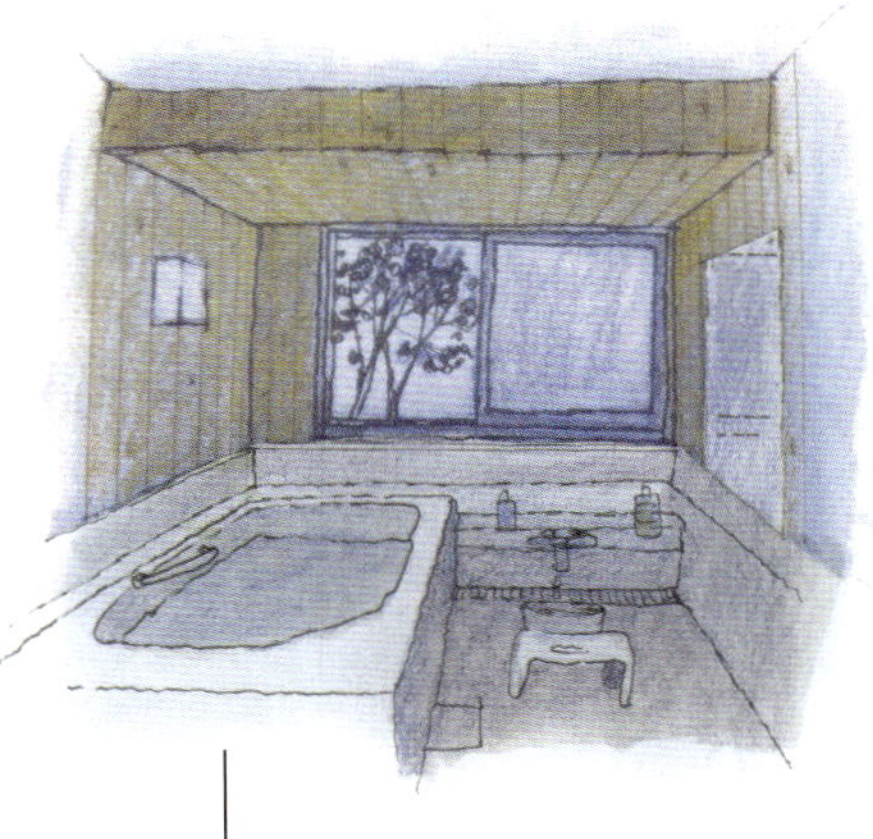

浴槽と腰壁・床が一体になったハーフユニットを使用すれば、防水は完璧。壁・天井には好みの木材を張る

浴槽も内装も木製

床にスノコを敷き、腰を除き内装も浴槽も木で仕上げた浴室。毎日のメンテナンスが欠かせないが、水掛かりの多い腰をタイルなどで仕上げると腐食の心配も減る

メンテナンスをおっくうがらない

高級旅館の浴場を思わせるヒノキ風呂はみんなの憧れ。天井や壁・床を木で仕上げ、浴槽も木製、そんな浴室は自宅でも再現できるだろうか。

住宅の浴室には耐久性の高い工業製品が採用されることが多い。しかし、木材もメンテナンスさえ行えば、長く使うことができる。木材の腐食は、浴室につきものの「湿気」によって進む。腐食の原因となるのは「汚れ」。入浴後にはすぐ清掃し、窓を開け乾燥させる。これを徹底すれば、住宅でも木の香る浴室で極上のバスタイムを堪能できる。

浴室に使える木材はヒノキのほかヒバなどがあり、樹種により寿命も異なる。木材をどの程度取り入れるかによっても、必要となるメンテナンスや施工の難易度も違ってくる。

素肌が触れる浴室こそ、温かみのある木材を使いたい。素材の経年変化も味わいのひとつだ。耐久性やメンテナンス性だけで仕上げを決めるのはもったいない話である。

マイ・ヒノキ風呂を諦めないで

天井・壁・床はヒノキ板張り。美しい空間は入浴だけでなく、憩いの場としても利用できる

乳白ガラス入りの格子窓が和の浴室空間を演出。下部は透明ガラスのはめ殺し窓とし、湯船から緑を楽しめるようにする

浴室　パース

寝そべるスペースで湯ざまししつつ、テレビを観たり、外の景色を楽しんだり……

内装も浴槽も木で仕上げた浴室は毎日のメンテナンスが欠かせない

POINT

木材の肌触りのよさ

木製の浴槽は肌触りがよい。毎日の掃除以外にも定期的なメンテナンスが必要になり、木材保護塗料の塗直しや腐食材の交換など多少の費用が掛かる

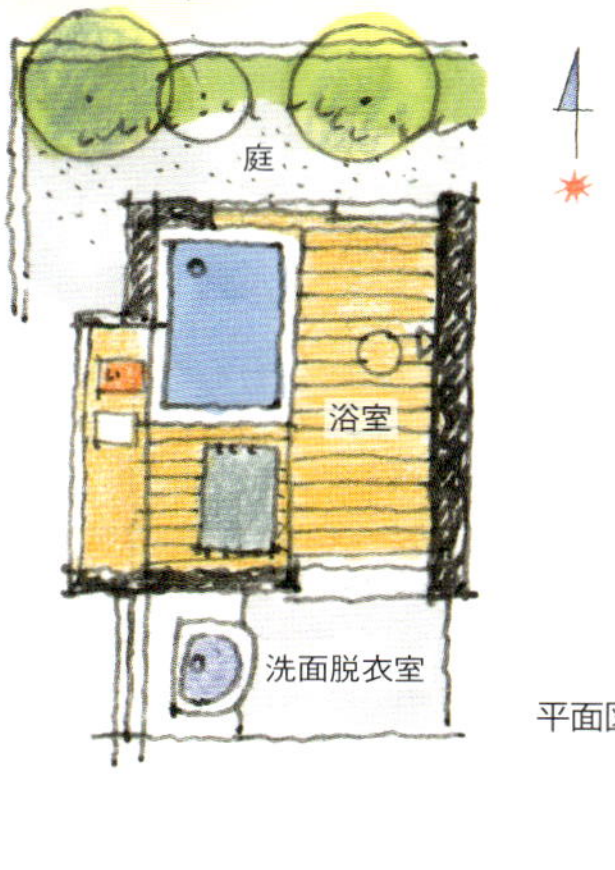

平面図

COLUMN 02

家族のきずなを深めるDIY別荘

時間と経験を共有する場

セルフビルドが趣味という家族なら、山小屋的な別荘はお手のものだろう。そこまでの腕がなくても、内部仕上げならDIYで十分だ。建物の主要な部分は工務店に任せ、家族で力を合わせて完成させていく。思い切ったことができるのも別荘のいいところだ。

ここで紹介する別荘も、3段階に分け建て増ししたもの。当初は、幅3.6×奥行き3.6mの木造フレームが2スパン、2部屋の建物であった。風呂は野外のドラム缶風呂スタイル、トイレは近隣のものを借りて済ませることにした。数年後、第2段階として工務店にトイレの増築を依頼。家族全員でウッドデッキをつくり、半屋外的な空間で自然を楽しめる場所を充実させた。最終的には、離れと浴室を建て増した。内装仕上げはDIY、屋外デッキも拡張している。

ワイルドライフを楽しむ別荘

6畳の部屋が2つ。壁も床も内装仕上げをせず、下地のみで使用
部屋1
部屋2
入浴スペース
2部屋は居間と寝室を兼ねる
入浴は行水をする程度しかできない

平面アクソノ図 （第1期）

家族で建て増すのが楽しい

まずは簡単な増築から

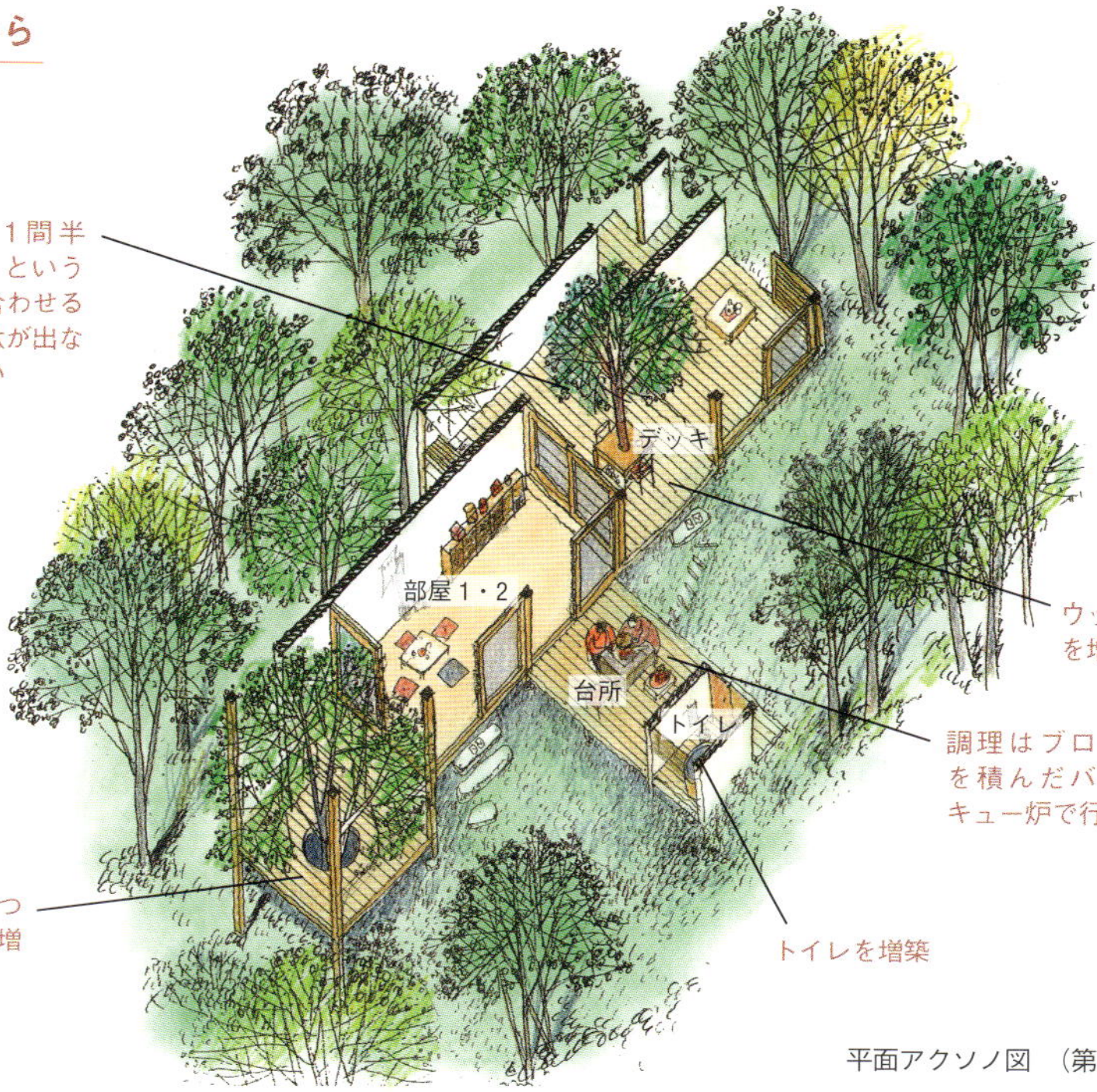
増築の際、柱間隔を1間半（2.7m）×2間（3.6m）という一般的なモジュールに合わせることで、建築材料に無駄が出ない。工法にも無理がない
デッキ
ウッドデッキを増築
部屋1・2
台所
トイレ
調理はブロックを積んだバーベキュー炉で行う
部屋に面してウッドデッキをつくることで生活のパターンが増える。デッキは狭くてもよい
トイレを増築

平面アクソノ図（第2期）

10年掛けて最終形へ

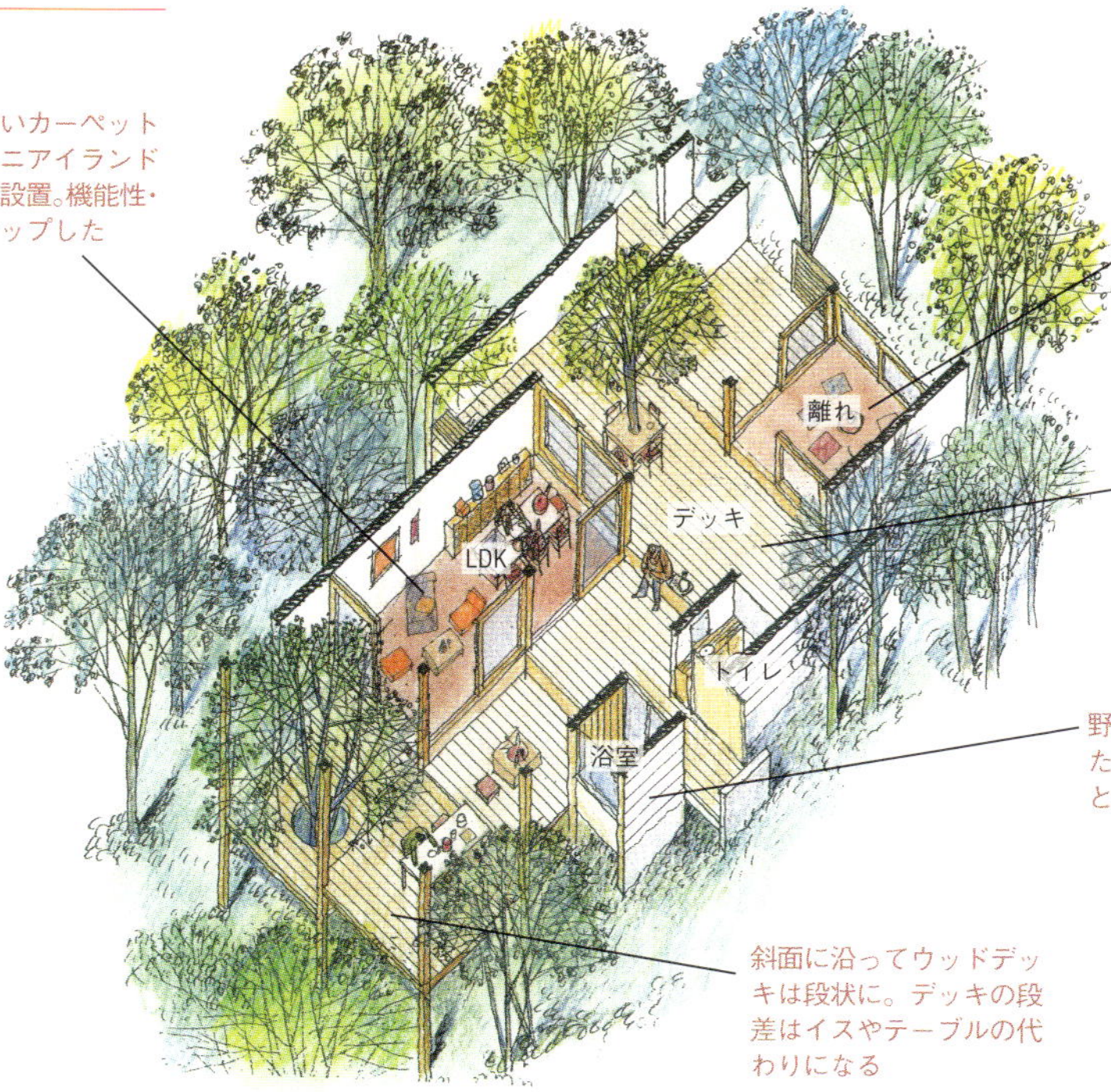
足触りのよいカーペットを敷き、ミニアイランドキッチンを設置。機能性・居住性がアップした
離れを増築
離れ
デッキを拡張
デッキ
LDK
トイレ
浴室
野外での行水も楽しかったが、浴室を増築することでバスタイムが充実
斜面に沿ってウッドデッキは段状に。デッキの段差はイスやテーブルの代わりになる

平面アクソノ図（第3期）

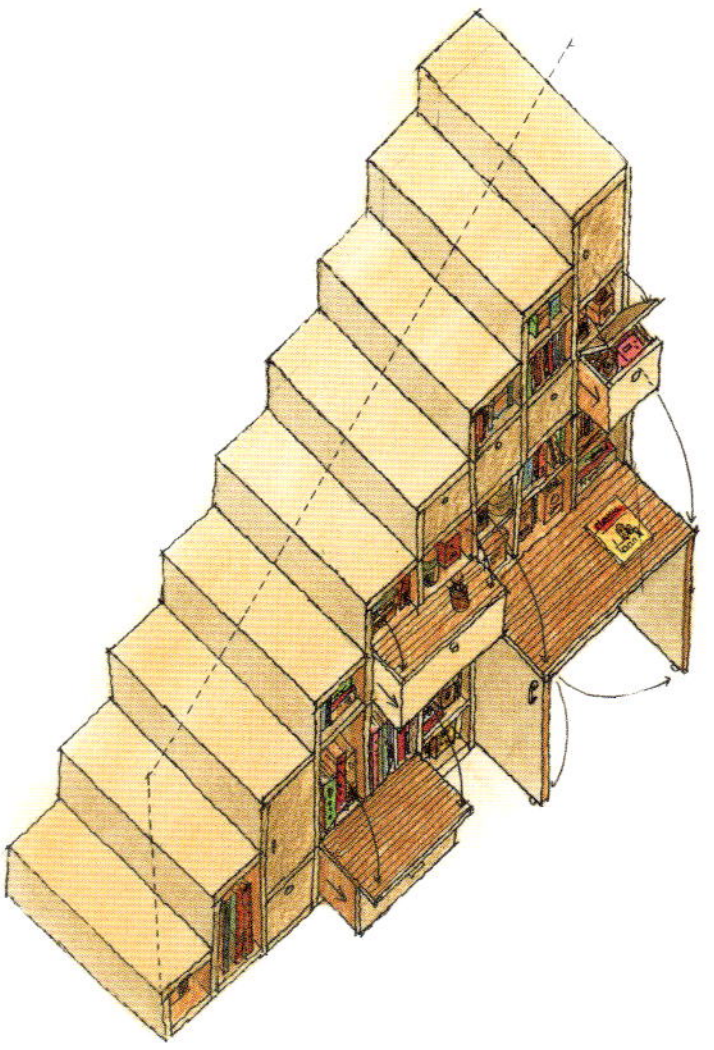

chapter

3

片付く家で美しく暮らす

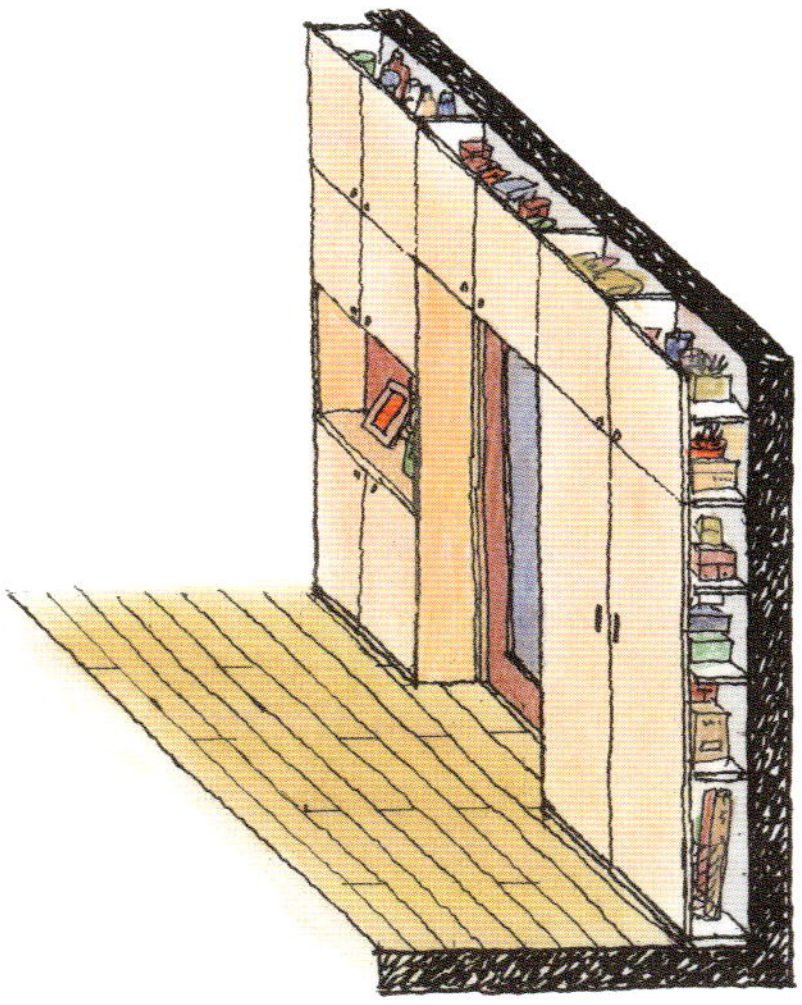

どんなに美しい家をつくっても、
物があふれた部屋では、美しい暮らしは実現できません。
その解決策は2つあり、物を捨てるか、収納をつくることです。

捨て方を指南したいところではありますが、
住宅をデザインするための本ですので、後者の方法を紹介します。
収納のポイントは使う場所につくることと、
収納する物の大きさを知ることです。

その収納さえ視界から消してしまうことが、
究極の「片付く家」といえるかもしれません。

chapter 3
玄関収納
1

収納が玄関を美しく保つ

玄関に収納は不可欠

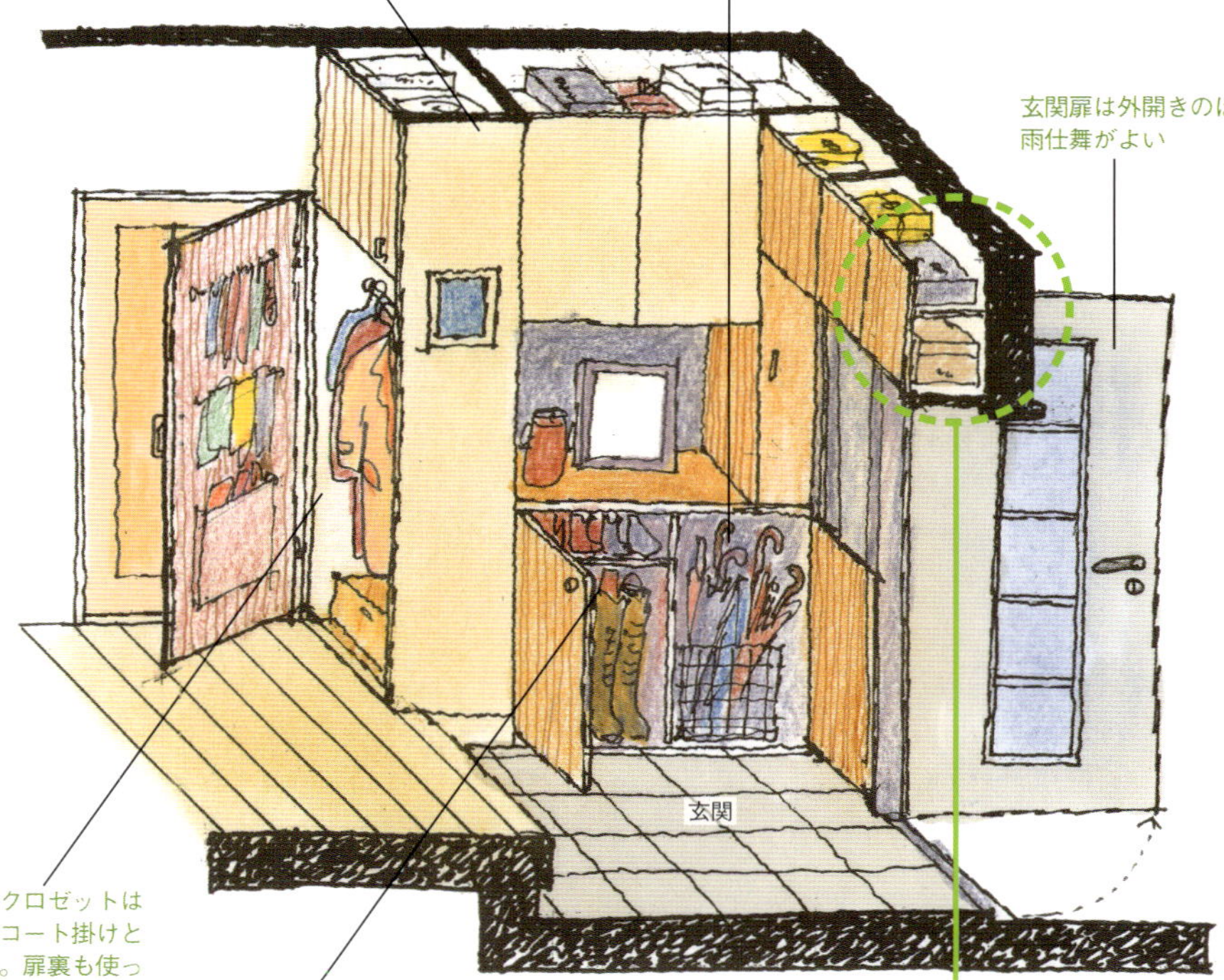

収納棚は柱や間柱などの
下地に留めること
傘は家族の数プラス２本程度
立てられるように
玄関扉は外開きのほうが
雨仕舞がよい
玄関
玄関のクロゼットは
レインコート掛けと
しても。扉裏も使っ
て小物を掛けられ
るようにしておく。
奥行きは50㎝以上。
ゴルフバッグの置き
場としてもOK
わが国の玄関は下足
入れが必須。内部の
棚の長さは履物幅の
倍数が目安。上部の
天板は手摺を兼ねた
飾り棚になる

玄関扉上にも吊戸棚を

狭い玄関にとって、扉上の壁は
ありがたいスペース。吊戸棚を
設けて収納力をアップしよう。
来客の目にも入りにくく、狭苦
しさもない。吊戸棚は季節物の
履物をしまうのに最適

POINT

玄関　パース

いつもきれいな玄関に

住宅の第一印象を決めるのが玄関。美しく見せるには、大空間や豪華なしつらえより、収納力が重要になることが多い。物が山積みになった玄関ほど見苦しいものはない。いつもきれいに片付けておけるように、適所に収納をつくろう。

玄関に収納する物は、靴や傘、ゴルフバッグなど。来客用に小さなクロゼットもほしい。必要量を把握し、小物以外は採寸をしたうえで専用の収納をつくろう。収納は物に合ったサイズでないと、取り出しにくく、使いづらいものだ。

狭い玄関は収納スペースも限られるが、玄関扉の上部など意外な盲点もある。また、廊下にまで玄関収納を拡張させるのも手だ※。廊下の壁一面に収納を造り付ければ、相当数の物が片付くはずである。収納の奥行きはたいして必要ない。靴用の箱をしまうには30㎝以上ほしいところだが、箱の向きを変えれば15㎝程度で済む。物のしまい方によっても収納力は変わるのだ。

※：壁面収納をつくるために必要な廊下の幅は1m以上

広めの廊下に薄めの収納

POINT

廊下が有効幅で1mほどあるなら、壁面を収納にしてもよい。手摺などを付ける場合、その下は収納に利用できる

廊下を玄関収納に

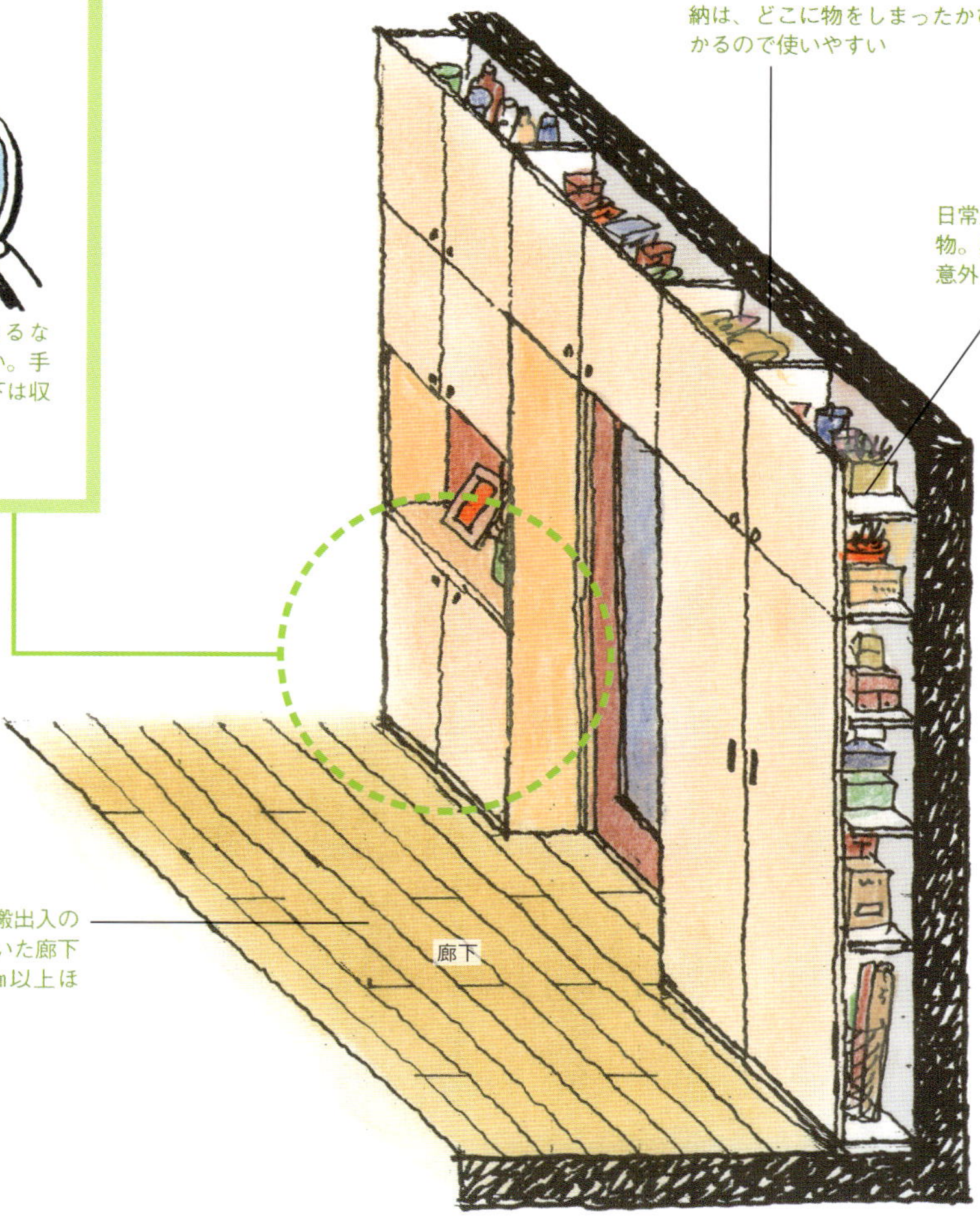
奥行きが15cmもあれば、靴箱も横にする形で収納できる。奥行きが浅い壁面収納は、どこに物をしまったかひと目で分かるので使いやすい
日常生活品の大半は小物。奥行きの浅い棚は意外と重宝する
人の通行、物の搬出入のため、収納を除いた廊下の有効幅は80cm以上ほしい
廊下

廊下　パース

NG 収納が不足している玄関

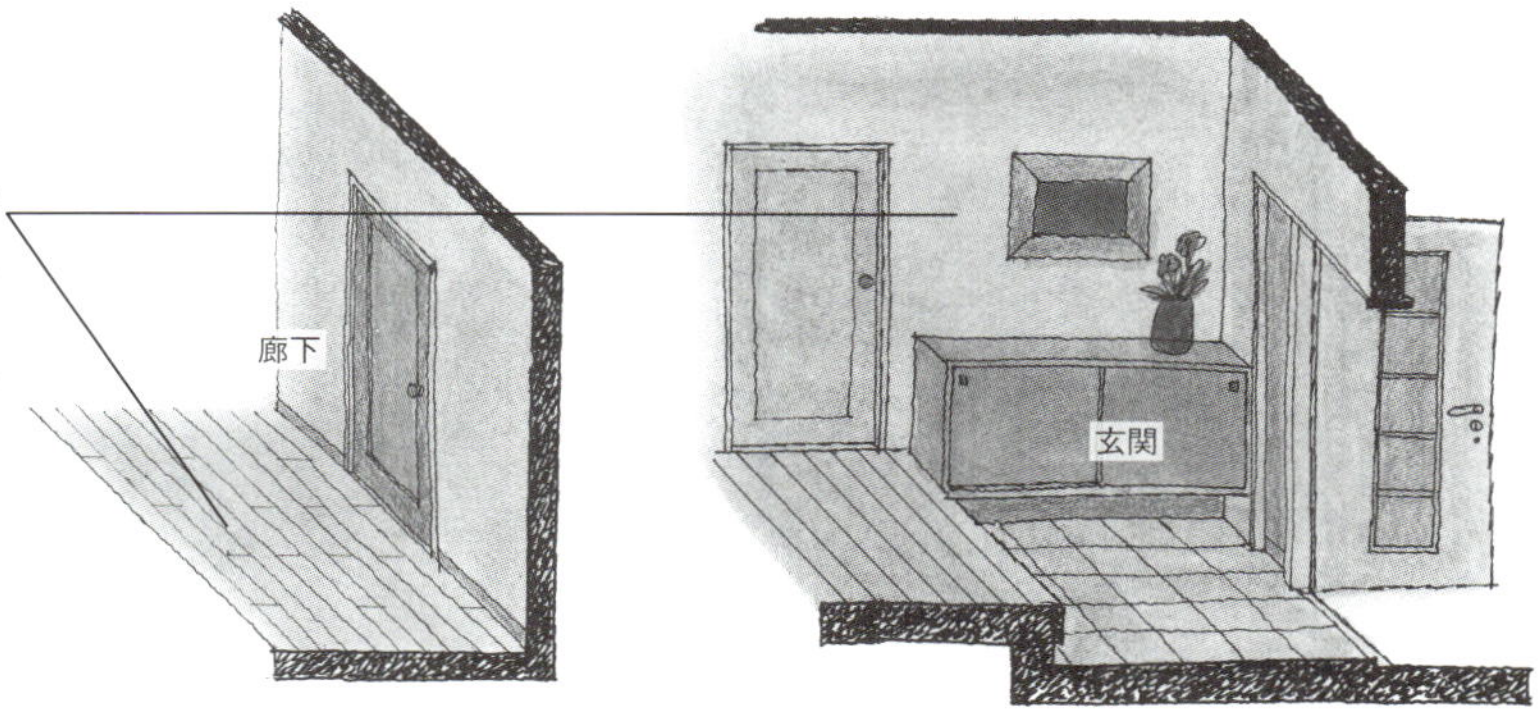
玄関には収納すべき物がたくさんある。収納が足りなければ、物が出しっぱなしになるのは当たり前。物があふれて、廊下まではみ出すことも
廊下
玄関

玄関（右）・廊下（左）　パース

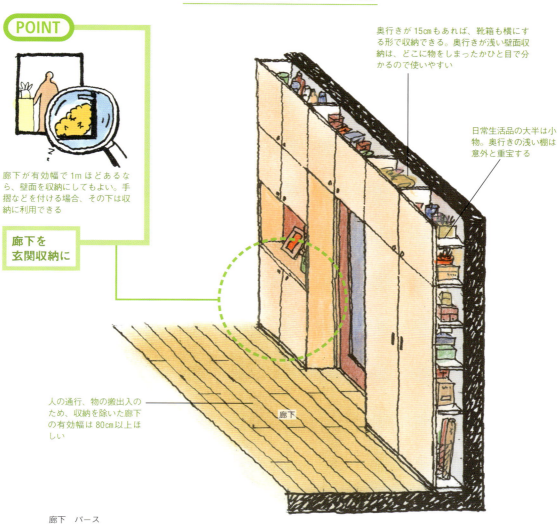

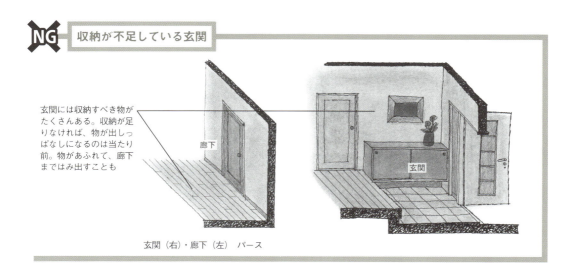

トイレ、洗面所に「隙《すき》」あり

トイレの吊戸棚は収納力抜群

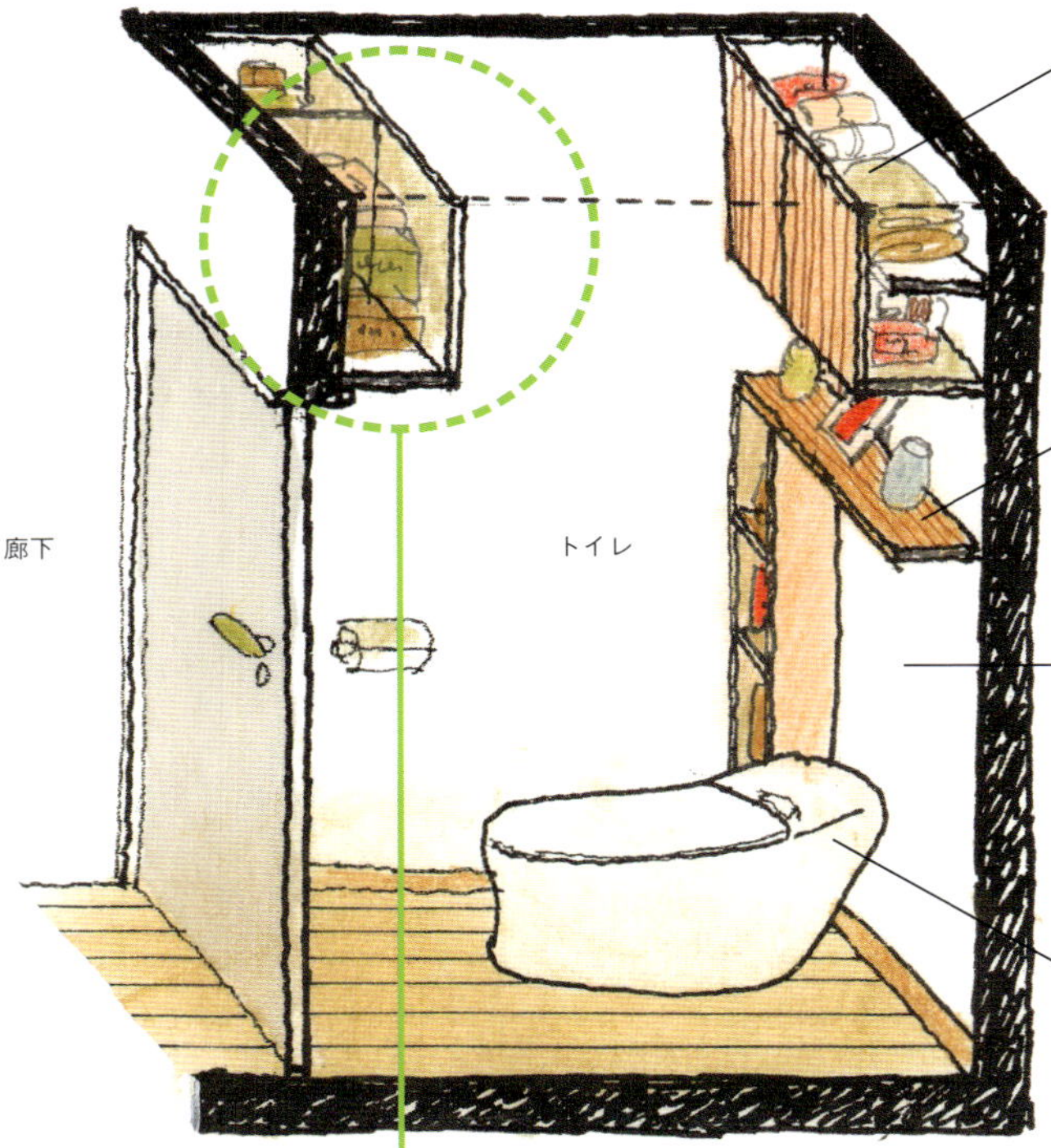
廊下
トイレ
既存のトイレに吊戸棚を取り付ける際は、間柱や胴縁などの下地材がしっかり入っていることを確認する
トイレといえども物を飾る棚や本棚がほしい
足もとに収納棚を設ける際は、便器のメンテナンススペースを確保しておくこと
タンクレストイレは省スペースで、収納空間も確保しやすい

トイレ　パース

天井廻りはゆとりあり

トイレでの動作は限られているので、使われていない空間も多い。ロータンクの上や扉上などは、収納を設けやすい場所

POINT

狭くても収納が必要

トイレには、トイレットペーパーなどのストックや掃除用品が置ける収納が必要だ。トイレが狭いとしても問題はない。用を足すという動作に必要な空間は意外に小さく、収納のスペースも確保しやすい。便器の上部や出入り口の上部は格好の場所。吊戸棚を設け、紙類など軽いものを収納する。とはいえ、狭い空間では吊戸棚の出っ張りが気になることも。あまり欲張らず、30㎝までに抑えよう。カウンター収納で収納量を確保できるなら、吊戸棚をなくして空間をすっきり見せるのもよいだろう。

洗面所は脱衣場や洗濯機置き場を兼ねるケースが多く、収納すべき物も多岐にわたる。髭剃りや櫛、ドライヤーから、洗剤などの掃除・洗濯用品にリネンなど。これらが出しっぱなしだと、散らかった印象がぬぐえない。吊戸棚や鏡裏なども多用して、収納スペースを用意しておこう。水や湿気が気になるので、水廻りの収納には耐水性の高い合板（特類または1類※）などを使いたい。

※：接着強度によって分類されている

水気に強い、洗面室の収納

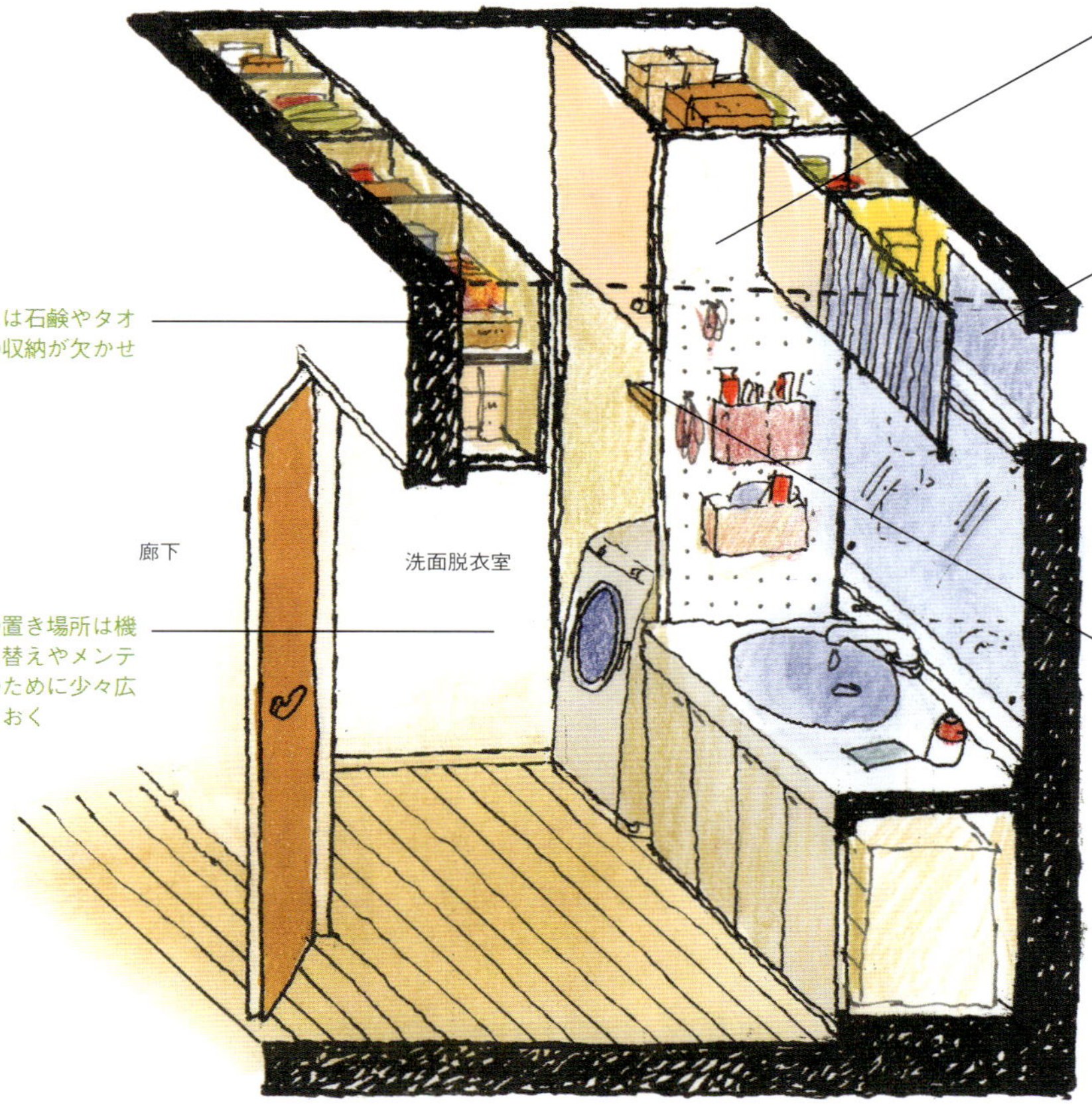
収納の側板は有孔ボードなので、通気が期待できる。孔を利用して小物入れを引っ掛けることもできる
鏡の上は採光・通気用の小窓。手前に設けた照明が直接目に入らないように、半透明のポリカーボネート板で目隠しする
洗面所には石鹸やタオルなどの収納が欠かせない
廊下
洗面脱衣室
洗濯機の置き場所は機器の入れ替えやメンテナンスのために少々広めにしておく
脱衣場を兼ねる場合は、脱いだ服を置く場所も必要になる。洗濯機の上に棚をつくり、脱衣かごなどを置く

洗面室　パース

NG 収納がなくては使いづらい

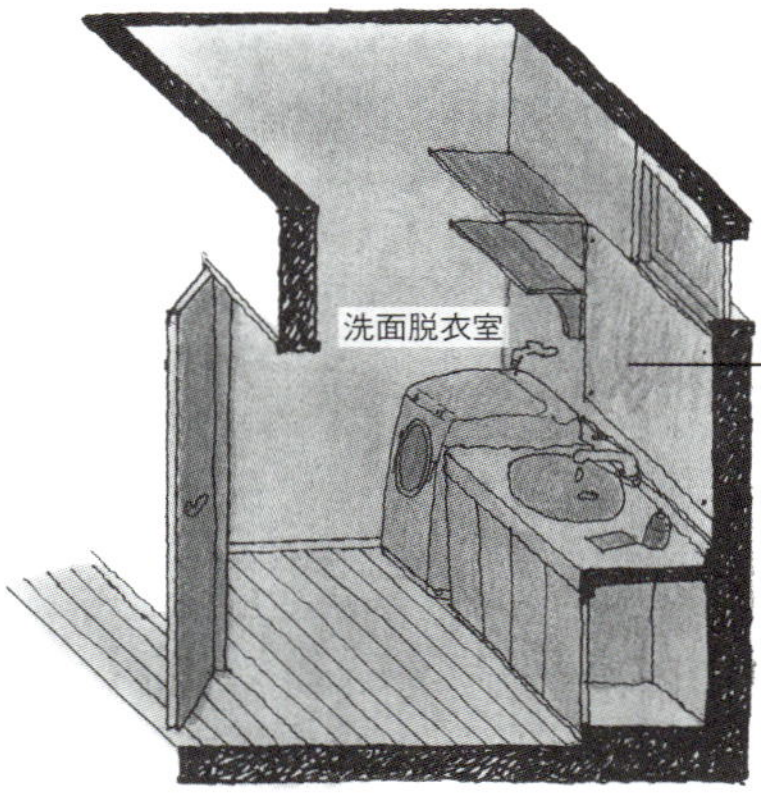
洗面脱衣室

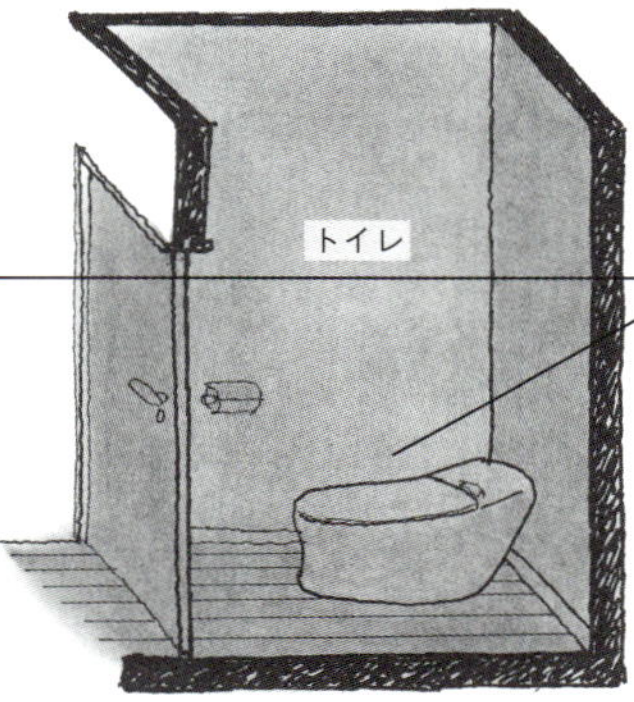
トイレ
トイレや洗面室といった水廻りの空間には小物の収納が必須。小部屋こそ片付いていないと目も当てられない

トイレ（右）・洗面室（左）　パース

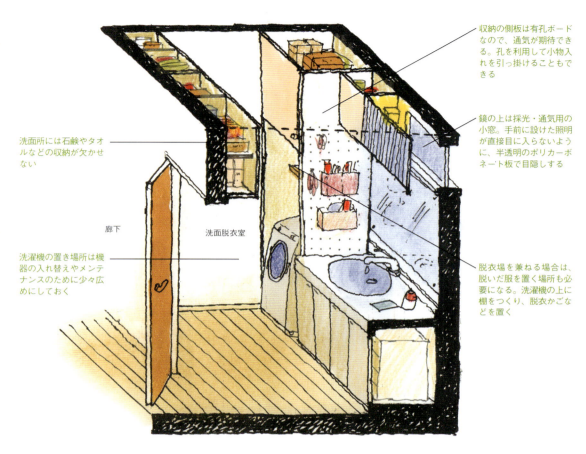

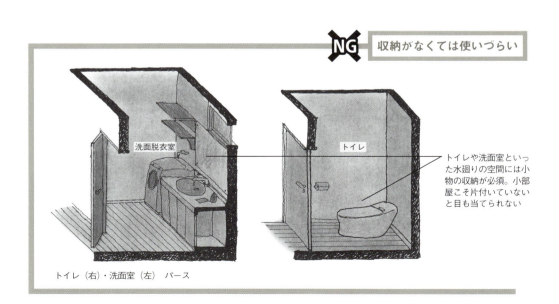

階段下を使いやすい収納に

階段下収納は側面から使う

POINT

一般的に階段下の空間は2畳程度。三角形断面をしているので、ほとんど使えない部分もあるが、収納などとしてうまく利用したい

階段下も有効活用

部分的に、階段裏から使う収納や飾り棚としても

階段下の収納は小割りし、側面から使うようにする。奥行きは階段幅と同じなので80cm程度になる

階段下収納　断面パース

NG **裏側から使う収納はイマイチ**

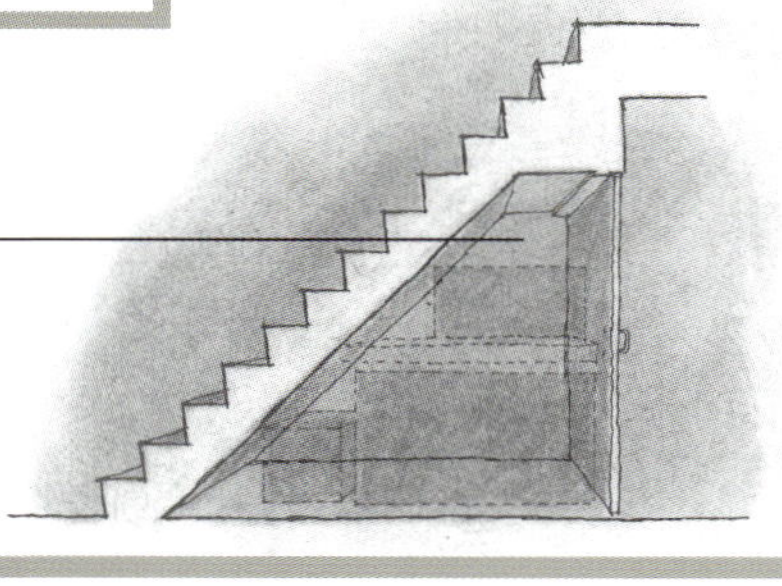

階段の裏側から使う収納。奥行きは深いが、三角形断面の空間なので奥はデッドスペースになる

階段下収納　断面パース

箱階段がお手本

狭い住まいでは、階段の下といえども無駄にできない。トイレや収納スペースとして有効活用したいものだ。

階段下の収納としてしつらえるなら、空間を小割りし、側面から物を出し入れするように計画したい。これは伝統的な民家などで見られる「箱階段」の手法である。一方、階段の裏側から物を出し入れするようなプランニングでは、収納の奥行きが深すぎて、使い勝手が悪くなってしまう。

手摺壁もフル活用

階段といえば手摺。実は手摺を兼ねた壁（手摺壁）も、収納にすることができる。階段下はもちろん、手摺壁にも本棚などの収納や小机を組み込めば、階段廻りにちょっとした書斎コーナーが出来上がる。「家の中で1人になれる場所がほしい」というお父さんにも喜ばれるに違いない。

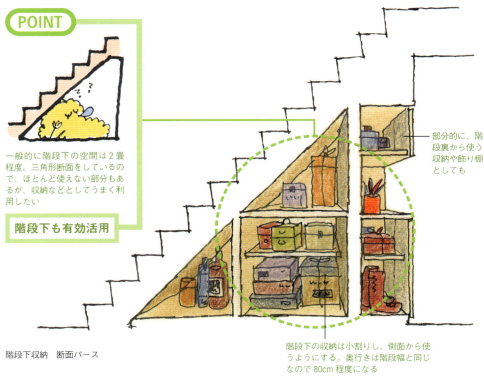

机も簡単に収納できる

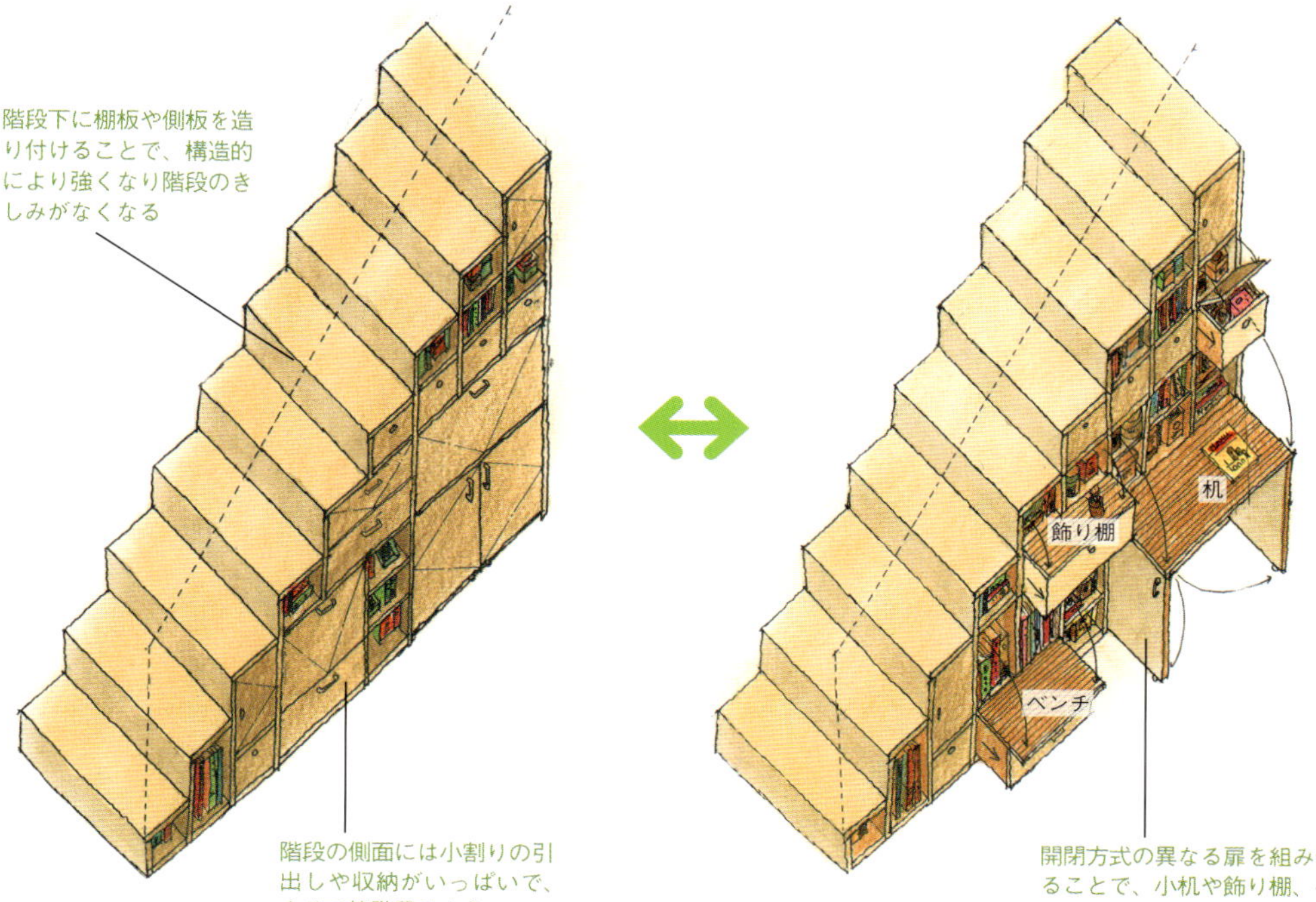
階段下に棚板や側板を造り付けることで、構造的により強くなり階段のきしみがなくなる
階段の側面には小割りの引出しや収納がいっぱいで、まるで箱階段のよう
机
飾り棚
ベンチ
開閉方式の異なる扉を組み合わせることで、小机や飾り棚、ベンチが出来上がる。机の脚は開き扉、机の甲板は倒し扉からなる

文机付き階段下収納　アクソノ図

階段吹抜けが書斎

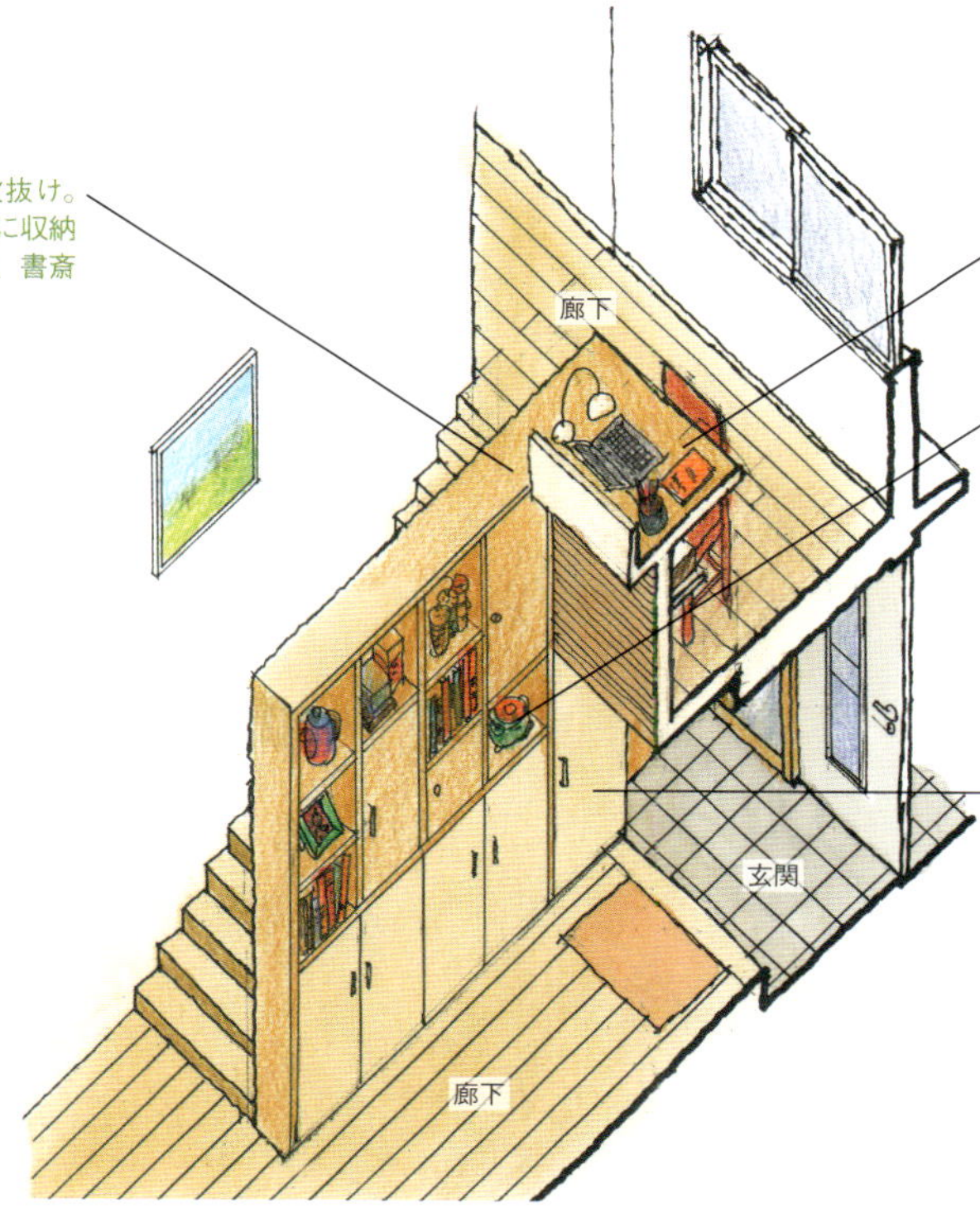
玄関脇の階段吹抜け。階段下と手摺壁に収納や机を造り付け、書斎にした
手摺壁と机を合わせて造り付け、パソコンスペースに
手摺壁は奥行きが薄いので、文庫本などの本棚に最適。写真立てや小物を飾る棚としても使える
玄関脇にあるので、玄関収納としても使う。奥行きの浅い収納は傘立てなどに向く
廊下
玄関
廊下

階段吹抜け　アクソノ図

収納力で美しい暮らしを支える

造付け家具が収納スペース

吊戸棚を付ければ、壁も収納になる。壁の端から端まである吊戸棚は意外に収納力抜群。上部に間接照明を仕込めば、天井もすっきりする

造付けのソファベンチ。下部には引出し収納

居間　パース

NG 居間は置き家具で満杯

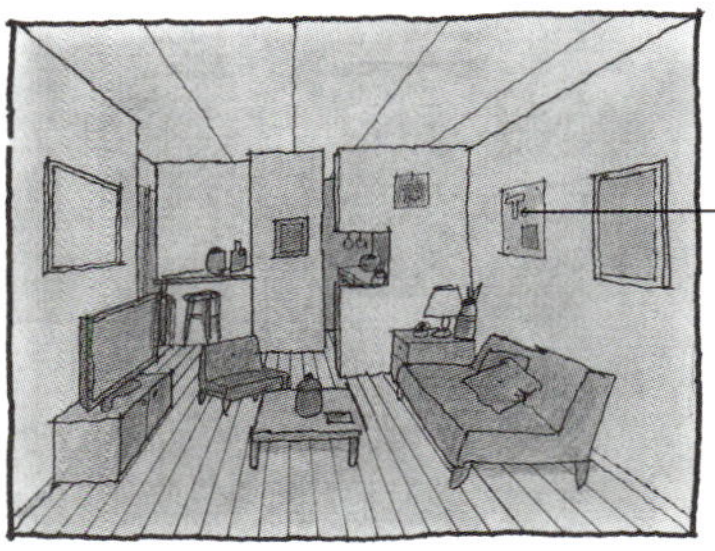

約4.5畳（2.7×2.7m）ほどの小さな居間では、ソファやテレビ台、テーブルを置くだけでいっぱいに。収納家具を新たに置くことは難しい

居間　パース

収納空間は内側にあり

建売り住宅やマンションなどで見られる「収納のない（または少ない）部屋」。狭さを感じさせたくないという売り手側の意図によるものだが、このような部屋の使い勝手は非常に悪い。

生活に物はつきもの。物にしかるべく「置き場所」がないと、部屋はいつまでたっても片付かない。部屋が狭くて収納が設けられないのなら、「懐《ふところ》（内側）」をうまく使おう。

1｜家具の懐を収納に

居間や食事室の収納量を増やすには、家具の懐を利用するとよい。たとえば、ソファベンチを造り付け、足もとに引出しを組み込む。造付け家具はサイズ調整が自由なので、空間を無駄なく使える。狭小住宅にもおすすめだ。

2｜床の懐を収納に

寝室に収納が少ないなら、ベッドをやめ、畳の小上がりを設けて引出し式の床下収納にするとよい。大きな家具がなくなると、部屋も広く使うことができ、一石二鳥だ。

ダイニングセットも造り付ければ収納に

食器をしまえる吊戸棚。配膳のお手伝いもしやすい

テーブルとベンチは固定されているので、地震の際も安心だ。ベンチの下は収納。家具と収納を兼用させれば、部屋を広く使える

ベンチは座る人数に融通が利くので、来客時にも便利

食事室　パース

NG 物の行き場がない食事室

幅 1.8 × 奥行き 1.8m（約 2 畳）という狭い食事室に、6 脚のイスがぎゅうぎゅうと並ぶ。窮屈な空間には、収納もほとんどない

食事室　パース

狭い寝室は畳敷きにして床下収納をつくる

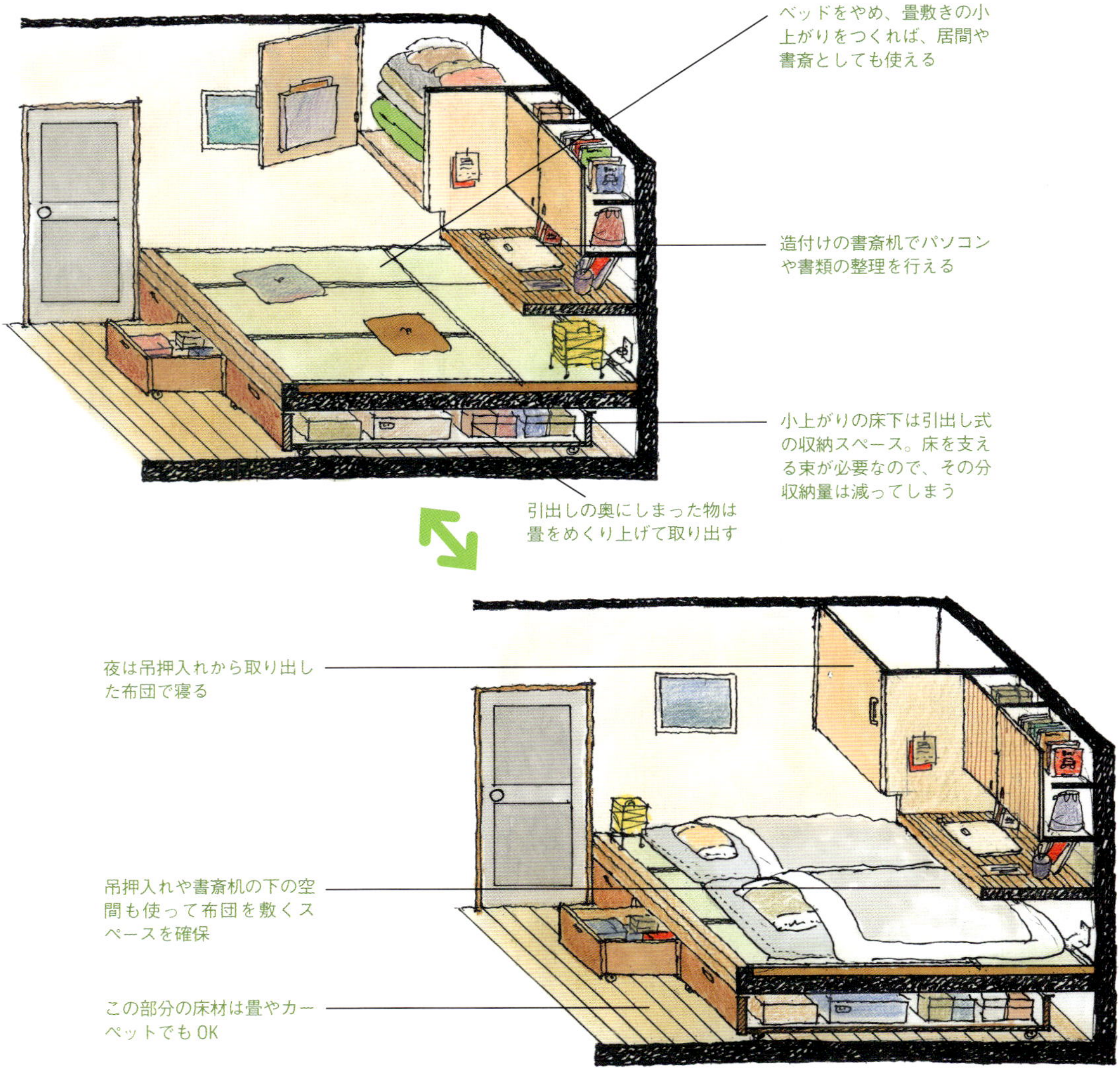
ベッドをやめ、畳敷きの小上がりをつくれば、居間や書斎としても使える
造付けの書斎机でパソコンや書類の整理を行える
小上がりの床下は引出し式の収納スペース。床を支える束が必要なので、その分収納量は減ってしまう
引出しの奥にしまった物は畳をめくり上げて取り出す
夜は吊押入れから取り出した布団で寝る
吊押入れや書斎机の下の空間も使って布団を敷くスペースを確保
この部分の床材は畳やカーペットでも OK

寝室　パース

NG ベッドで満杯の寝室

狭い寝室は、ベッドを 2 台並べるとそれだけで満杯に。収納スペースがないので、衣類は部屋中に散乱してしまう

寝室　パース

あえて見せる展示収納

ショップのような見せる収納

MY ROOM
お店のように、開放的な棚に衣類を並べる。見せながら収納するという方法
収納棚はガラス製。中の物がよく見える
ディスプレイ用のハンガーパイプに並べた洋服。空間のパーティションにもなる
物を「見える化」することによって、物を探す時間も短縮できる

洋室　パース

NG 難易度の高い和室生活

物の多い現代人にとって、和室での暮らしは難しい。押入れは主に布団をしまう場所としてつくられているため、ほかの物を収納するには、効率が悪いからだ

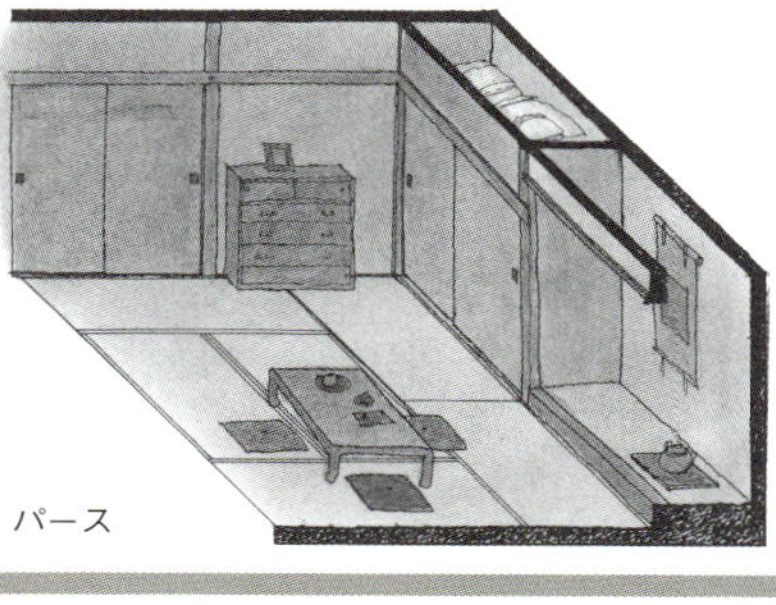

和室　パース

物を増やさないコツは見せる収納にあり

必要最小限の物だけで暮らすのが、「和室」での生活スタイル。収納の少ない、がらんとした空間はいわゆるミニマリスト※にふさわしい。

今、物をもたない暮らしが見直されている。とはいえ、多くの人は物を捨てきれず、たくさんの物に囲まれて生活している。住まいには収納が不可欠なのだ。

ところが「収納はいくらあっても足りない」という。これには理由がある。物を収納したとたん、どこにしまったかを忘れ、同じような商品を買ってくる、そしてまた物が増える。そんな「負のサイクル」にはまっているからである。

ここから脱け出すためには、「見せる収納」がおすすめ。物を隠してしまうのではなく、あえて見せるような収納なら、常に現状の把握ができ、無駄に物を増やすこともなくなる。しまい込んだ物を探し出すという無駄な時間も減って、暮らし全体をスリムにできる。

※：最小限の物だけで暮らす人

狭い家では家具こそ収納しよう

NG　あふれる家具で狭さMAX

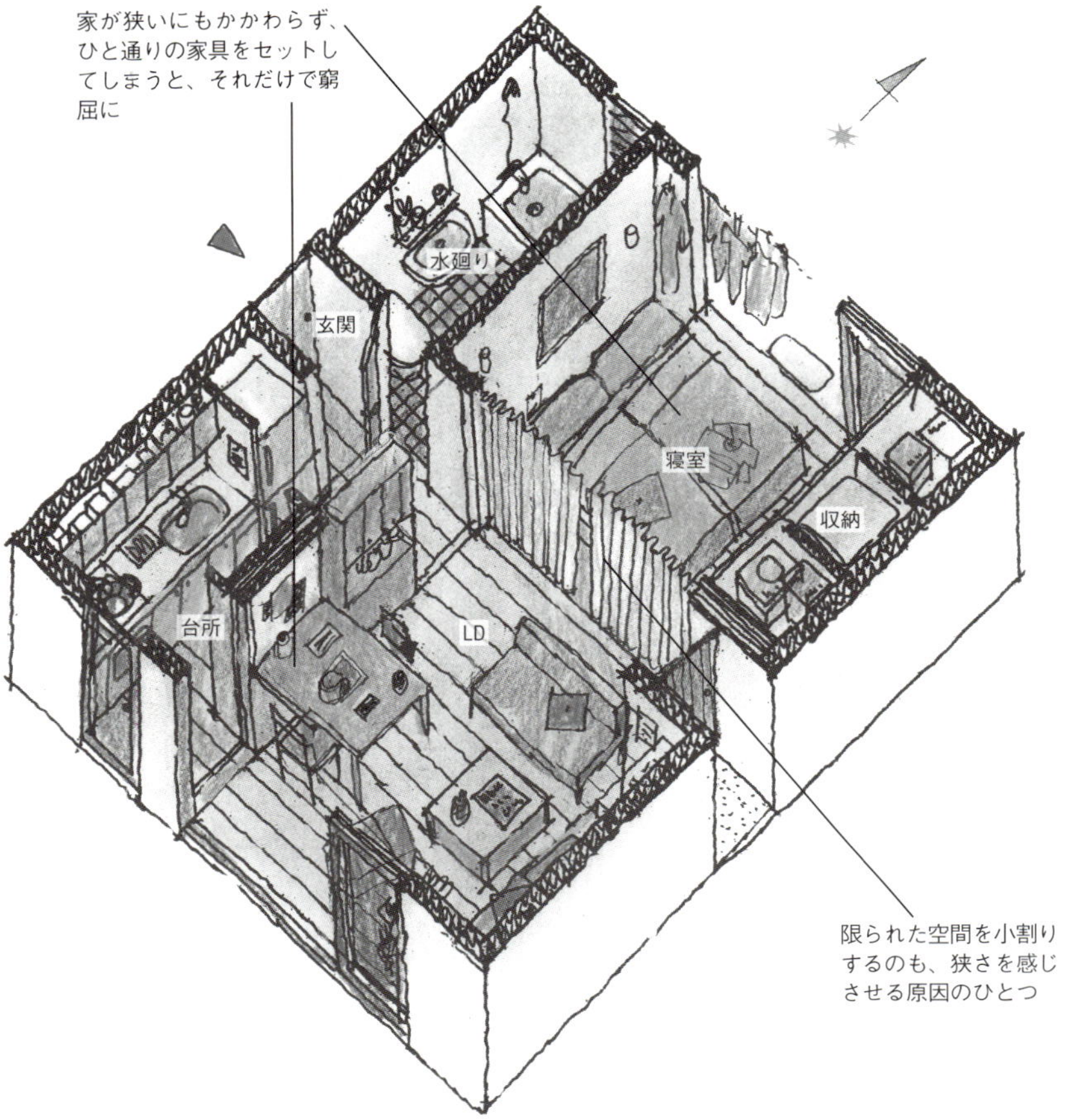
家が狭いにもかかわらず、
ひと通りの家具をセットし
てしまうと、それだけで窮
屈に
水廻り
玄関
寝室
収納
台所
LD
限られた空間を小割り
するのも、狭さを感じ
させる原因のひとつ

空間を小割りした狭小住宅　アクソノ図

和室のスッキリを手本に

狭小住宅では、狭さを感じさせない工夫が重要になる。「ここは食事の場、あっちは寝る部屋」などと部屋の用途は限定しないほうがよい。空間が小割りされ、余計に狭苦しくなってしまう。なるべく大きな部屋をつくり、多様に使えるようにしておこう。和室をイメージしてみてほしい。ちゃぶ台や座布団を置けば茶の間になり、布団を敷けば寝室に変わる。折り畳んで押入れにしまえばあっという間に片付き、部屋が広々と感じられる。

もちろん、洋室でもこのような空間は実現可能だ。ここで紹介する住宅では、ベッドやテーブルを収納式にし、LDKも含めた大きなワンルームをつくった。引込み戸を仕込んでおけば、必要に応じて空間を仕切ることもできる。暮らしのシーンごとに家具を引き出して使えば、狭さを感じることもないだろう。一般に、狭い家ほど、「家具」でごちゃごちゃしているもの。大きな家具ほど収納できるに越したことはない。

大きな家具がなくなれば空間は広がる

狭小住宅に向くワンルーム空間。寝室・食事室・居間、3つの用途をもつ

ベッドは立て掛けて収納できる。もちろん、押入れと布団の組み合わせでもOK

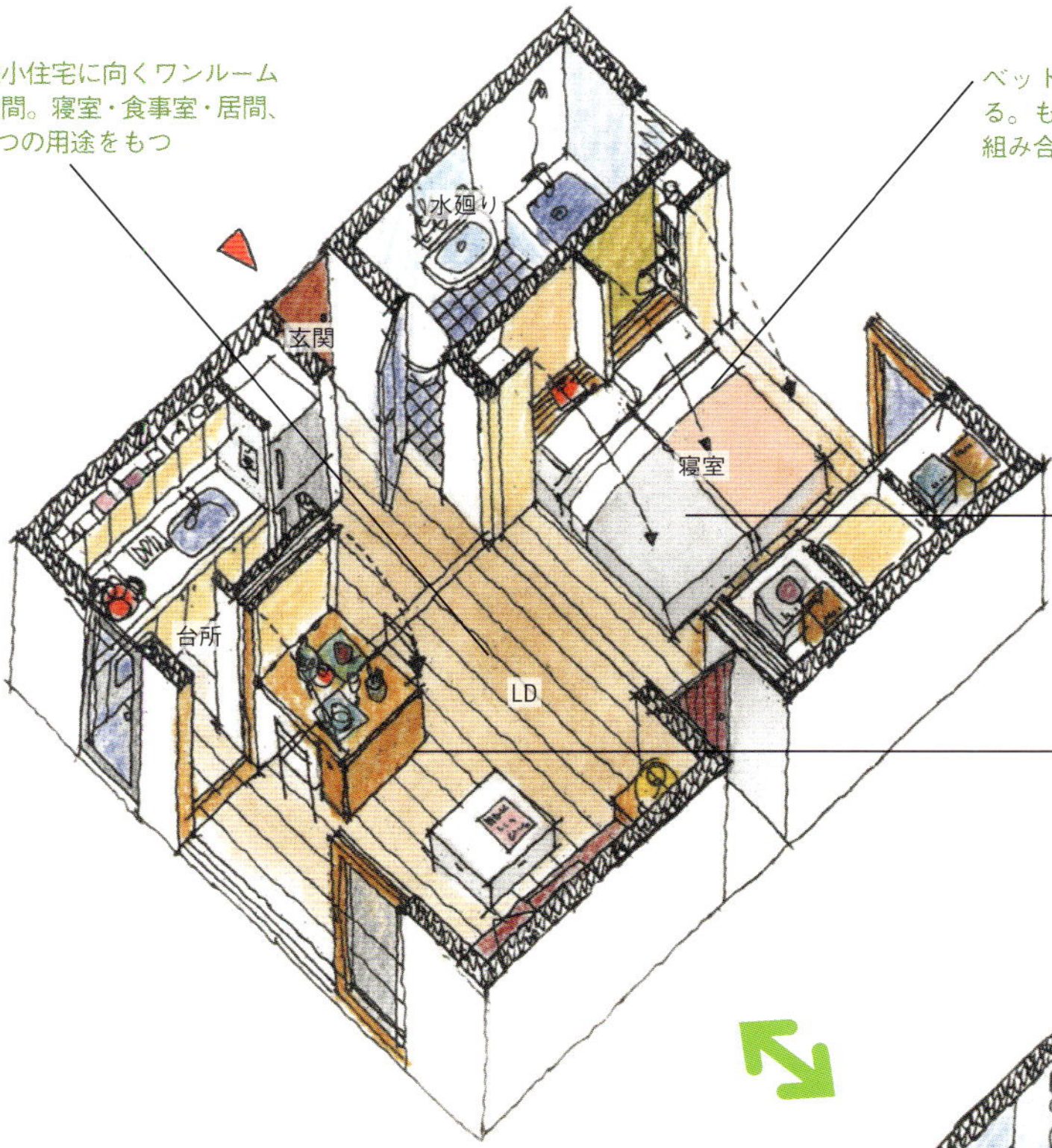

ベッドはシングルでも幅1m×長さ2mと意外に大きく、狭い部屋では存在感がある。これを収納できれば、部屋に広がりが生まれる

テーブルも折り畳み式。簡単に収納できないと、出し入れが億劫になるので注意

ベッドを壁に収納

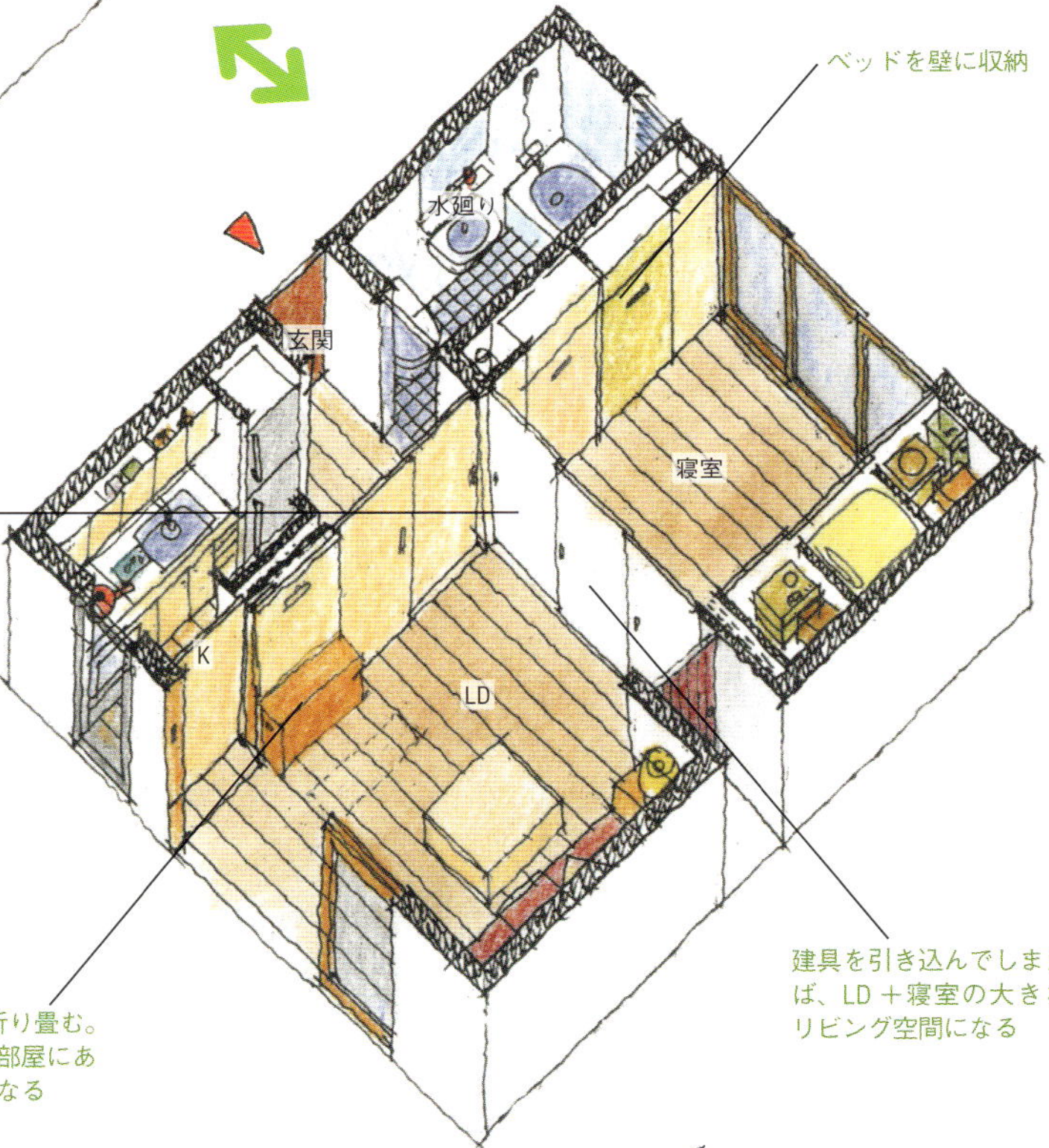

建具を引き出せば、簡単に空間を仕切ることもできる

建具を引き込んでしまえば、LD＋寝室の大きなリビング空間になる

使わないときには、テーブルを折り畳む。空間から家具が消えれば、狭い部屋にありがちなごちゃごちゃ感もなくなる

収納を駆使した狭小住宅　アクソノ図
（上：家具を出した状態、下：建具を出した状態）

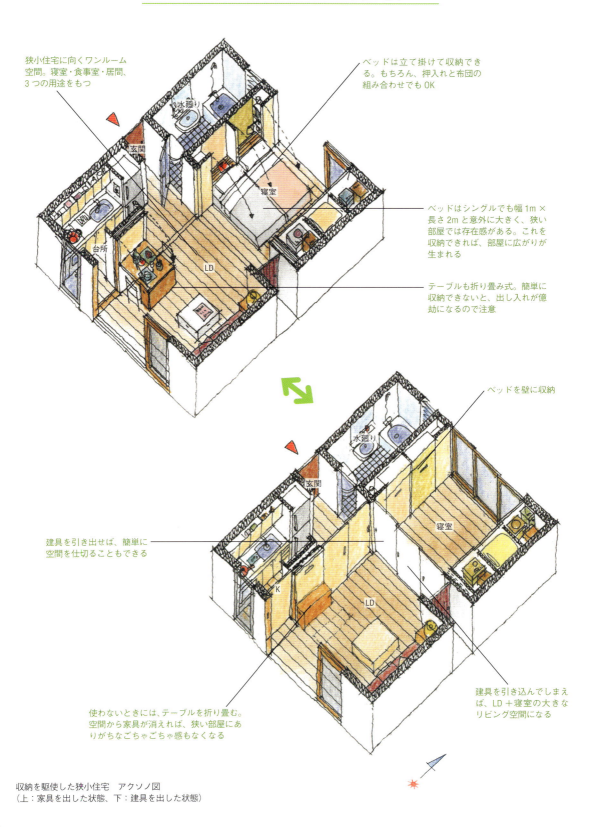

7 年中使える 掘りごたつ

食卓と和室の掘りごたつを一体化

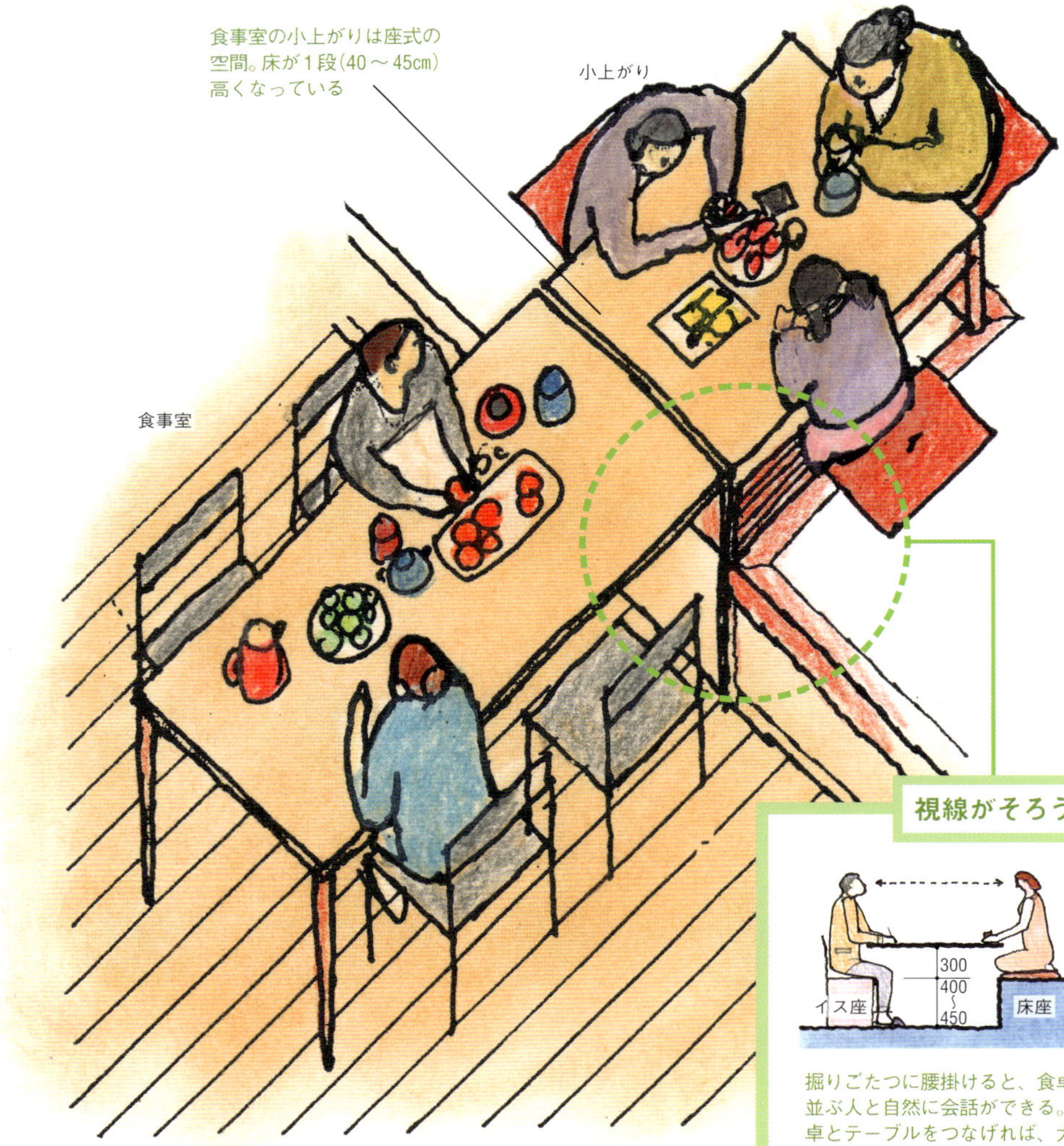
食事室の小上がりは座式の空間。床が1段(40～45cm)高くなっている
小上がり
食事室
300
400
～
450
イス座
床座

食事室・小上がり　アクソノ図

視線がそろう

掘りごたつに腰掛けると、食卓に並ぶ人と自然に会話ができる。座卓とテーブルをつなげれば、大きな食事空間になる

POINT

老若男女の集まる場所に

居心地がよく、いったん入ると抜け出せないのが「こたつ」。なかでも掘りごたつは、省エネという点でも大変優れた暖房器具だ。ところが夏になると一転、邪魔者となる。そのため、櫓《やぐら》の部分を炉にしまい込んで、その存在を消し去ってしまうことも多い。

とはいえ掘りごたつは腰掛けることができ、イス式の生活に慣れた現代人の暮らしにも合っている。せっかくなら、冬だけでなく夏も気持ちのよい場所にしたいものだ。

ここで提案するのは、天然の冷房として掘りごたつを利用する方法。大掛かりな装置は必要ない。ダクトとファンさえ仕込んでおけば、夏でも涼しい床下の空気を足もとに送ることができる。さらに足もとと部分に引出しを造り付ければ、収納スペースにもなる※。

食事室の脇に畳の小上がりをつくり、掘りごたつを設けると、高齢者も使いやすい。テーブルとつなげれば、大人数での食事にも対応できる。

※：収納物は温度に対して変質しないものに限られる

1台で3役　掘りごたつのつくり方

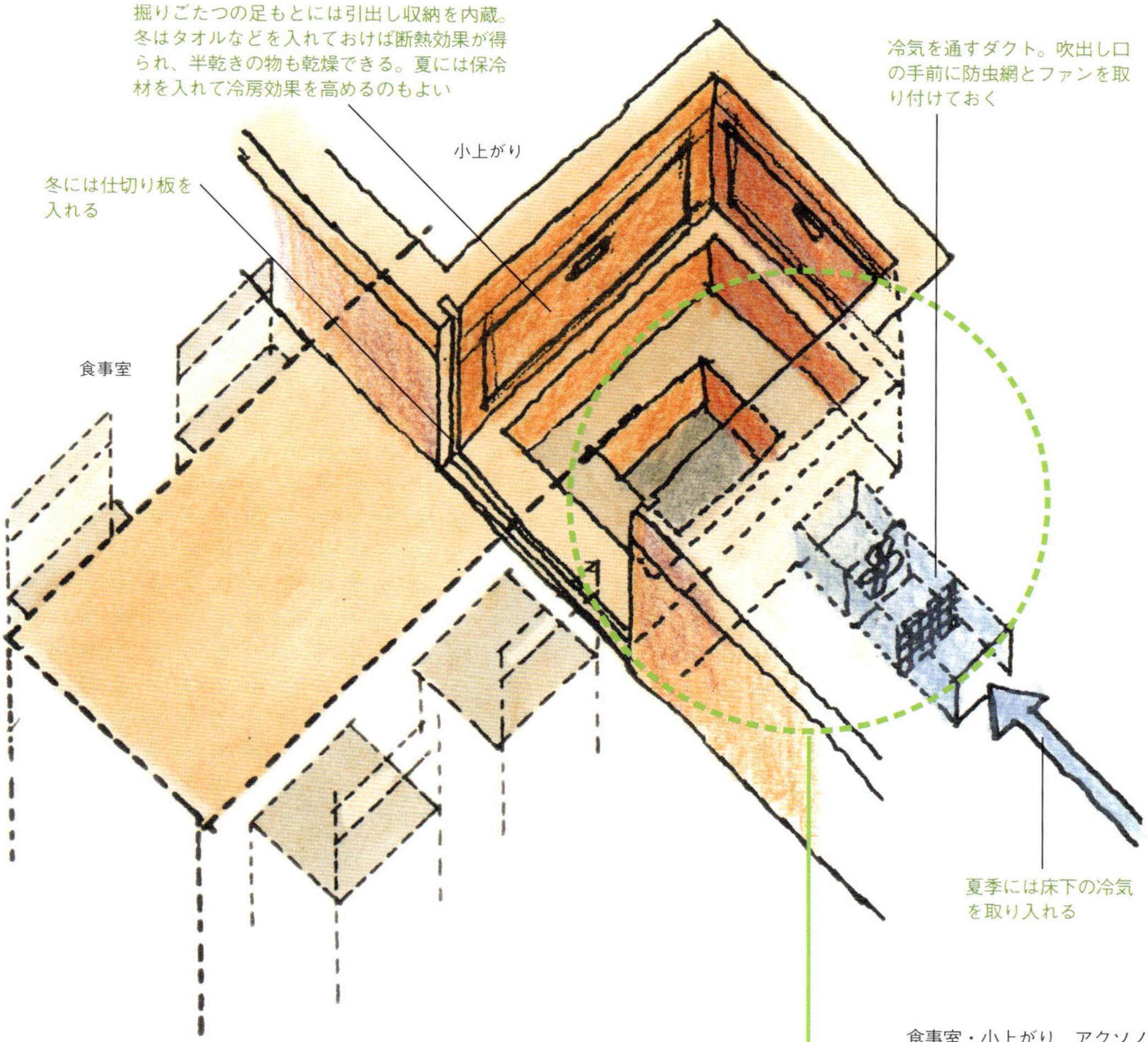
掘りごたつの足もとには引出し収納を内蔵。冬はタオルなどを入れておけば断熱効果が得られ、半乾きの物も乾燥できる。夏には保冷材を入れて冷房効果を高めるのもよい
小上がり
冬には仕切り板を入れる
食事室
冷気を通すダクト。吹出し口の手前に防虫網とファンを取り付けておく
夏季には床下の冷気を取り入れる

食事室・小上がり　アクソノ図

冬も夏も気持ちよく

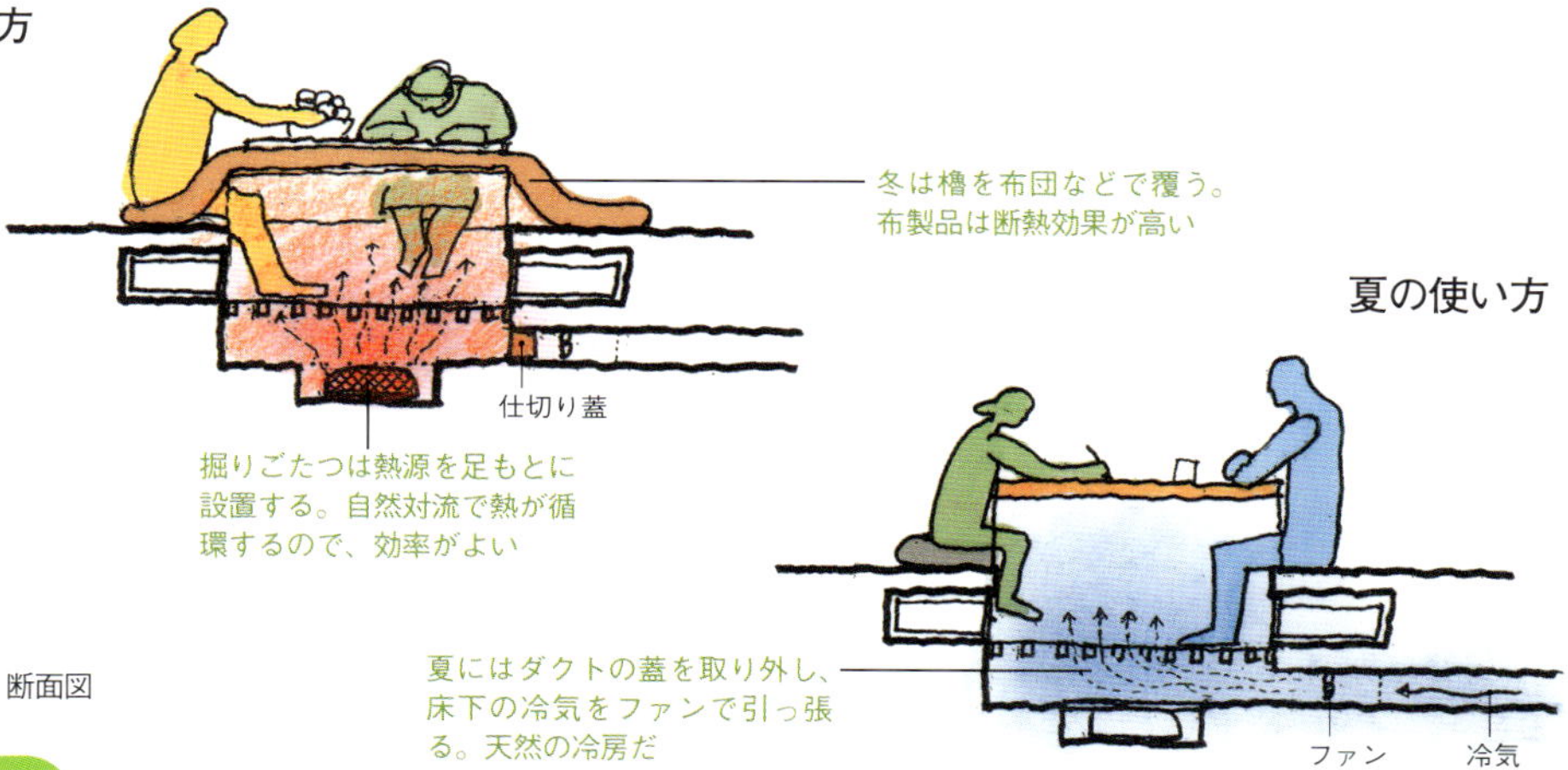
冬の使い方
冬は櫓を布団などで覆う。布製品は断熱効果が高い
仕切り蓋
掘りごたつは熱源を足もとに設置する。自然対流で熱が循環するので、効率がよい
夏の使い方
夏にはダクトの蓋を取り外し、床下の冷気をファンで引っ張る。天然の冷房だ
ファン
冷気

掘りごたつ　断面図

POINT

8

収納を着た住まい

収納で覆って、断熱効果をアップ

建物外周部に設置した収納スペース。収納物と収納空間によって断熱の効果が期待できる。物は多いほどよい
法的に必要な採光量を確保するため、採光効率のよいトップライトを設ける。トップライトはペアガラスにして断熱性能をアップ
収納
寝室
書斎コーナー
トイレ
居間
台所
収納
収納
トップライトと吹抜けは熱の移動損失が大きいので、仕切りが必須。仕切りには積層ポリカーボネート板が適している
収納空間を断熱材と見立てる場合も、壁や天井内の断熱材は必須

断面パース

断熱効果を高める間取り

高性能の断熱材で覆われた「高気密・高断熱住宅」は、気候に左右されない、安定した住環境を得られるのが特徴。実は間取りを工夫することで、それに近い効果を得ることができるのをご存じだろうか。

考え方は非常にシンプルで、物のつまった収納空間を断熱材と見立て、居間などの部屋をくるむように配置するというもの。壁や天井内の断熱材はなくせないが、このようなプランニングをすることで、断熱効果が高まる。

もちろん、外壁側にすべて収納を配置するのは現実的でない。眺望や採光・通風を確保するため、必要な部分には2重サッシやペアガラス入りのサッシなどを取り付ける。

いずれにせよ、壁1枚で外部と接するより、収納などをはさむことで、暑さ・寒さの影響を受けにくくなる。間取りの工夫だけなので、コストもさほど掛からない。都市の密集地や冷寒地に建つ住宅などで試してみてほしい。

ちょっとした間取りの工夫でOK

収納スペースを建物外周部にできる限り集中させた間取り。外部に直接面した窓は必要最低限しか設けない

壁際のクロゼットや押入れは断熱効果が高い

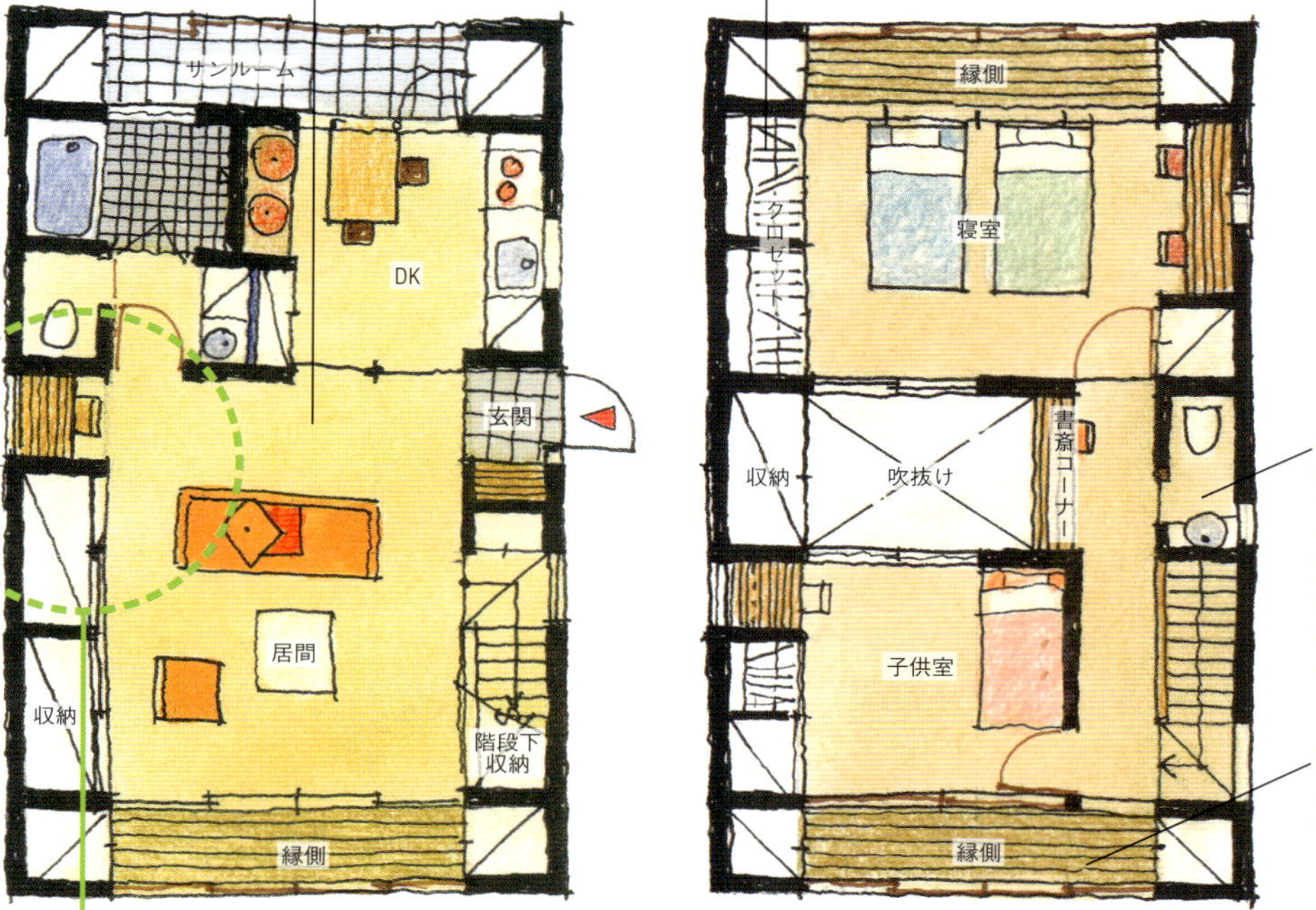

水廻りは外壁側に配置。建物の外周すべてに収納スペースを配置する間取りは、温熱環境的には理想だが、機能的に無理がある

外壁に窓を開けるときは、縁側などの空間をはさむ

平面図（左：1階、右：2階）

2重サッシがつくる特別な空間

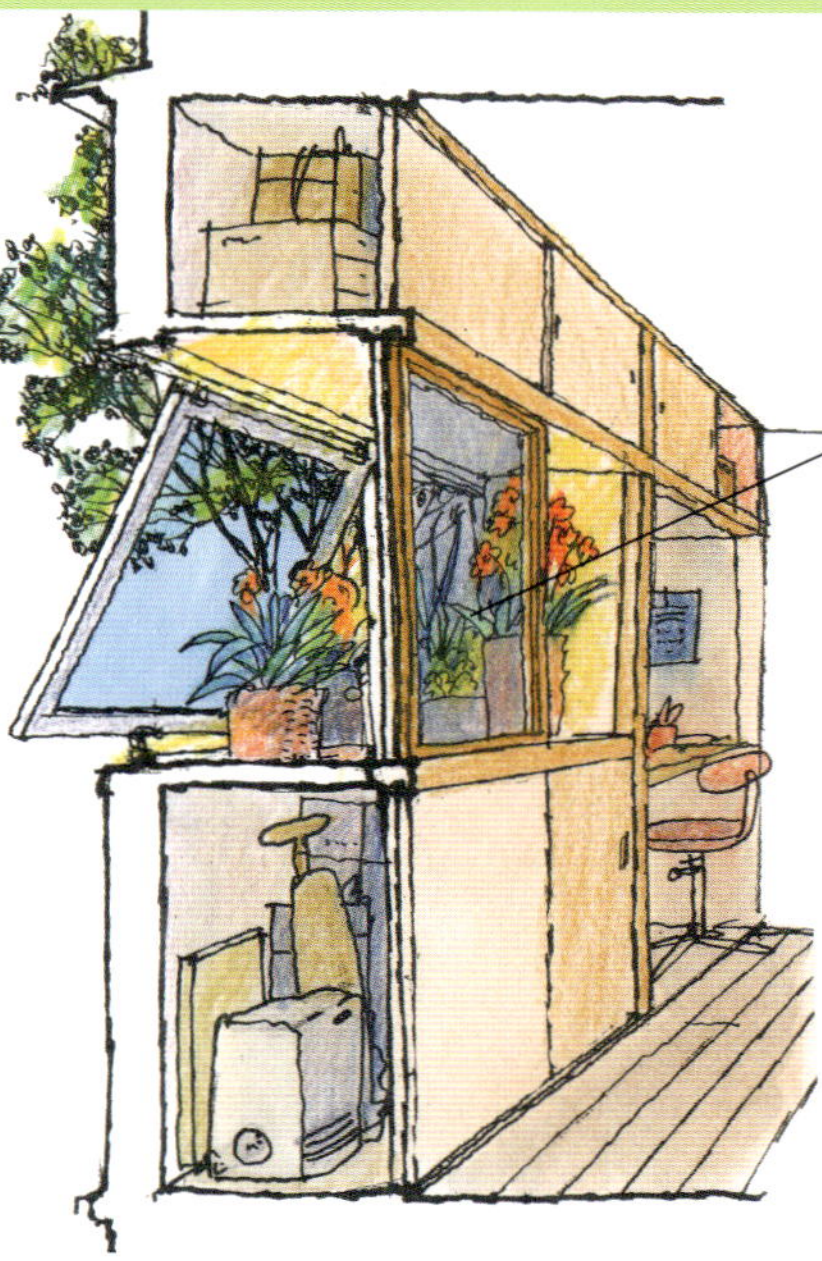

壁が収納だらけでは外の景色も見ることができないし、風も通らないので、壁の一部に2重のガラス戸を入れた窓を設けた。断熱空間は小さなサンルーム、美しいグリーンルームにもなっている

窓廻り　パース

POINT

COLUMN **03**

別荘には増築可能な仕組みをもたせる

大掛かりな増築は工務店にお任せ

別荘を増築する計画があるなら、当初から「増築可能な仕組み」をつくっておくのがおすすめ。ここで紹介するのは、斜面に建つ山荘。筋交いを兼ねた斜め柱と桁を組み合わせる構造にすることで、難しいとされる斜面での増築もスムーズに行えるようにしている。

最初は、トイレと最小限のキッチンが備わっただけのワンルーム建物。風呂はドラム缶風呂だった。第2段階として、建物前の斜面地に木造のフレームを増築。ガラスやポリカーボネートの波板を張り、透明な大屋根をつくれば、光のあふれる半屋外空間が生まれる。天候にかかわらず、自然を楽しめる多目的スペースだ。第3段階では、大屋根の下にデッキを張り、離れの浴室棟を増築。浴室棟の屋上テラスは、風呂上がりに自然の風を感じることのできる、憩いの場所となった。

最初は「最小限別荘」でいい

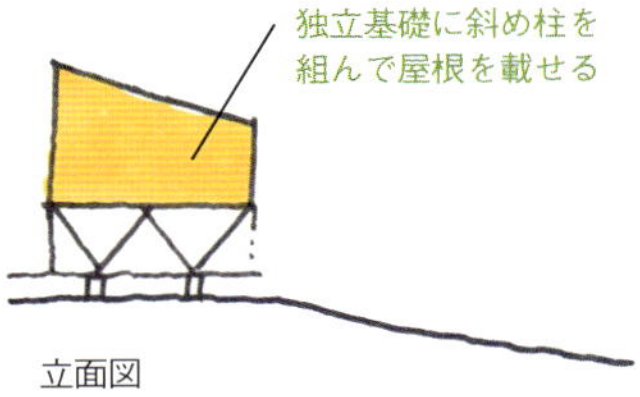
独立基礎に斜め柱を
組んで屋根を載せる
立面図

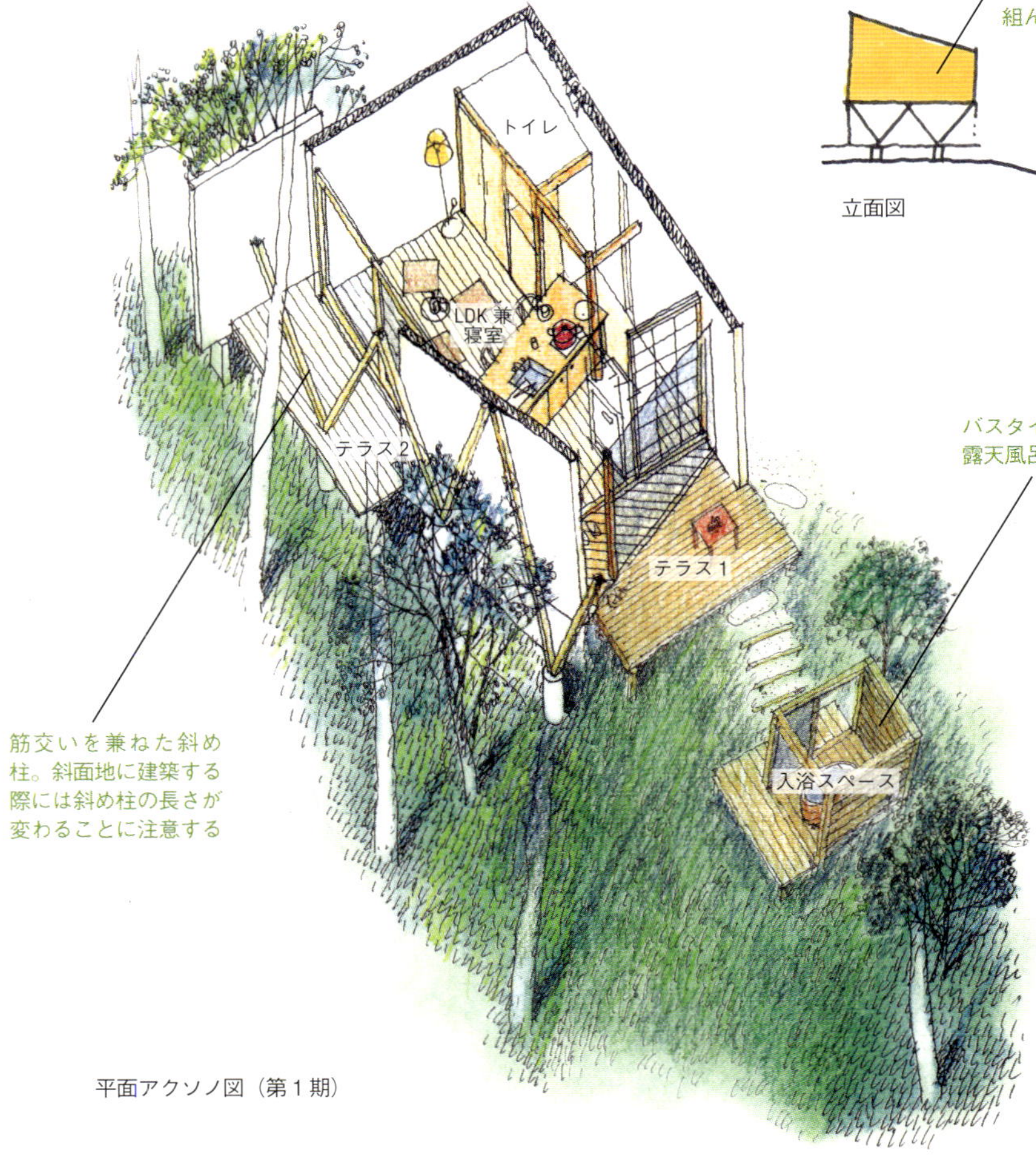
トイレ
LDK兼
寝室
テラス2
テラス1
入浴スペース
バスタイムが楽しみとなる
露天風呂は薪で沸かす
筋交いを兼ねた斜め
柱。斜面地に建築する
際には斜め柱の長さが
変わることに注意する
平面アクソノ図（第1期）

まずは半屋外を拡張しよう

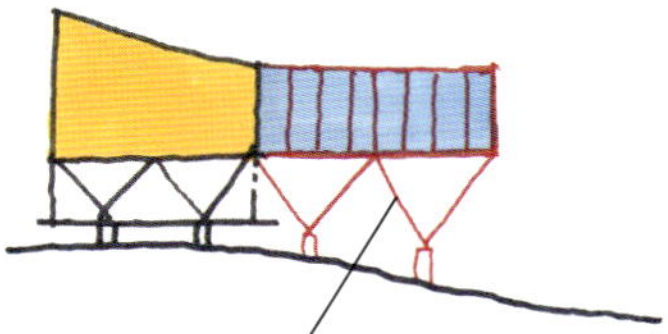
斜め柱なら斜面地でも増築しやすい

立面図

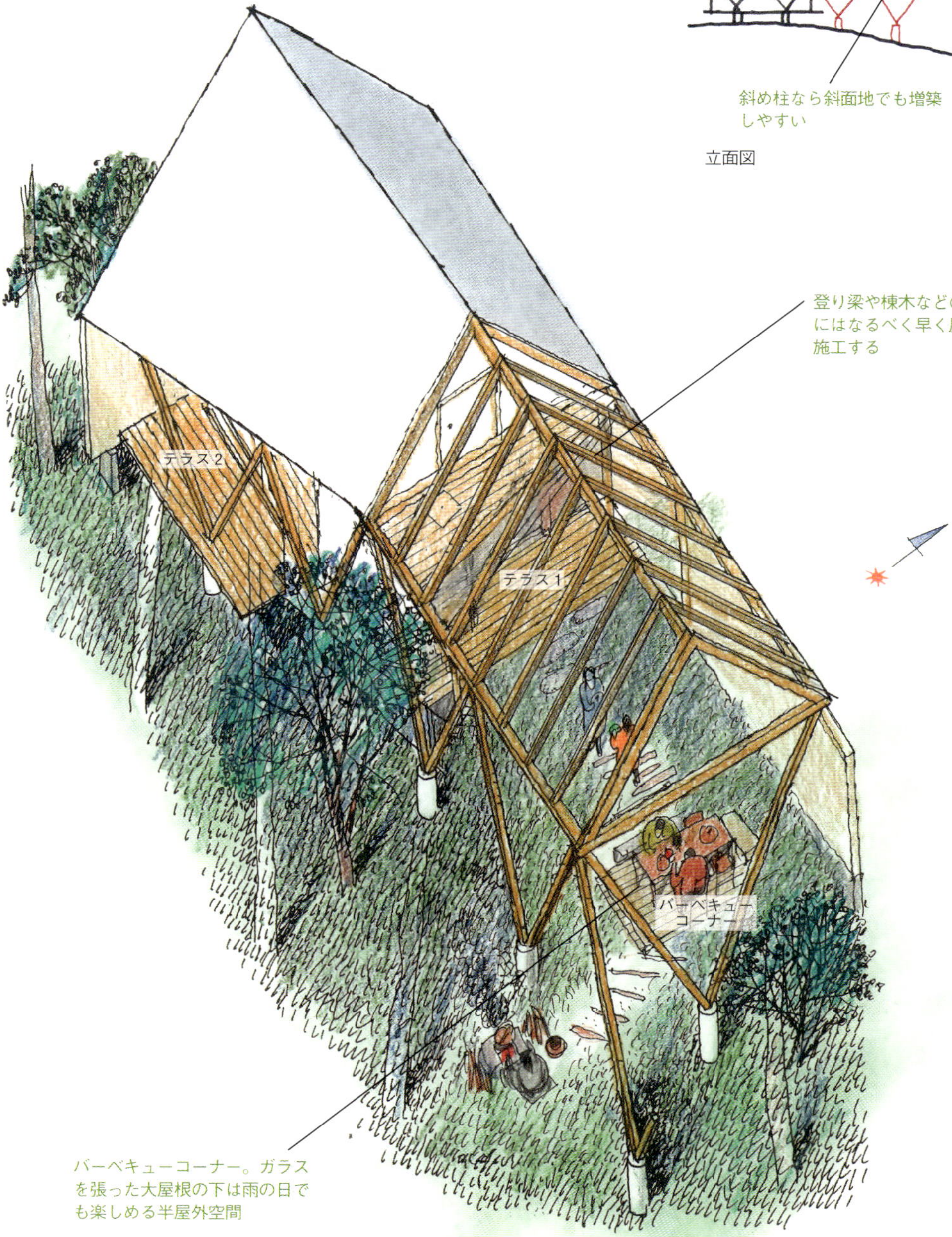
登り梁や棟木などの構造材にはなるべく早く屋根材を施工する
テラス2
テラス1
バーベキューコーナー
バーベキューコーナー。ガラスを張った大屋根の下は雨の日でも楽しめる半屋外空間

外観アクソノ図（第2期）

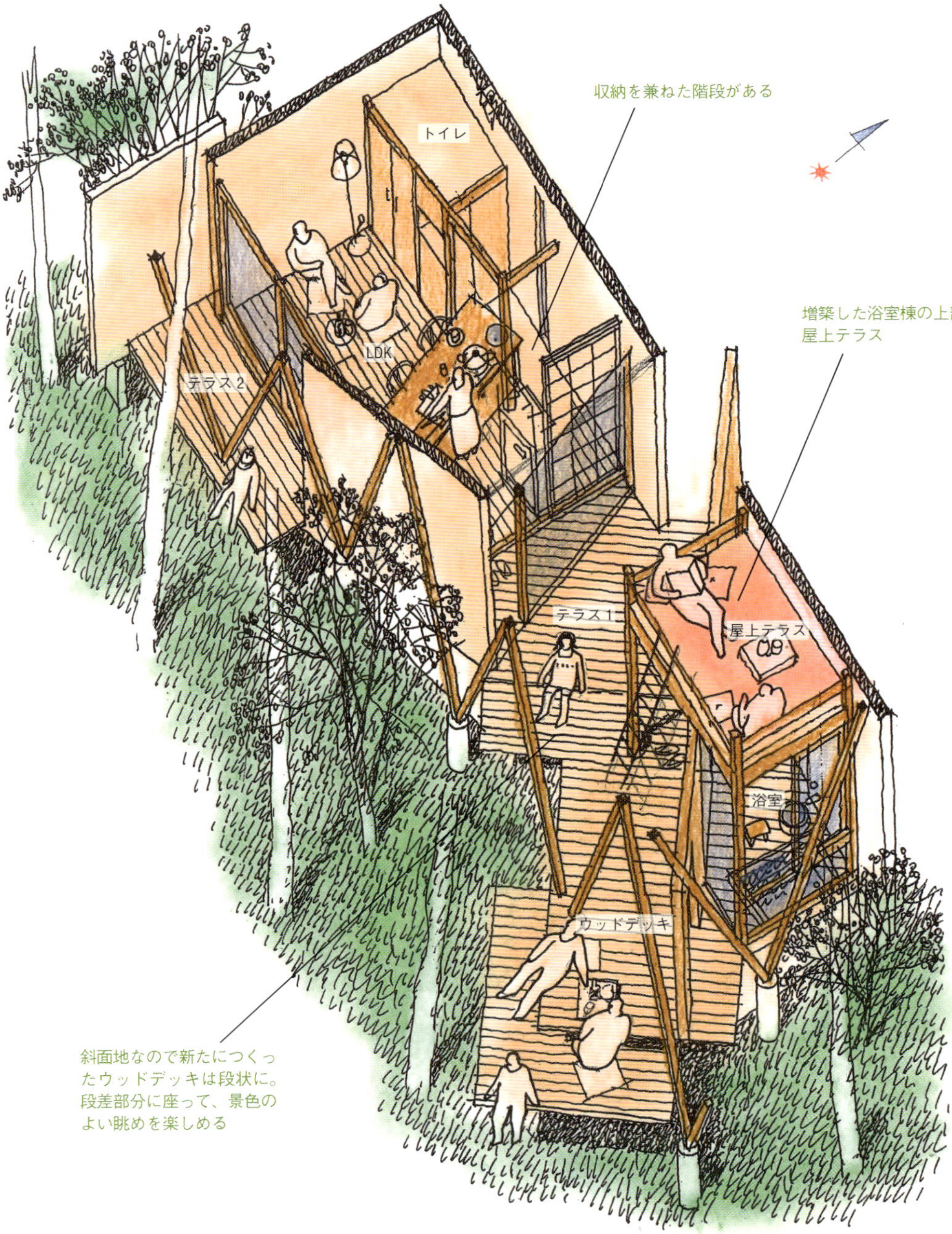
収納を兼ねた階段がある
トイレ
LDK
テラス2
増築した浴室棟の上部は
屋上テラス
テラス1
屋上テラス
浴室
ウッドデッキ
斜面地なので新たにつくっ
たウッドデッキは段状に。
段差部分に座って、景色の
よい眺めを楽しめる

平面アクソノ図（第3期）

快適・居心地もアップして完成

屋根裏空間は空気がこもりがちなので換気小窓を上下につける。明かり取りにもなる
屋根裏の空間に床を張り寝室に。最大で５人まで泊まることができる
寝室に上る階段ははしごのように急勾配になっている
ポリカーボネート製の波板屋根
寝室
バルコニー
テラス２
浴室
ウッドデッキ

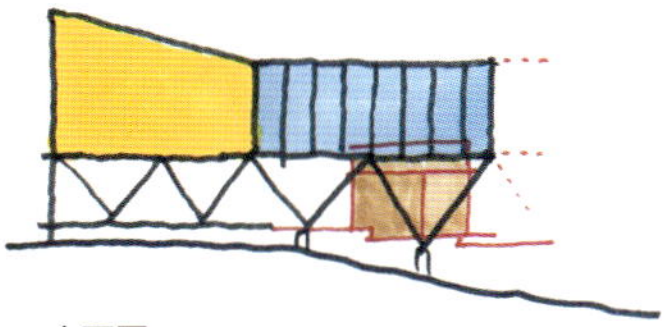
立面図

外観アクソノ図（第３期）

chapter

4

自分の家が街全体をよくする

家は自分の所有物なのだから、
自分の思い通りにしたいと考えるのは当然です。
インテリアや間取りなどは、住まい手が使いやすいよう、
好みに合わせてつくっても何の問題もありません。

ただし、道路から見える建物の外観、門扉、塀、カーポートなどは、
同じ地域に住む人のこと、道行く人のことを考慮してデザインしましょう。
それが地域コミュニティの形成に役立ち、
街並みをよくすることにつながります。
ひいては自分の家の価値を向上させることにもなるのです。

「情けは人のためならず（最後には自分のためになる）」は
住宅にも当てはまるようです。

住環境の善し悪しは道路に現れる

道路に暮らしの明るさをおすそ分け

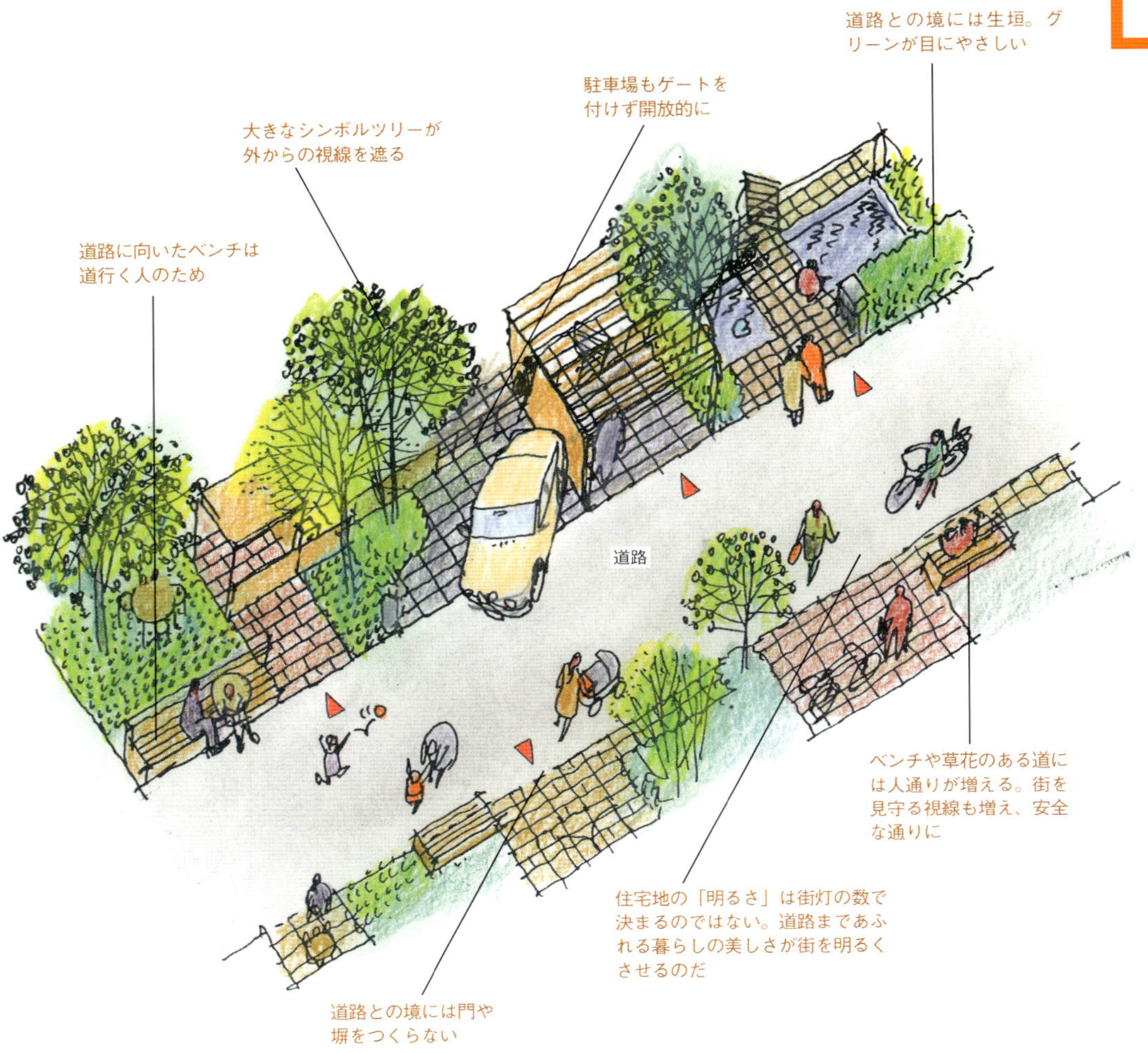
道路との境には生垣。グリーンが目にやさしい
駐車場もゲートを付けず開放的に
大きなシンボルツリーが外からの視線を遮る
道路に向いたベンチは道行く人のため
道路
ベンチや草花のある道には人通りが増える。街を見守る視線も増え、安全な通りに
住宅地の「明るさ」は街灯の数で決まるのではない。道路まであふれる暮らしの美しさが街を明るくさせるのだ
道路との境には門や塀をつくらない

住宅街の明るい道　アクソノ図

NG 拘置所のように塀が続く街

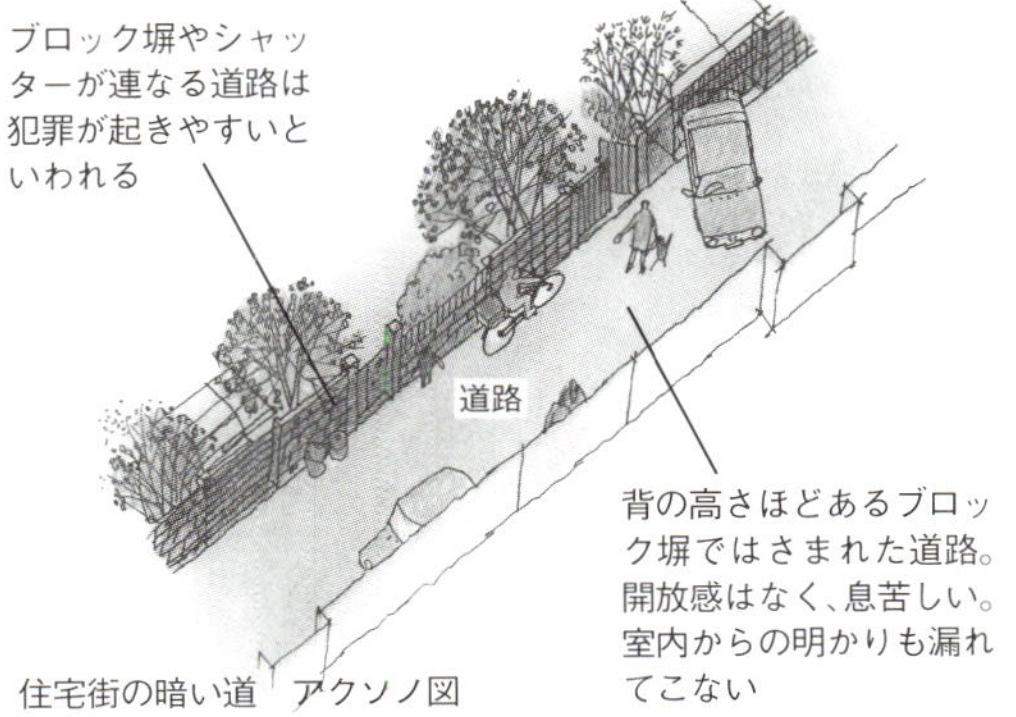
ブロック塀やシャッターが連なる道路は犯罪が起きやすいといわれる
道路
背の高さほどあるブロック塀ではさまれた道路。開放感はなく、息苦しい。室内からの明かりも漏れてこない

住宅街の暗い道　アクソノ図

住み心地のよい間取りだけを追求していても、周辺の住環境はよくならない。無機質なブロック塀が連なる住宅地で「痴漢注意」「ひったくり注意」といった看板を見たことはないだろうか。実は犯罪を誘発する原因のひとつがブロック塀という。「生活の気配」は塀で隠さず、道路に染み出させるほうがよい。もちろん見せるもの・見せないものは吟味し、生垣や植込みなどを通し、ほどよく見せる。そうすればおのずと良好な住環境が形成されるだろう。

プライバシーを守るのは塀だけじゃない

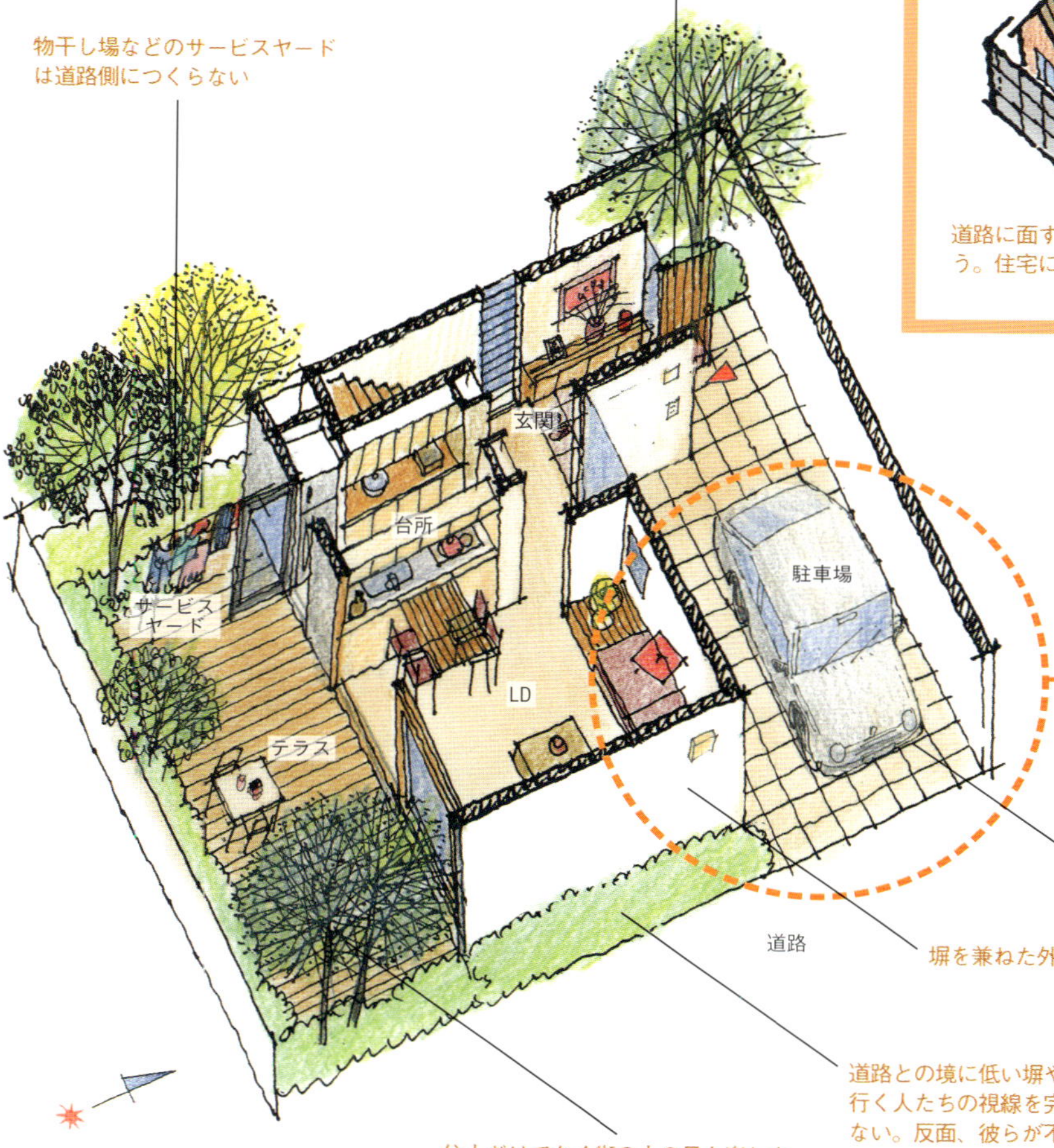
玄関扉は開けたときに通りから丸見えにならぬように配置
物干し場などのサービスヤードは道路側につくらない
玄関
台所
サービスヤード
駐車場
LD
テラス
道路
カーポートを兼ねたアプローチ
塀を兼ねた外壁
道路との境に低い塀や生垣をつくると、街行く人たちの視線を完全に遮ることはできない。反面、彼らが不審者を監視してくれているともいえる
住人だけでなく街の人の目も楽しませるシンボルツリー。植物は手が掛かるものだが、それがなくては人間も生きていけない

塀のない家　平面アクソノ図

POINT

道路に面するブロック塀や門を取り去ってみよう。住宅にも通りにも広がりが生まれる

塀を捨て、緑を使え

NG 高い塀でガードする家

塀や門はそこで暮らす人のステータスにもなるが、防犯やプライバシーの確保のために設けることが多い。ところが防犯上はかえって危険になるという説も。塀を飛び越えてしまえば、道行く人から見られる心配がないというわけだ
道路

塀で囲まれた家　アクソノ図

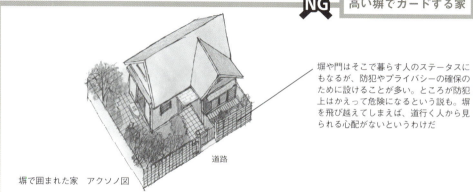

人にやさしい家は街にもやさしい

高い塀をやめれば、空間が広がる

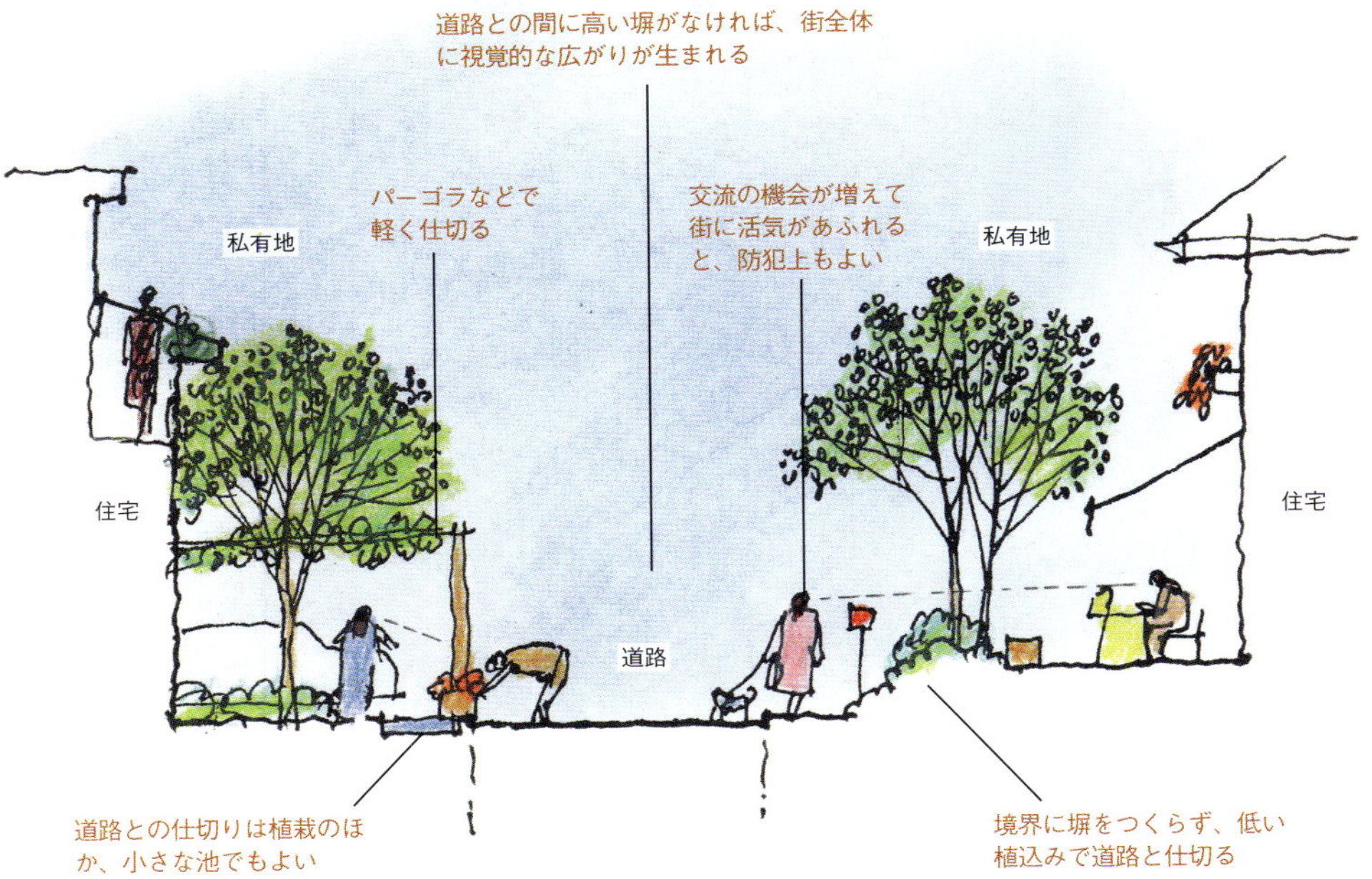
道路との間に高い塀がなければ、街全体に視覚的な広がりが生まれる
パーゴラなどで軽く仕切る
交流の機会が増えて街に活気があふれると、防犯上もよい
私有地
私有地
住宅
住宅
道路
道路との仕切りは植栽のほか、小さな池でもよい
境界に塀をつくらず、低い植込みで道路と仕切る

広がりのある街　断面図

NG 塀で囲まれ、息苦しい

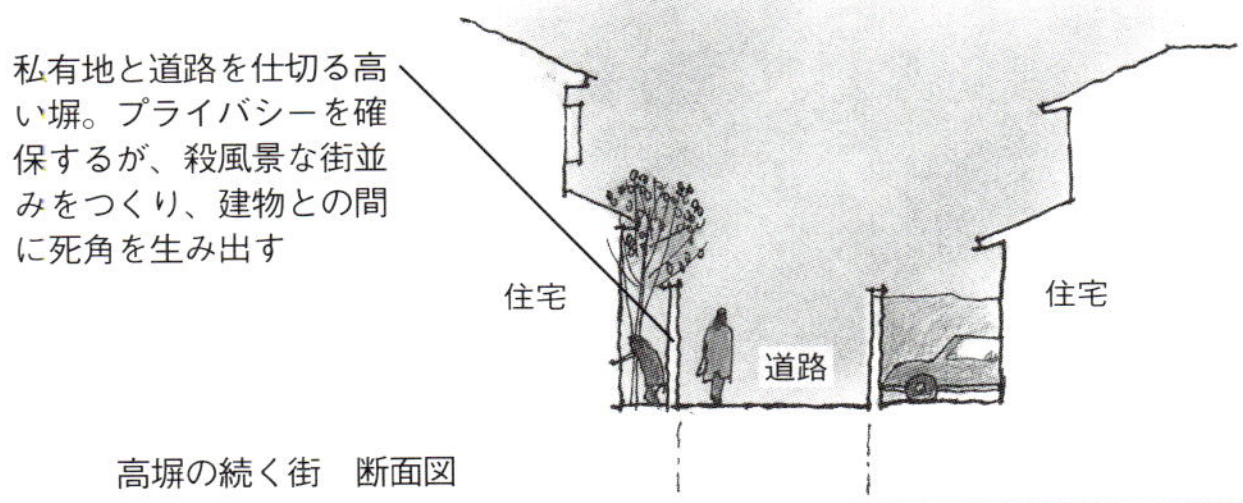
私有地と道路を仕切る高い塀。プライバシーを確保するが、殺風景な街並みをつくり、建物との間に死角を生み出す
住宅
住宅
道路

高塀の続く街　断面図

閉じてよいこと、悪いこと

美しい住宅地、美しい街並みに共通するのは、家の正面が道路を向いていること（26頁）と、道路と私有地が低めの生垣などであいまいに仕切られていることのように思う。いくら豪奢な家が建ち並んでいたとしても、背の高い無機質な塀が続く家並みは美しくない。

高い塀にはさまれた道は、誰が歩いていても息苦しいもの。そのような住宅地は生活の気配が感じられず、不審者が出没しやすい環境になりがちである。

雨宿りにもひと休みにも

ブロック塀や門扉を取り除くと、かえってその開放性が防犯につながる。それだけではない。ガードの堅い家と比べると、その表情は明らかに柔らかくなる。たとえば、道路に面するように植えていた庭のシンボルツリーは、街行く人に木陰を提供する。住人の心遣いがにじみ出る家は、心が和むものだ。

玄関先には困ったときのお助けスペース

季節ごとに異なるシンボルツリーの様子を見るのは道行く人の楽しみのひとつ
屋根付きのパーゴラ。雨宿りの場や日陰のスペースをつくり出す
前庭にはイスとテーブルを置き、お休み所をつくった。実際に人が座っていなくても、住人のやさしさが伝わる

パーゴラのある住宅　パース

NG ブロック塀が家を台なしに

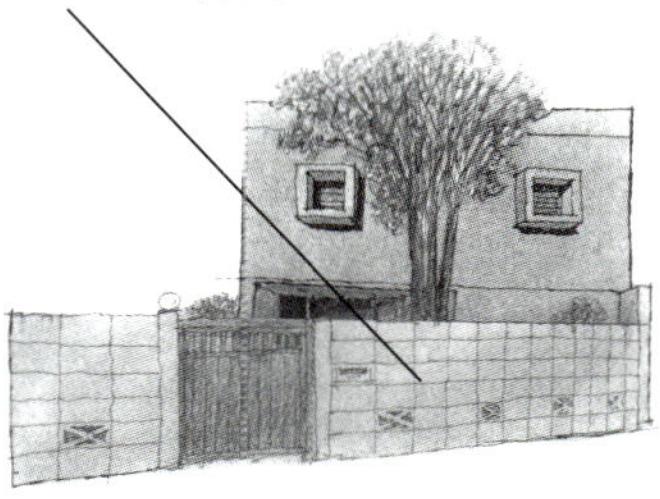
美しい顔もマスクをしてしまえば台なし

ブロック塀のある住宅　パース

左頁で紹介するのは実在する住宅。塀を取り除くだけでなく、道路に面した前庭に木製のパーゴラを設け、テーブルやイスも完備した。カフェのような雰囲気は、外部空間を華やかにする。ガラス屋根を掛けているので、雨宿りにも役立つ。ちなみに数カ月を経た今も、テーブルなどが盗まれることもない。他人にやさしい環境を壊すことには、誰しも抵抗を感じるようだ。

　おのおのの家の心配りが連鎖することで、街全体が美しくなる。コミュニティのきずなも深くなり、良質な住環境が自然とつくられていく。

塀にほしいのは固さより柔らかさ

フェンスを植込みで隠す

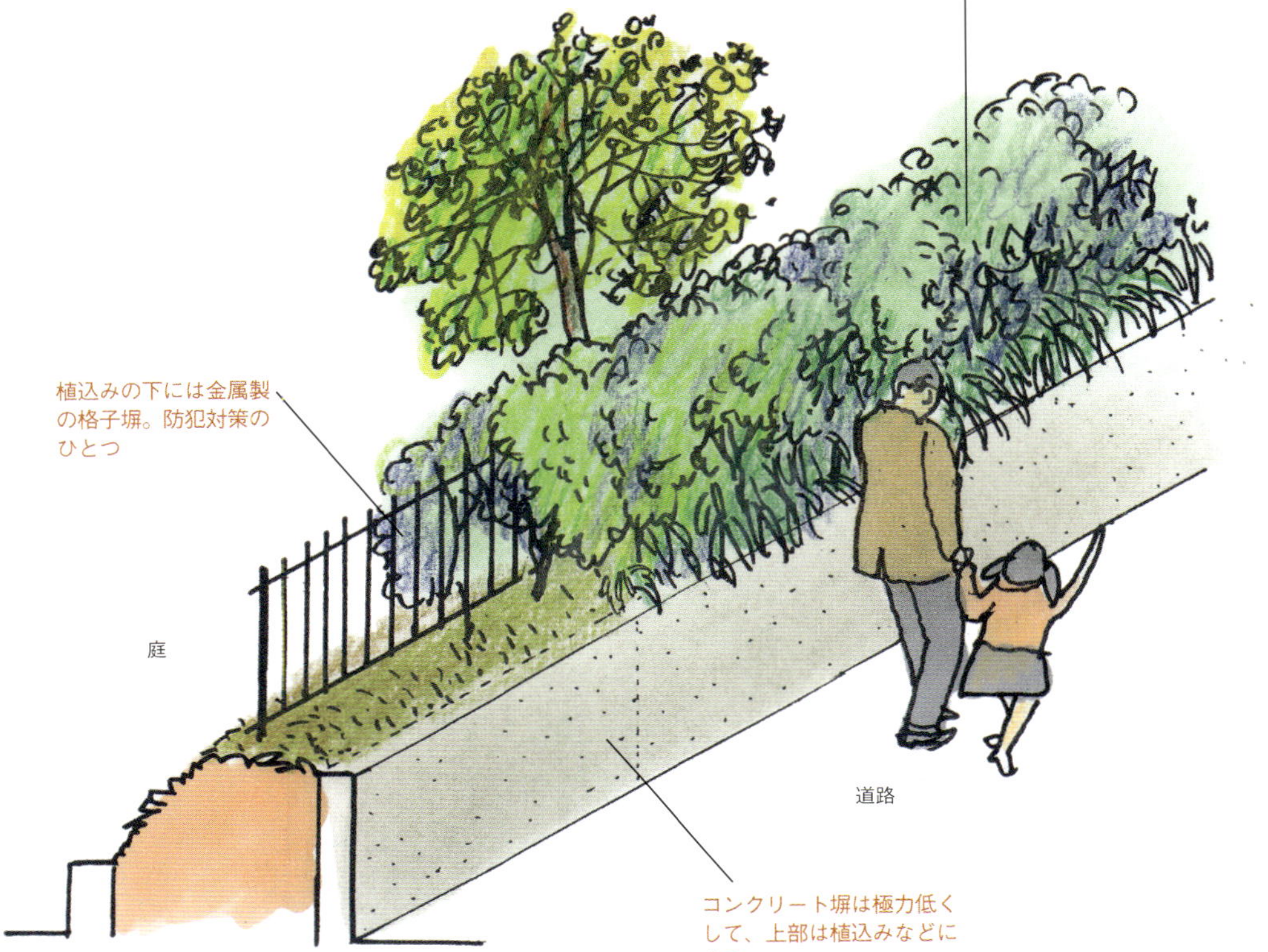
室内から見ても気持ちのよいグリーン。街行く人も楽しめる
植込みの下には金属製の格子塀。防犯対策のひとつ
庭
道路
コンクリート塀は極力低くして、上部は植込みなどにする

植込みの境界塀

ブロックだけでない塀の素材はさまざま

コンクリートブロックは安価で扱いやすい建材として、高度成長期から今に至るまで長く多用されてきた。しかし、水気を含みやすいという性質をもつため、汚れたり、場所によっては藻が発生したりすることも。使う場所と積み方を考えなければ、「美観を損なう建材」という汚名は払しょくできないだろう。

一方、塀に使われる素材としてブロックが出回る前は、生垣や板塀が主流であった。生垣には枝切りが、板塀には塗直しが定期的に必要となり、いずれも手が掛かる。とはいえ美しい景観をつくり出し、環境にもやさしいという点で、現代の住宅にも積極的に取り入れたいアイテムである。

たとえば、汚れたブロック塀の上に板を張り、きれいな板塀に見せるというのは素人の日曜大工でもできること。家の品格が上がること請け合いである。ぜひトライしてみてほしい。

板塀にもひと工夫

開け閉めできる塀

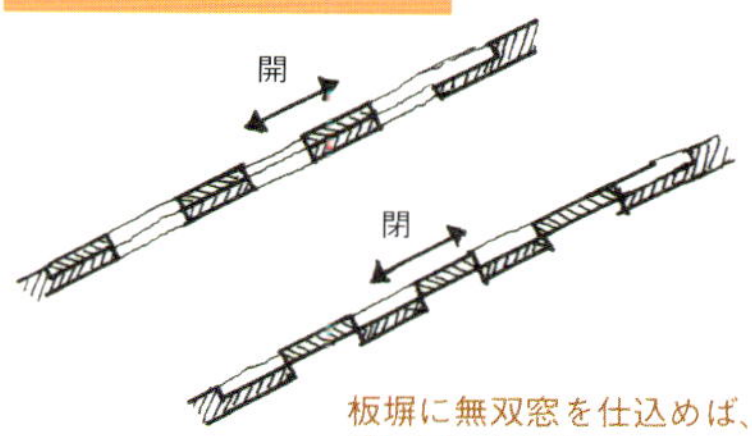
開
閉

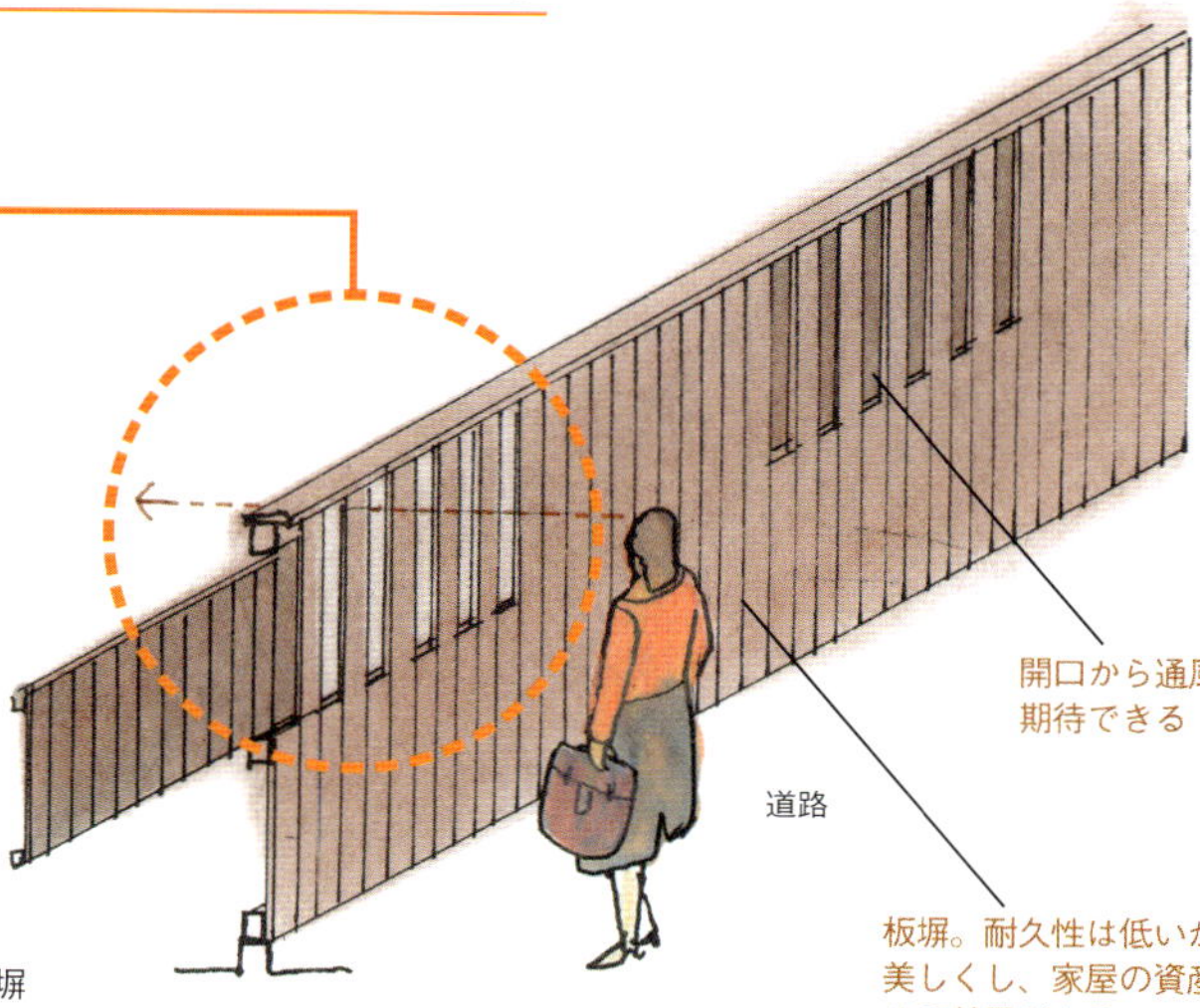
道路
開口から通風・採光が期待できる
板塀。耐久性は低いが街並みを美しくし、家屋の資産価値を高める効果がある

POINT

板塀に無双窓を仕込めば、開口が生まれる

無双窓のある板塀

庭
道路
水道メーター
横張りにした板塀。通風のため、板と板の間にスリットを設ける
板塀を一部へこませ、水道メーターやガスメーターを設置。ベンチを造り付ければ、道行く人の休憩場所にもなる。住人の心遣いが嬉しい

ベンチのある板塀

NG 無機質なブロック塀

汚れたブロック塀が続く街並みは住宅地の美観を損ねる。ブロックは使い勝手がよいものの、風化しやすく汚れが目立ちやすい建材

ブロック塀

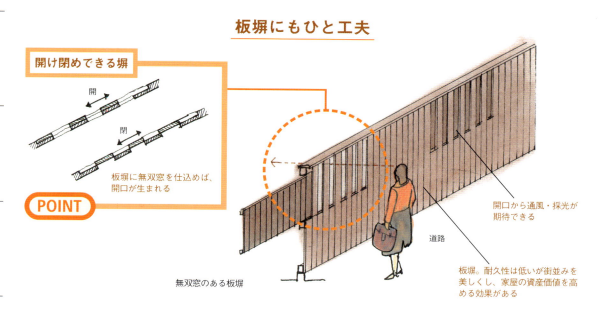

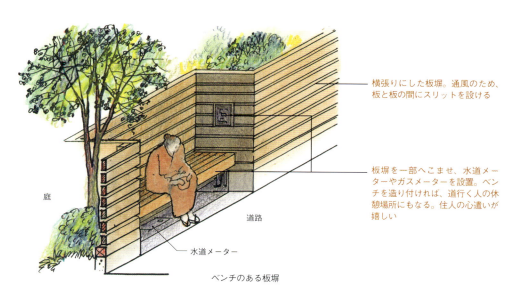

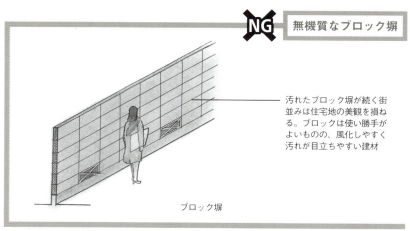

車は見せながらしまおう

駐車スペースは美しい庭先に

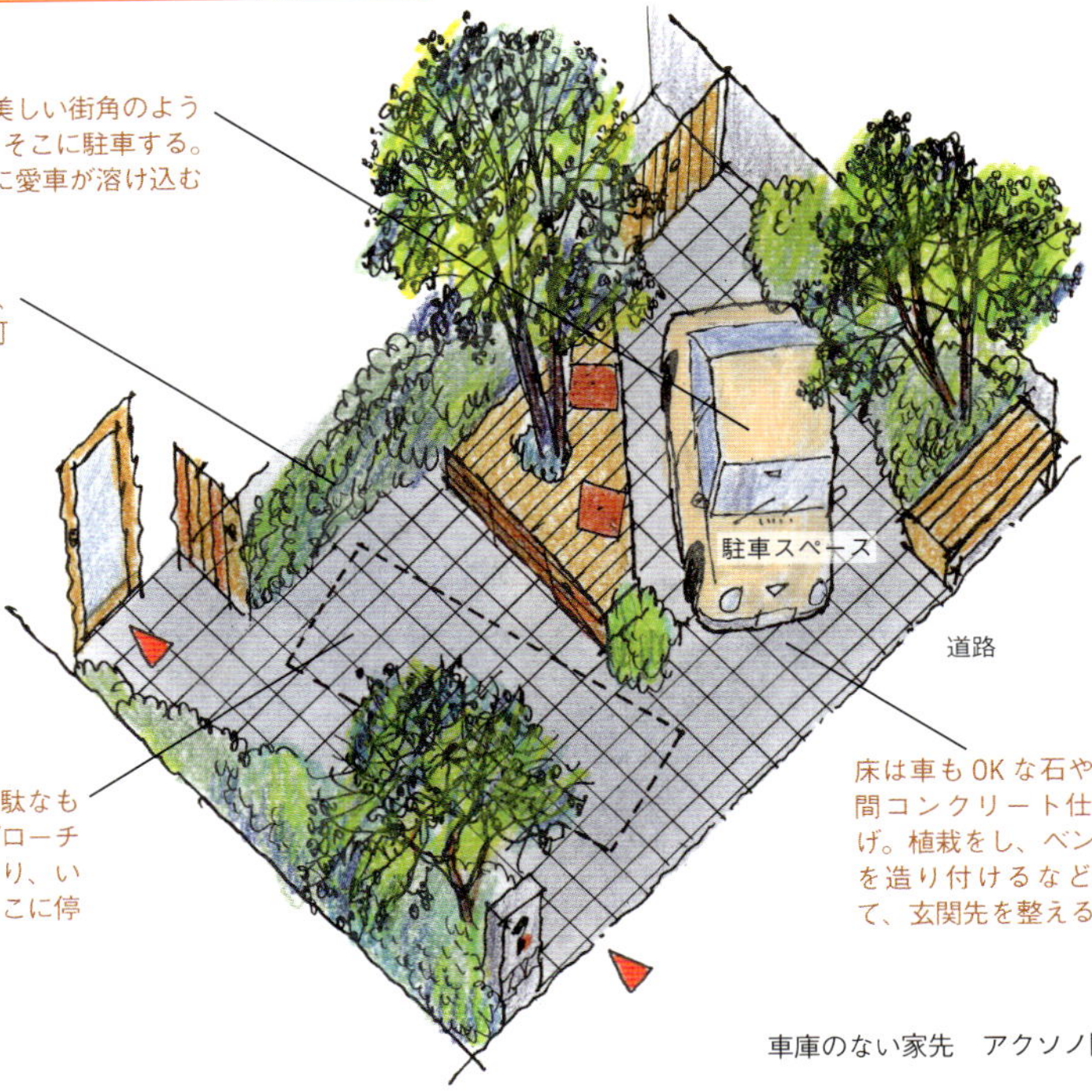
玄関前を美しい街角のように整備し、そこに駐車する。風景の中に愛車が溶け込む
植物は手入れが大変だが、景観的にも環境的にも不可欠なもの
駐車スペース
道路
来客用の車庫こそ無駄なものはない。玄関アプローチとしてゆったりつくり、いざというときにはそこに停めればよい
床は車もOKな石や土間コンクリート仕上げ。植栽をし、ベンチを造り付けるなどして、玄関先を整える

車庫のない家先　アクソノ図

NG 車庫がアプローチを貧弱に

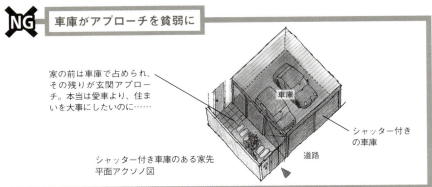

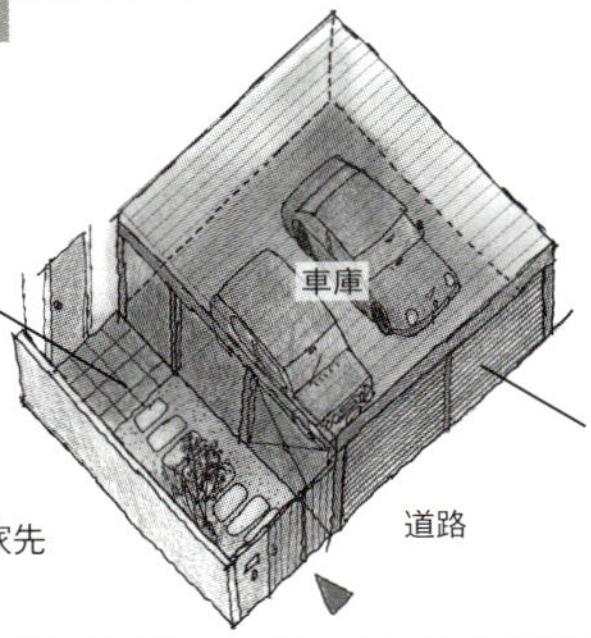
家の前は車庫で占められ、その残りが玄関アプローチ。本当は愛車より、住まいを大事にしたいのに……
車庫
シャッター付きの車庫
道路

シャッター付き車庫のある家先
平面アクソノ図

車庫をフリースペースに

郊外などでは生活に自動車が不可欠だ。自動車につきものなのが車庫。シャッター付きの車庫は、盗難やいたずらを防ぐにはよいが、物置のようで見栄えはよくない。いくら美しい家でも前面に物置があっては台なしだ。シャッターが続く街並みは殺風景で、歩いていても楽しくない。

「見せる収納」は片付けの主流でもあるが、これを愛車にも応用してみよう。隠すのではなく、庭先に駐車して住宅を彩るアイテムと考えるのだ。むろん庭はきれいに整備しておこう。美しいわが家を見るのは気持ちよいものだが、道行く人にとっても美しい街並みは大歓迎だ。

それだけではない。車庫をなくすことで利用できる空間が広がる。車が出払っていれば、屋外パーティもできる。パーゴラをつくり、植物をはわせれば緑陰が気持ちよい。ブドウを育てれば収穫もできる。近所の人とグラスを傾けながら収穫祭を楽しめれば、交流も生まれ一石二鳥である。

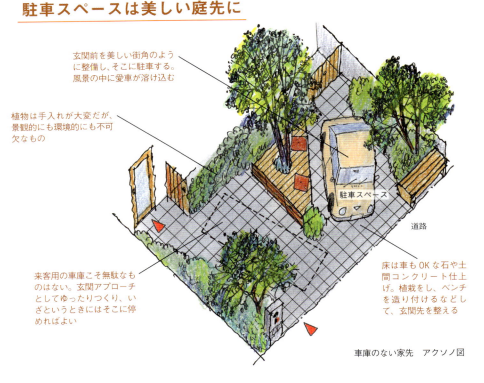

車庫のない、美しいわが家

家の前をオープンにすると危害を加えられると考えがちだが、世の中そんなに悪い人は多くない

車庫をつくらず、木々を植えた玄関先に停める。車が出ていれば、ここは気持ちよく使える外部空間なのだ

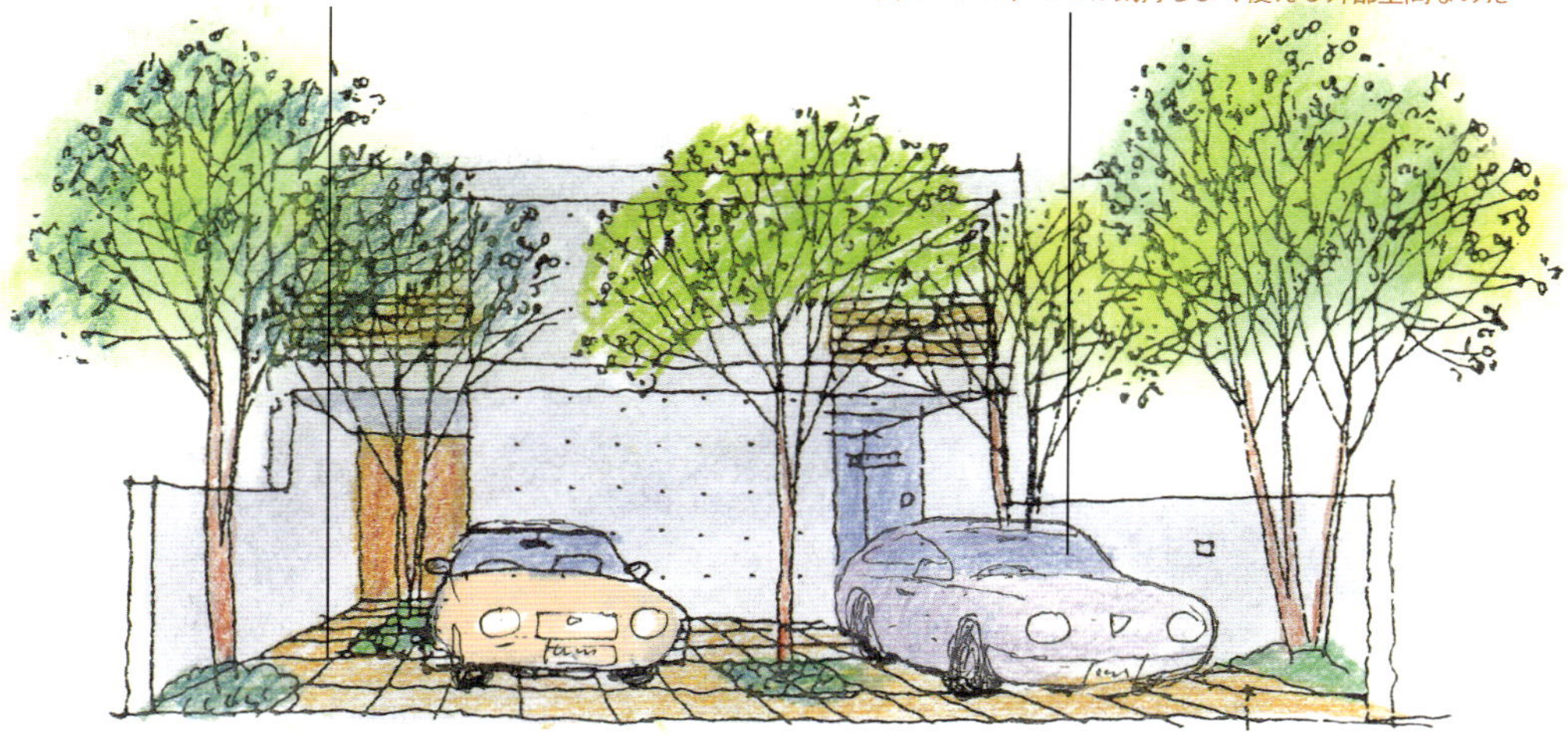

車庫のない家　パース

パーゴラをつくり、ブドウの木をはわせる。玄関先で収穫を楽しむイベントを行っても

季節感のあるパーゴラは通りすがりの人をも嬉しくさせる

車がいないときにどう使えるか、という考えが大事

車を移動させれば、いつでもイベント空間が生まれる

パーゴラのある家　パース

NG 車庫がわが家の顔なんて

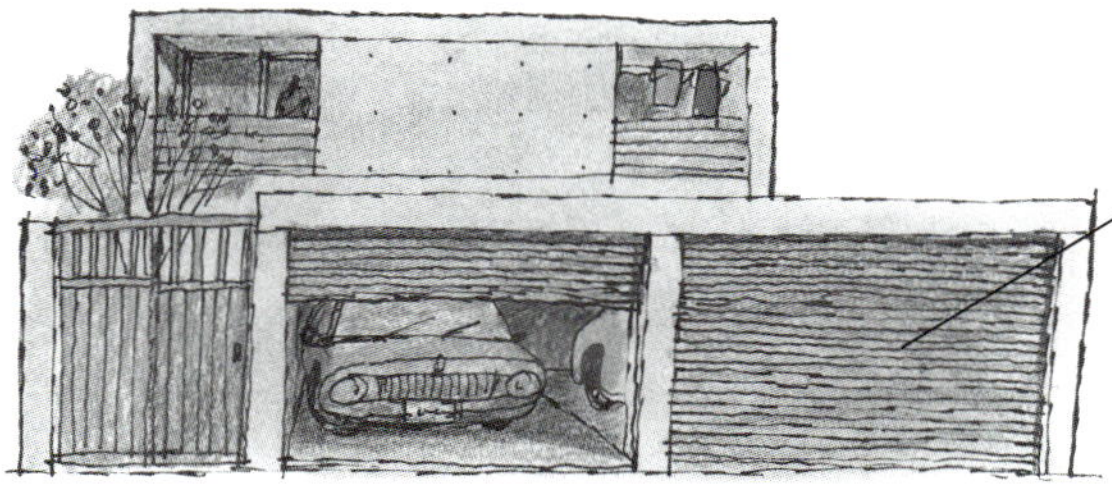

わが国の殺風景な街並みは車庫のシャッターとブロック塀のせい。家が閉ざされ、隣人との接触が減ったせいで、コミュニティの意識も希薄に

車庫と門のある家　パース

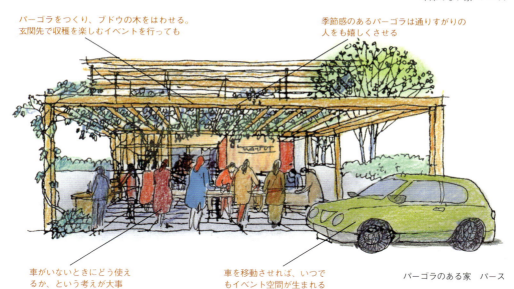

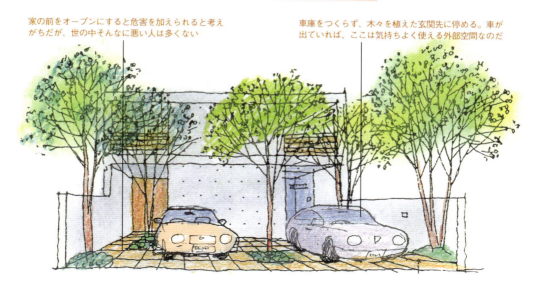

chapter 4
外構
5

アプローチはできるだけ長くしたい

薄暗くなりがちな北側をあえてアプローチに

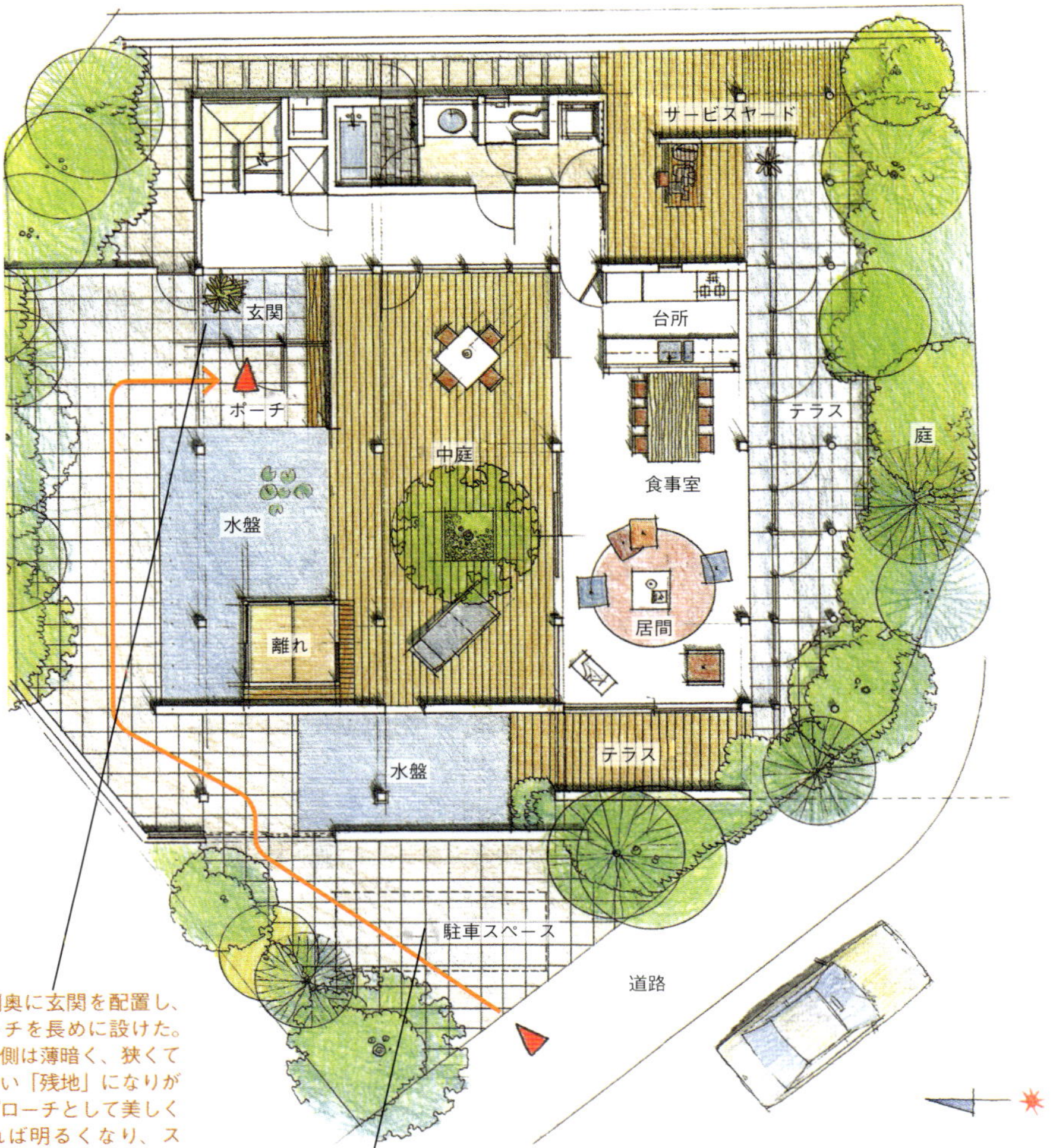

敷地北側奥に玄関を配置し、アプローチを長めに設けた。敷地の北側は薄暗く、狭くて使いづらい「残地」になりがち。アプローチとして美しく整備すれば明るくなり、スペースの有効利用にもなる

狭くて長いアプローチのよいお手本は、京都の路地。奥まった料亭に続く道は狭くて長いが、水を打った石畳としゃれた植込みが美しい。行灯（あんどん）が照らす路地に奥へと引き込まれ、期待感が高まる。その高揚感がいいのだ

配置平面図

長めのよいアプローチ

「門から玄関までが遠くて大変だよ」──こんなせりふを冗談でもいいからいってみたい。標準的な広さが１００〜１２０㎡という都市近郊の分譲宅地では、どだい無理な話である。

だからといって、道路に面してすぐ玄関というのはいただけない。家の中の生活動線は短いほうがよいのだが、アプローチは逆である。狭くてもいいので、長めにつくりたい。

アプローチはいわば外部と内部を「つなぐ」空間。長ければ長いほど、気持ちが自然と整い、切替えもスムーズにいく。仕事モードを引きずるなんてこともなくなるだろう。

さらに、アプローチは心地よくしつらえること。植栽はもちろん、素材や照明にまで気を配れば、狭さも気にならない。五感で味わえるアプローチは、仕事や学校へと出掛ける家族の背中を後押しし、疲れて帰ってきた身体をそっと包み込む。もちろんわが家へやって来る客人へのもてなし空間ともなる。

狭小敷地でも、なるべく長く

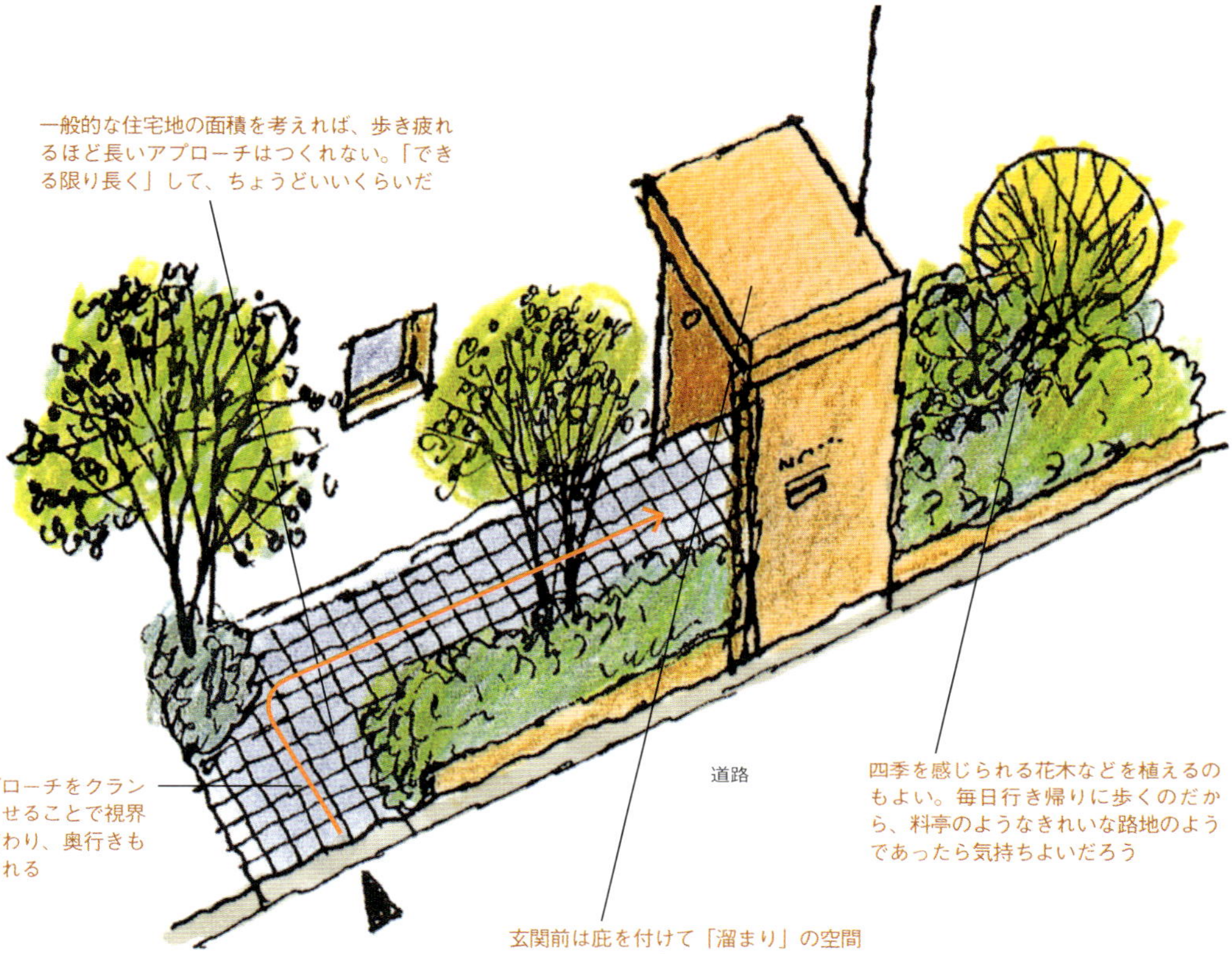
一般的な住宅地の面積を考えれば、歩き疲れるほど長いアプローチはつくれない。「できる限り長く」して、ちょうどいいくらいだ
アプローチをクランクさせることで視界が変わり、奥行きも生まれる
道路
玄関前は庇を付けて「溜まり」の空間をつくりたい。家に入る前には、傘を畳んだり、身なりを整えたり、意外に立ち止まることが多い
四季を感じられる花木などを植えるのもよい。毎日行き帰りに歩くのだから、料亭のようなきれいな路地のようであったら気持ちよいだろう

長めの玄関アプローチ　アクソノ図

NG 門扉を入って1秒で玄関

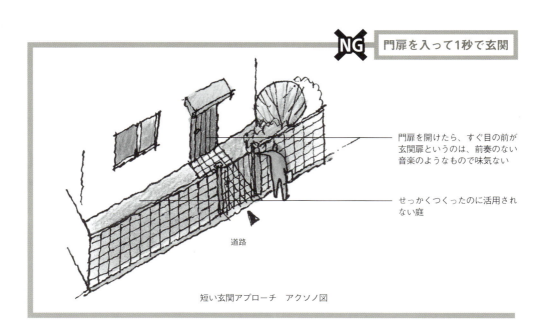

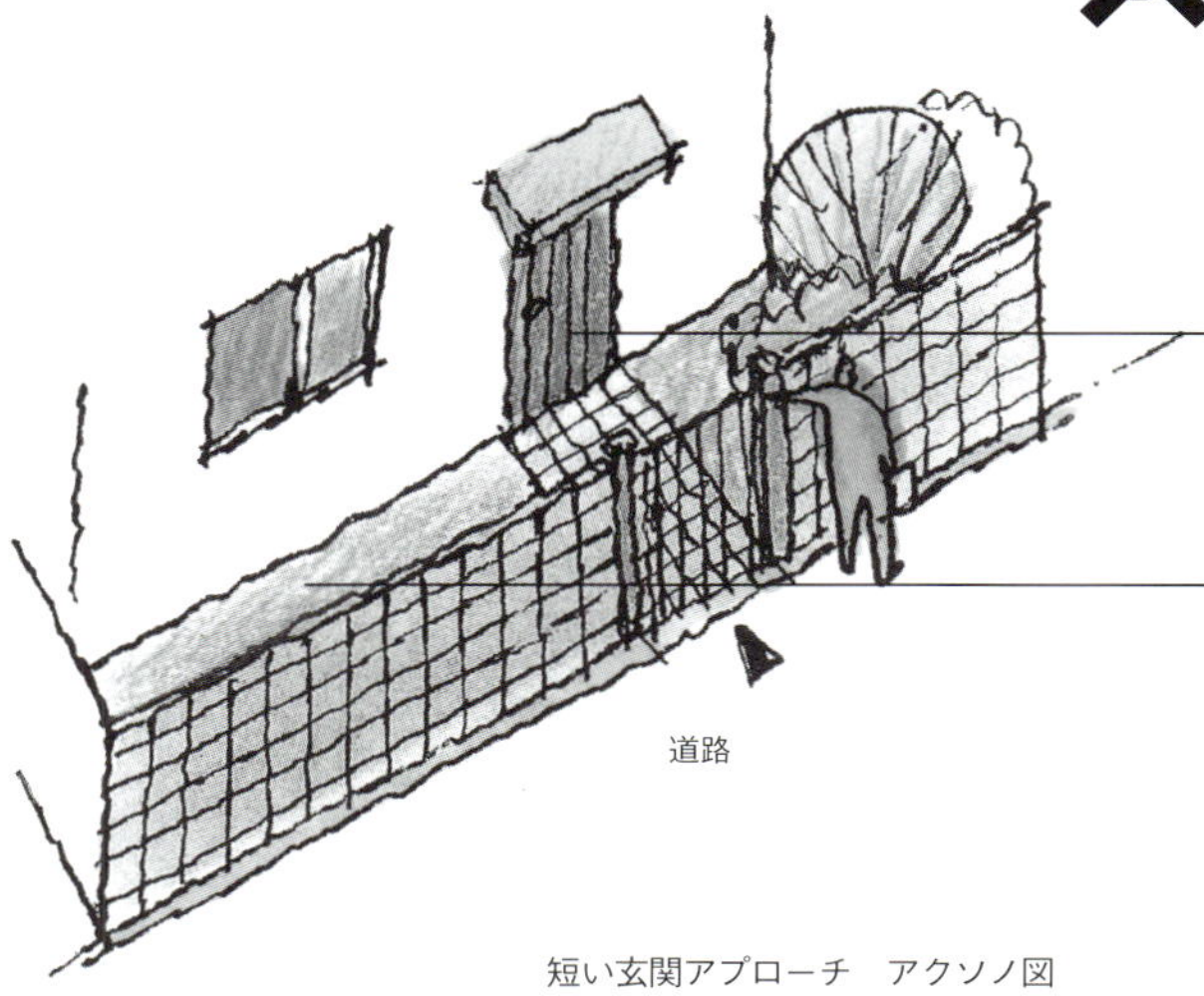
門扉を開けたら、すぐ目の前が玄関扉というのは、前奏のない音楽のようなもので味気ない
せっかくつくったのに活用されない庭
道路

短い玄関アプローチ　アクソノ図

アプローチには楽しい仕掛けを

植込みとデッキのあるアプローチ

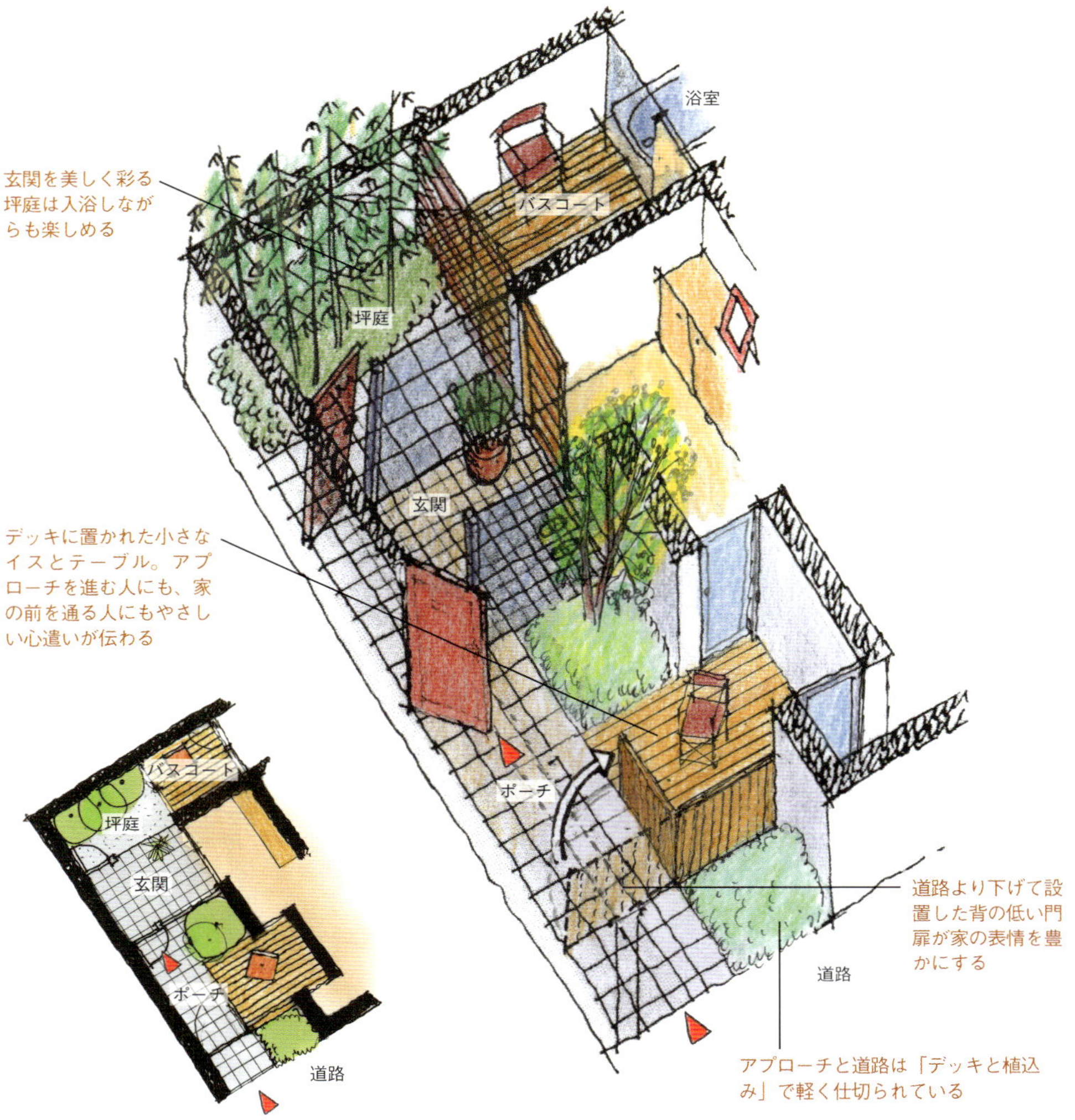
浴室
バスコート
玄関を美しく彩る坪庭は入浴しながらも楽しめる
坪庭
玄関
デッキに置かれた小さなイスとテーブル。アプローチを進む人にも、家の前を通る人にもやさしい心遣いが伝わる
ポーチ
道路より下げて設置した背の低い門扉が家の表情を豊かにする
道路
アプローチと道路は「デッキと植込み」で軽く仕切られている
バスコート
坪庭
玄関
ポーチ
道路

デッキのあるアプローチ　平面図（左）、アクソノ図（右）

水や花も仕切りになる

道路から玄関に至るアプローチには何らかの演出がほしいところ。門扉をくぐり、飛び石を踏むというのは和風アプローチの定石だが、敷地が狭い場合には適切な距離が取れず、息苦しいだけの空間になってしまうことも多い。

門扉の代わりに「軽い仕切り」を設け、それが演出の要素にもなれば、のびやかで楽しいアプローチになる。仕切りが軽くなれば外部からの視線も通り、道行く人も楽しめる。たとえば、アプローチの途中にデッキを敷き、手前には低い植込みをつくって軽い仕切りにする。デッキにイスとテーブルも置いておけば、「ようこそ」というメッセージにもなる。ゆとりの空間は心を和ませるものだ。

アプローチの床にくぼみをつくるだけでもよい。水を張れば清涼感が出る。植木鉢を並べれば、季節の花が美しいコンテナガーデンに早変わり。人々を楽しませる水盤や花畑が空間を仕切る役割をもつのはいうまでもない。

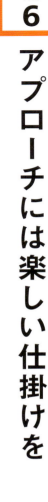

水盤や花畑のあるアプローチ

POINT

ルーバーにガラス屋根を掛けてもよい

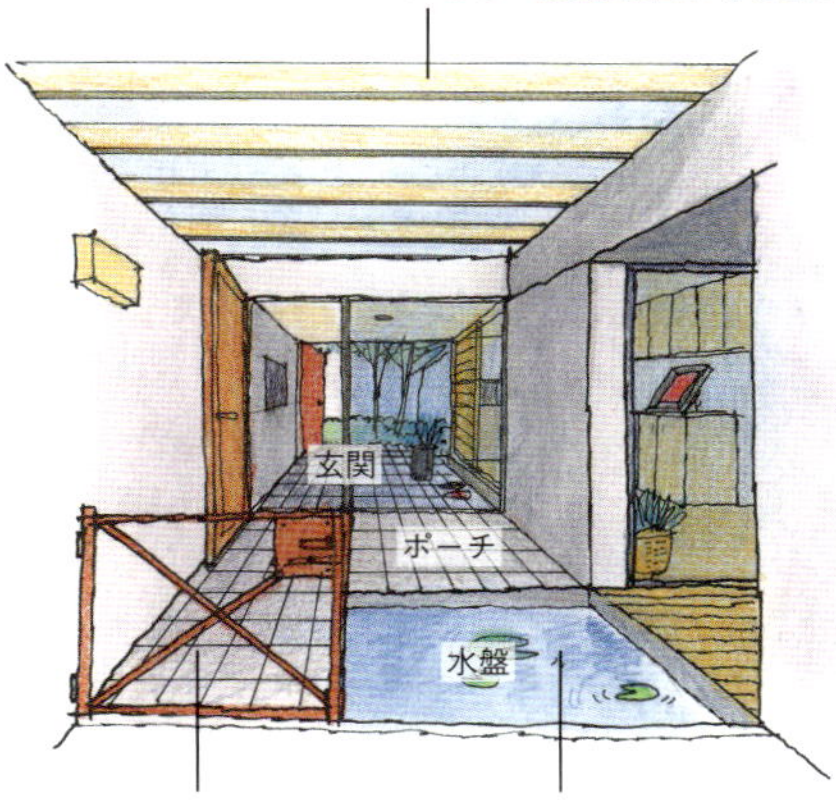

門はなくてもよい

水盤は外からの視線を通すが、空間を緩やかに仕切るという役割を担っている

アプローチ　パース

緩く仕切る

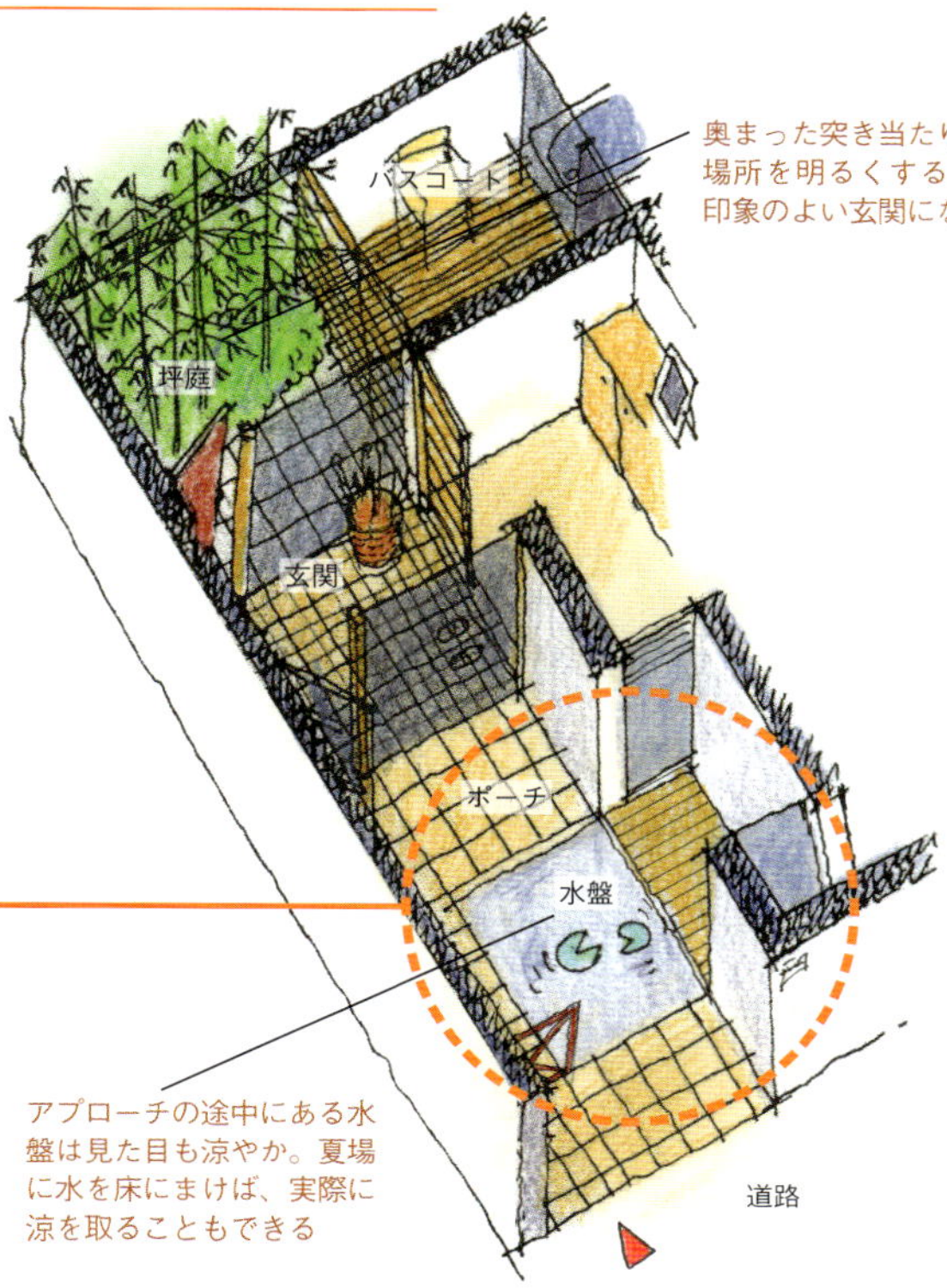

奥まった突き当たりの場所を明るくすると、印象のよい玄関になる

アプローチの途中にある水盤は見た目も涼やか。夏場に水を床にまけば、実際に涼を取ることもできる

NG 息苦しいアプローチ

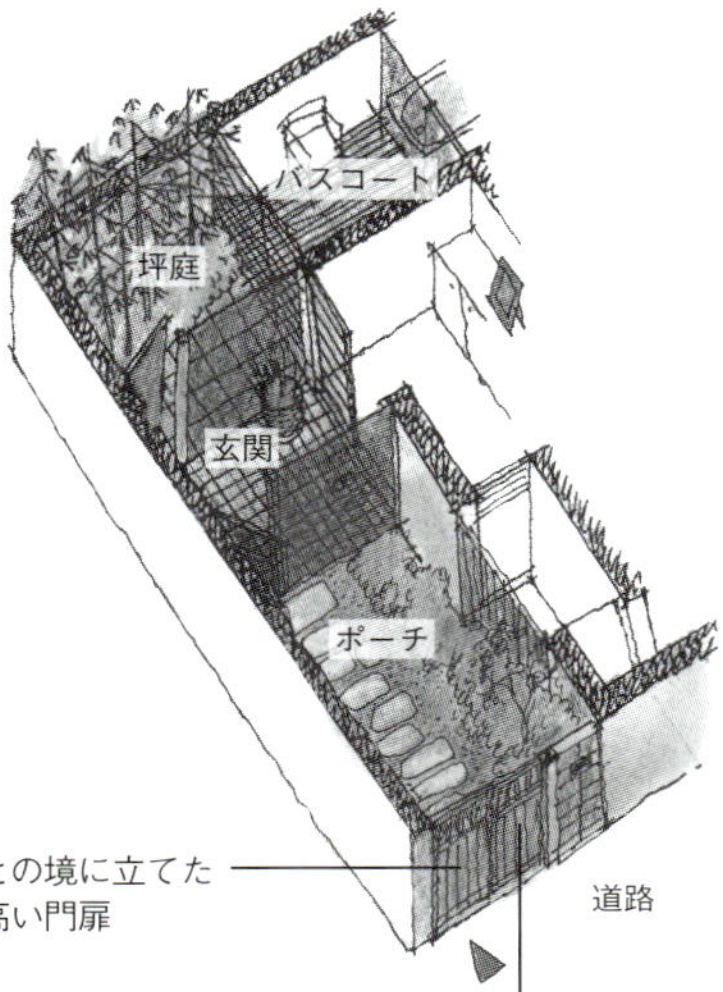

道路との境に立てた背の高い門扉

門扉で閉ざされたアプローチ空間は、ときに狭さが際立つ

閉塞感のあるアプローチ　アクソノ図

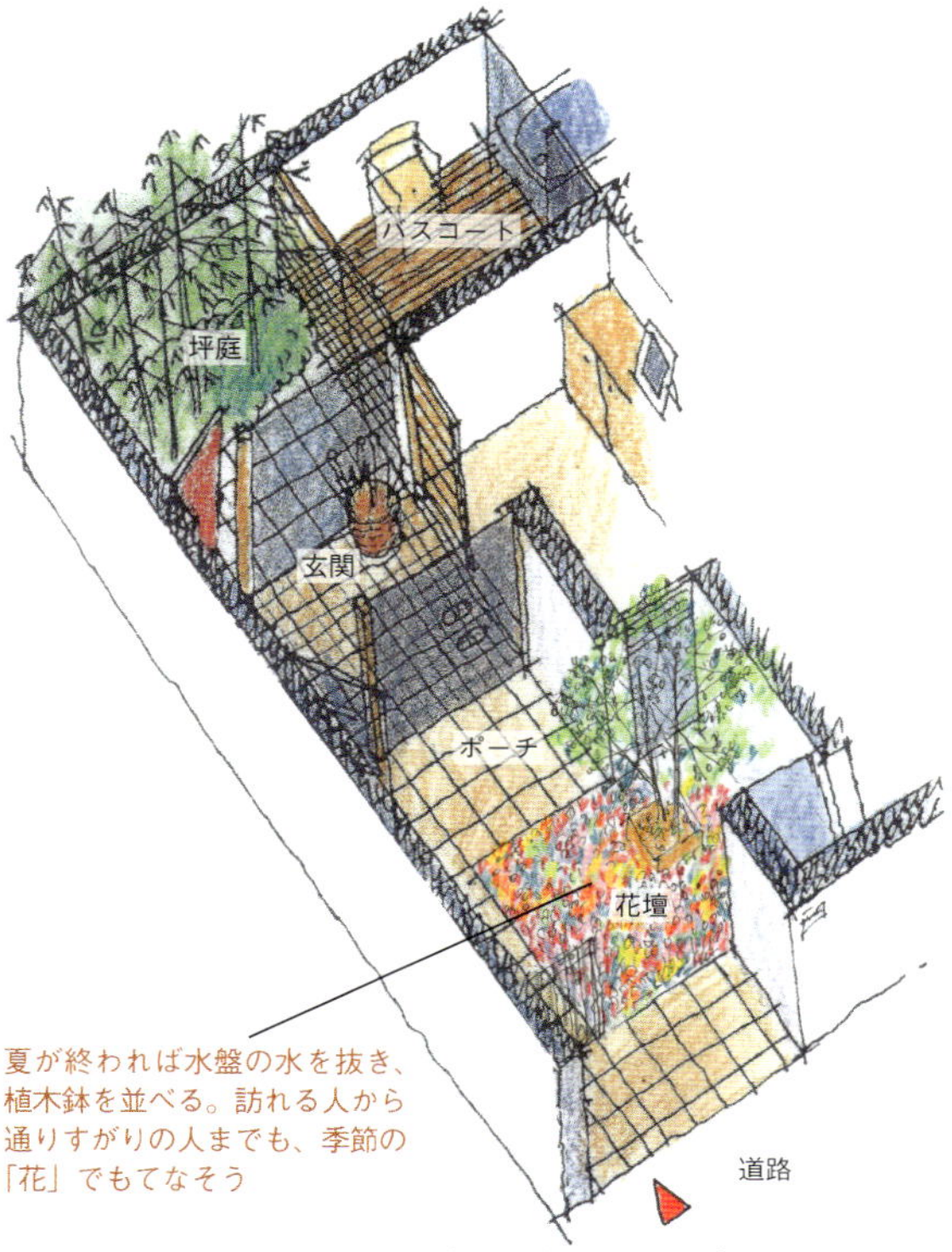

夏が終われば水盤の水を抜き、植木鉢を並べる。訪れる人から通りすがりの人までも、季節の「花」でもてなそう

床にくぼみのあるアプローチ　アクソノ図

段差敷地をデッキでバリアフリーに

駐車場をやめ、車イス用スロープに

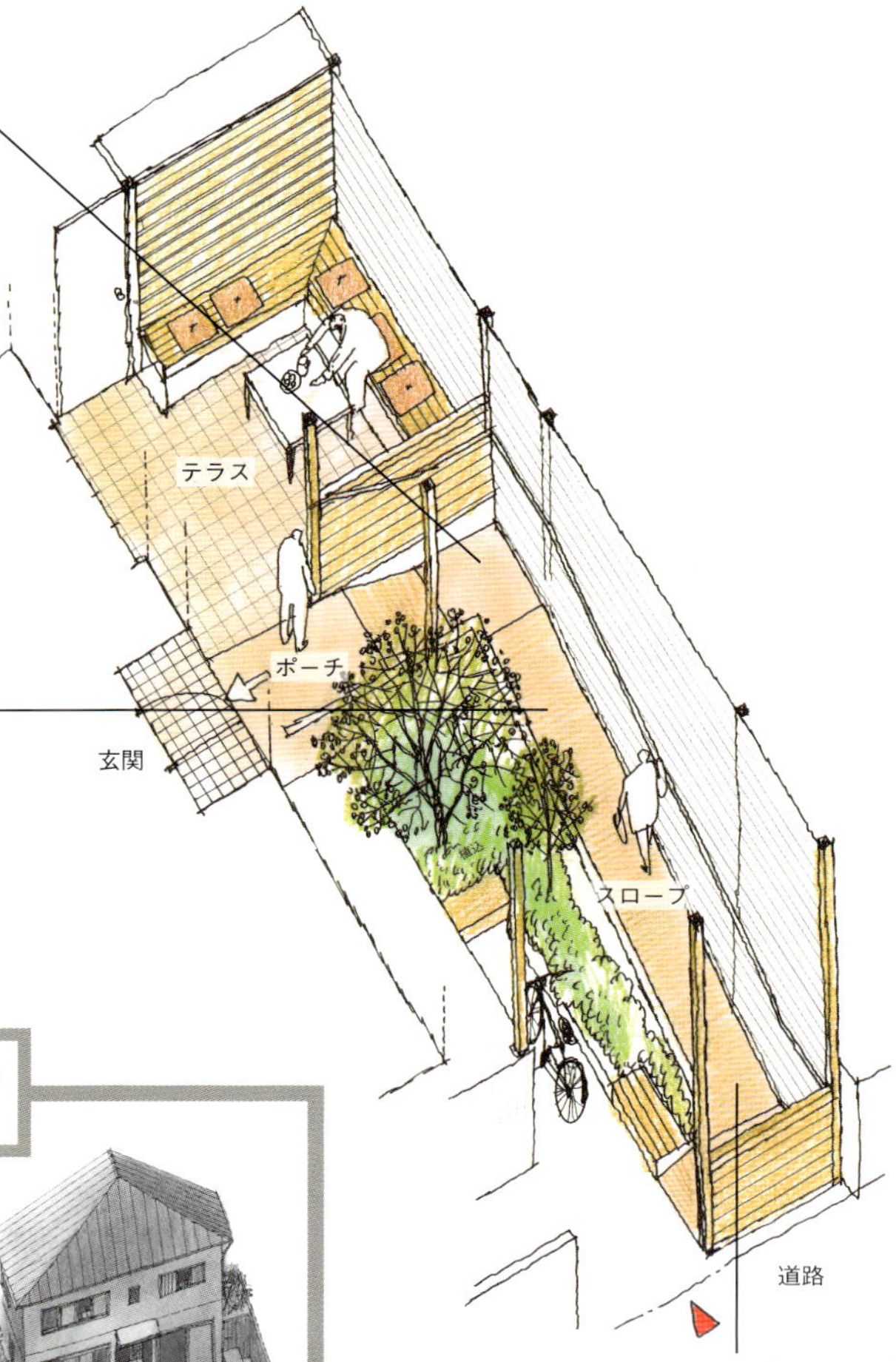
目安となる車イス用のスロープの勾配は1／12以下ととても緩い。設置には思った以上のスペースが必要になってしまう
テラス
ポーチ
玄関
駐車場のスペースを車イス用スロープにつくり変えた。道路と玄関の高低差が1.5mほどあると、1／12勾配のスロープは長さが約18m必要。ここでは12mほどしか取れず、勾配が少々きつくなった
スロープ
道路
車イス用に限らず、スロープはデザイン次第でユニークなアプローチになる。ちなみにコルビュジエの代表作サヴォア邸ではスロープの勾配が1／6

玄関アプローチ　アクソノ図

NG 高齢者に嫌われる階段アプローチ

リハビリのためにもちょっと出掛けようか、そんな「やる気」を萎えさせるのが階段状のアプローチ
庭
道路
駐車場

建物アクソノ図

人を閉じ込めるそんな家はＮＧ

家だって年を取る。傷む部位もあれば、暮らし方の変化に対応できない部分も出てくるので、メンテナンスやリフォームをするとよい。

高低差のある敷地では、玄関アプローチに階段を設けることが多い。住人が高齢になると、階段があるというだけで外出がおっくうになるものだ。身体が不自由ならなおさらである。しかし、健康の維持・回復には運動が欠かせない。簡単な運動を気軽に行える、そんなスペースをつくりたい。階段下に駐車場があれば、上部にウッドデッキを掛けて運動場にするとよい。コストもさほど掛からない。部屋に面しているなら、家族の目も届きやすく安心だ。

車イス生活の場合には、階段に代わるスロープが欠かせない。勾配の目安は1／12以下と非常に緩い。そのため設置には意外と面積を必要とするので注意したい。敷地が狭い場合には、車イス用リフトを付けることをおすすめする。

駐車場上のウッドデッキで運動を

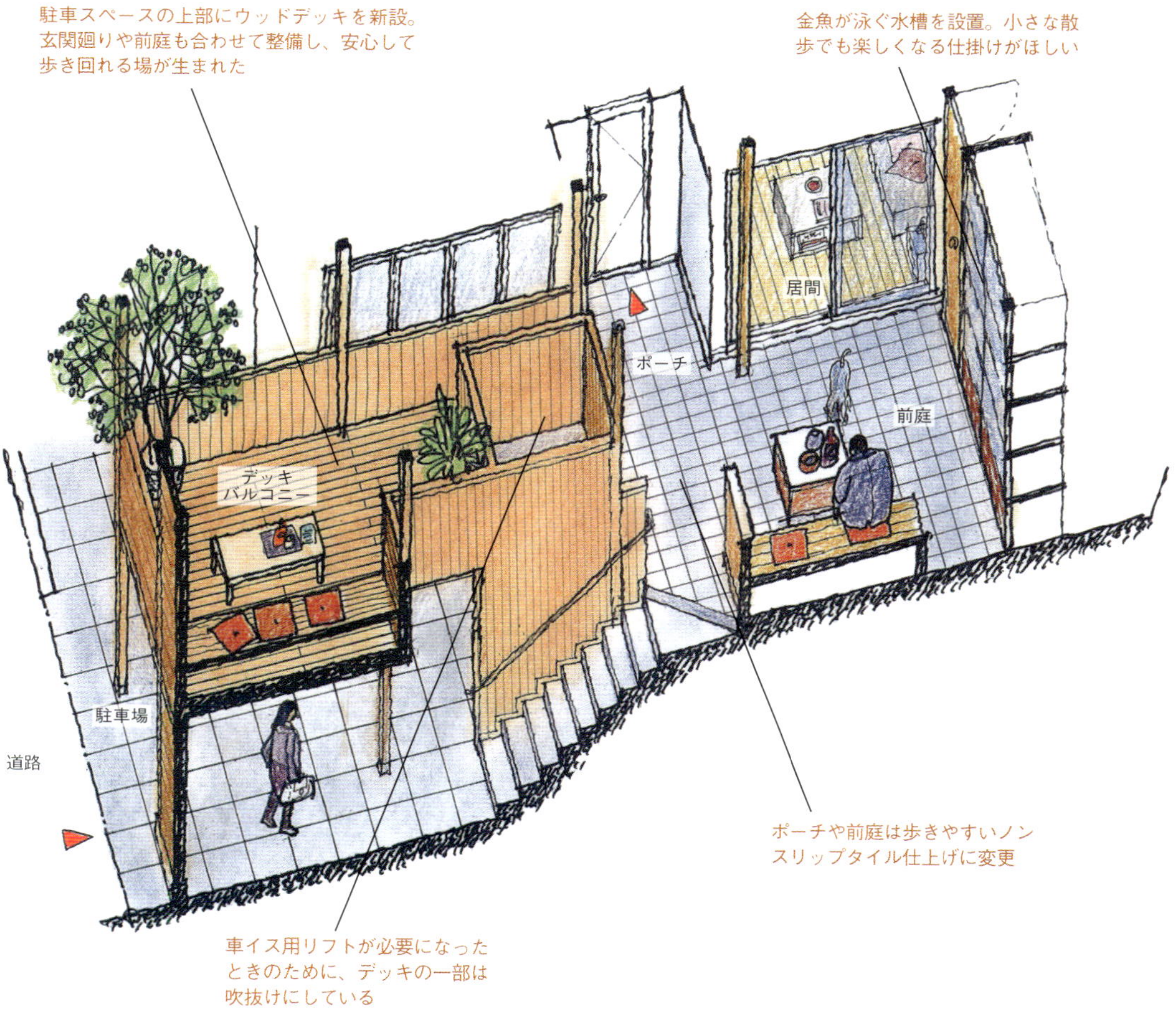
駐車スペースの上部にウッドデッキを新設。玄関廻りや前庭も合わせて整備し、安心して歩き回れる場が生まれた
金魚が泳ぐ水槽を設置。小さな散歩でも楽しくなる仕掛けがほしい
居間
ポーチ
前庭
デッキバルコニー
駐車場
道路
ポーチや前庭は歩きやすいノンスリップタイル仕上げに変更
車イス用リフトが必要になったときのために、デッキの一部は吹抜けにしている

玄関アプローチ　アクソノ図

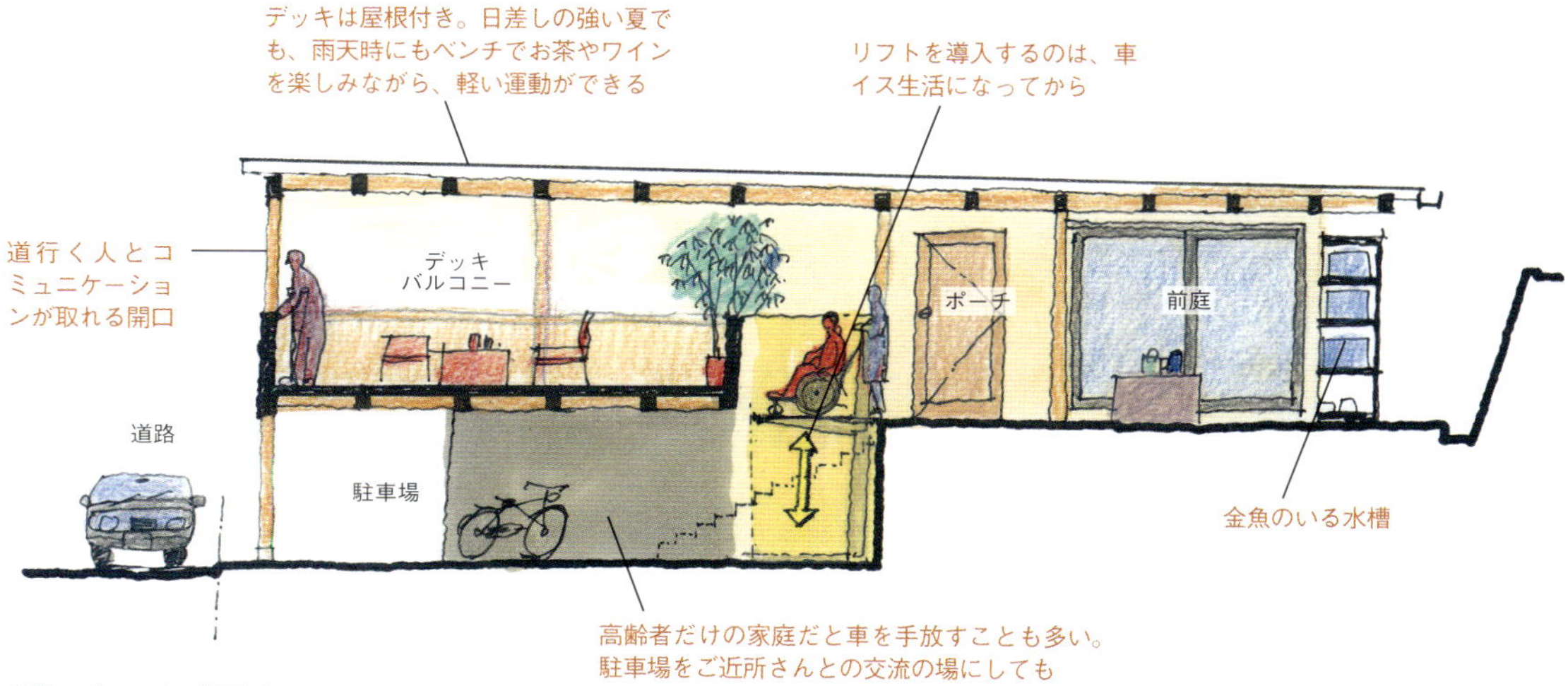
デッキは屋根付き。日差しの強い夏でも、雨天時にもベンチでお茶やワインを楽しみながら、軽い運動ができる
リフトを導入するのは、車イス生活になってから
道行く人とコミュニケーションが取れる開口
デッキバルコニー
ポーチ
前庭
道路
駐車場
金魚のいる水槽
高齢者だけの家庭だと車を手放すことも多い。駐車場をご近所さんとの交流の場にしても

玄関アプローチ　断面図

道路に面した庭があってもいい

駐車スペースをやめ、屋根付きの前庭に

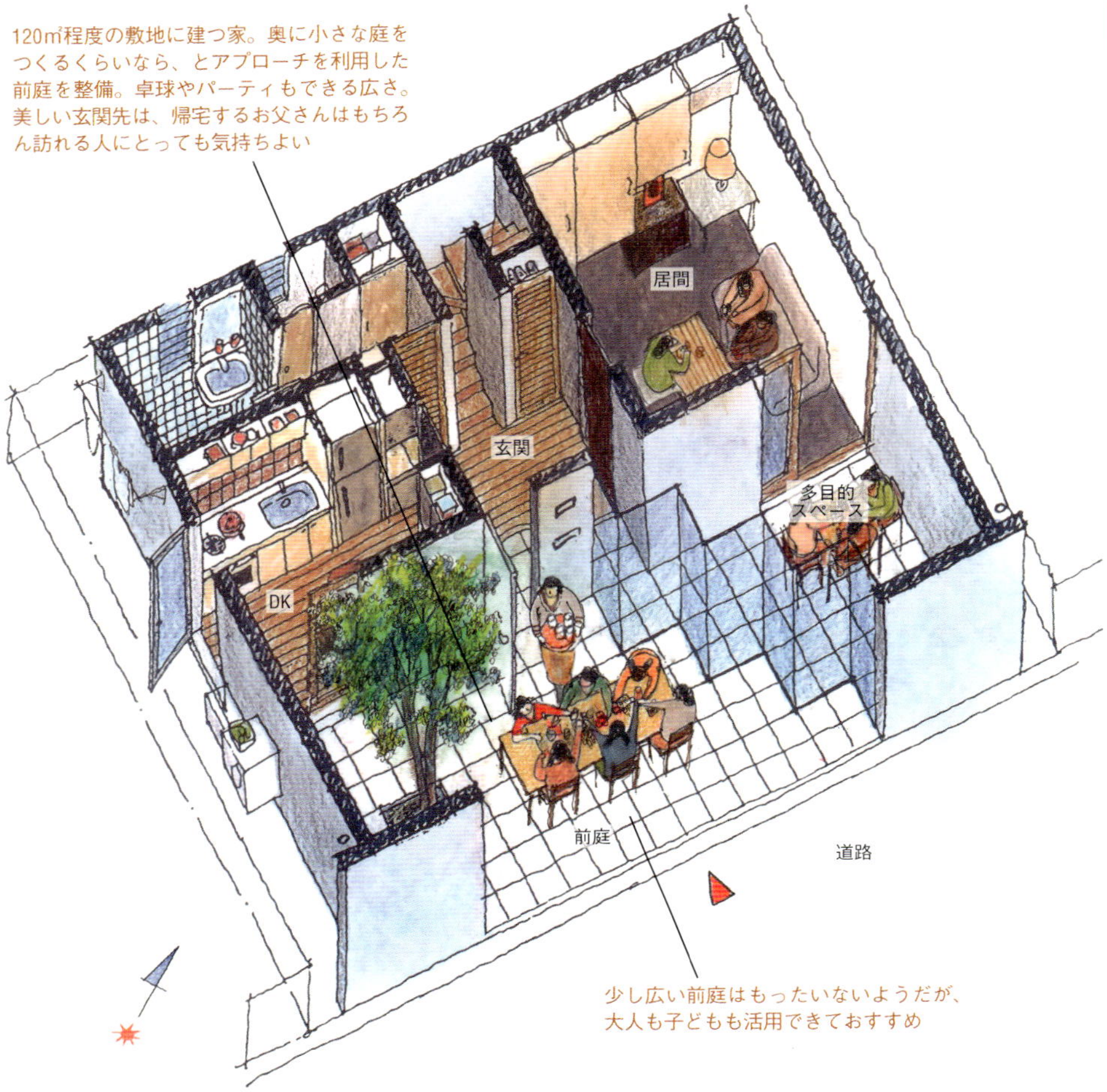
120㎡程度の敷地に建つ家。奥に小さな庭をつくるくらいなら、とアプローチを利用した前庭を整備。卓球やパーティもできる広さ。美しい玄関先は、帰宅するお父さんはもちろん訪れる人にとっても気持ちよい
居間
玄関
多目的スペース
DK
前庭
道路
少し広い前庭はもったいないようだが、大人も子どもも活用できておすすめ

前庭のある家　平面アクソノ図

NG 車庫ありきの計画

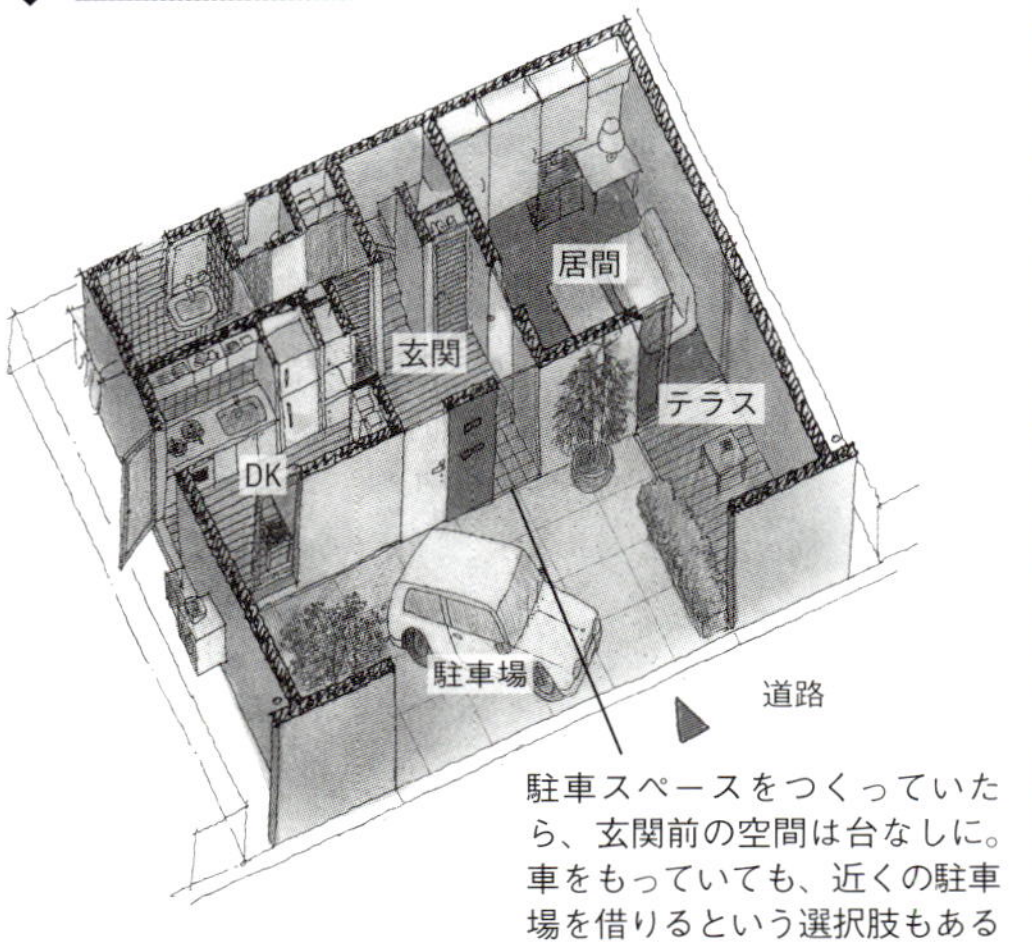
居間
玄関
テラス
DK
駐車場
道路
駐車スペースをつくっていたら、玄関前の空間は台なしに。車をもっていても、近くの駐車場を借りるという選択肢もある

庭のない家　平面アクソノ図

南側にまとまった庭がつくりたくても、敷地の広さや形によってはうまくいかない場合もある。立地条件によっては、南側に固執しないほうがよいことも多い。

狭小敷地では、玄関アプローチをゆったりとした「前庭」として活用するのも一案だ。人を招き入れるという機能や道路に面するという点から、パブリックな庭としてしつらえたい。前庭は街並みを構成する要素でもあることを忘れずに。

大きい庭があっても前庭を

プライベートな庭のほかに、アプローチを小さな前庭としてしつらえ、おもてなしの空間にした。道行く人の目も楽しませるパブリックな庭である

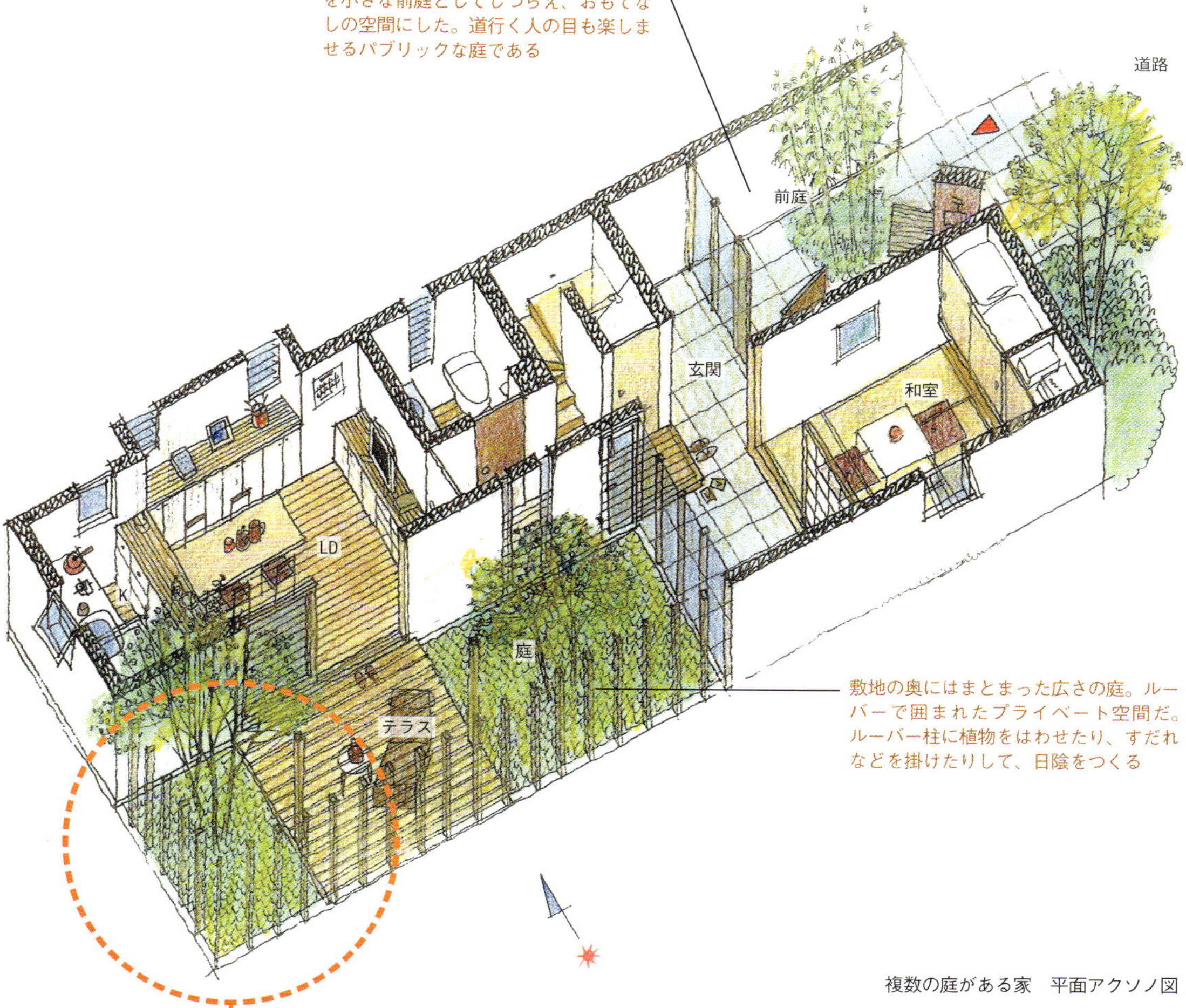

敷地の奥にはまとまった広さの庭。ルーバーで囲まれたプライベート空間だ。ルーバー柱に植物をはわせたり、すだれなどを掛けたりして、日陰をつくる

複数の庭がある家　平面アクソノ図

庭を分散させる

敷地によっては、庭を複数つくり分散させるとよい。大きい庭と小さな前庭をつくる場合は、開放的な「動」の庭と「静」の坪庭をつくるなど、性格の異なる庭とすると、暮らしも豊かになる

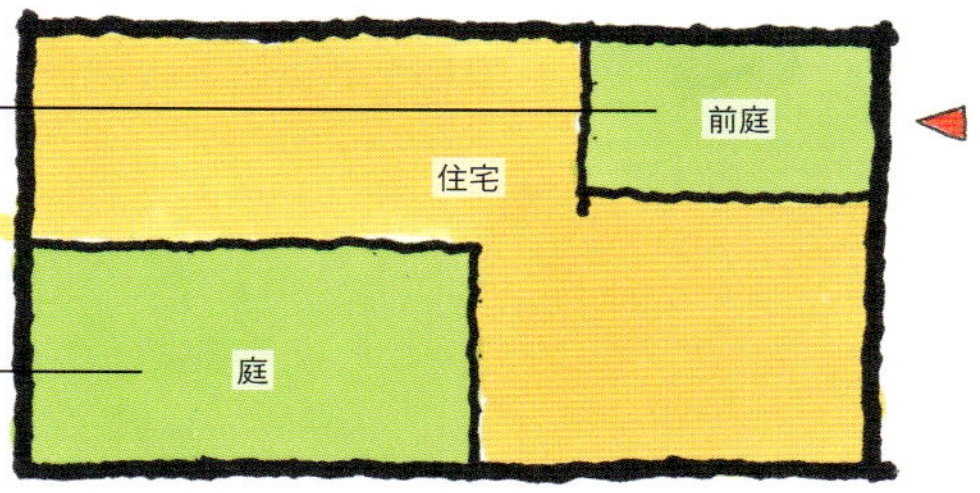

配置図

POINT

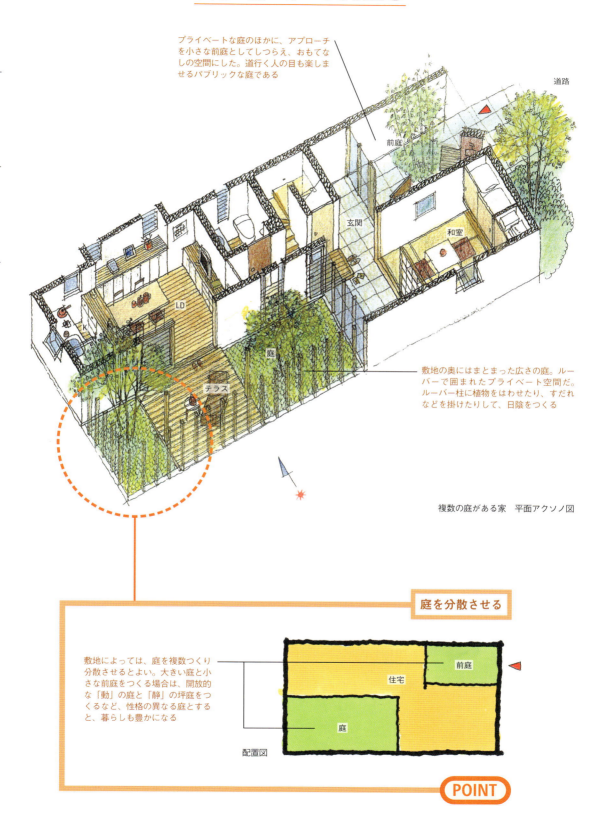

中庭が住宅にゆとりをつくってくれる

暮らしの中心となる中庭

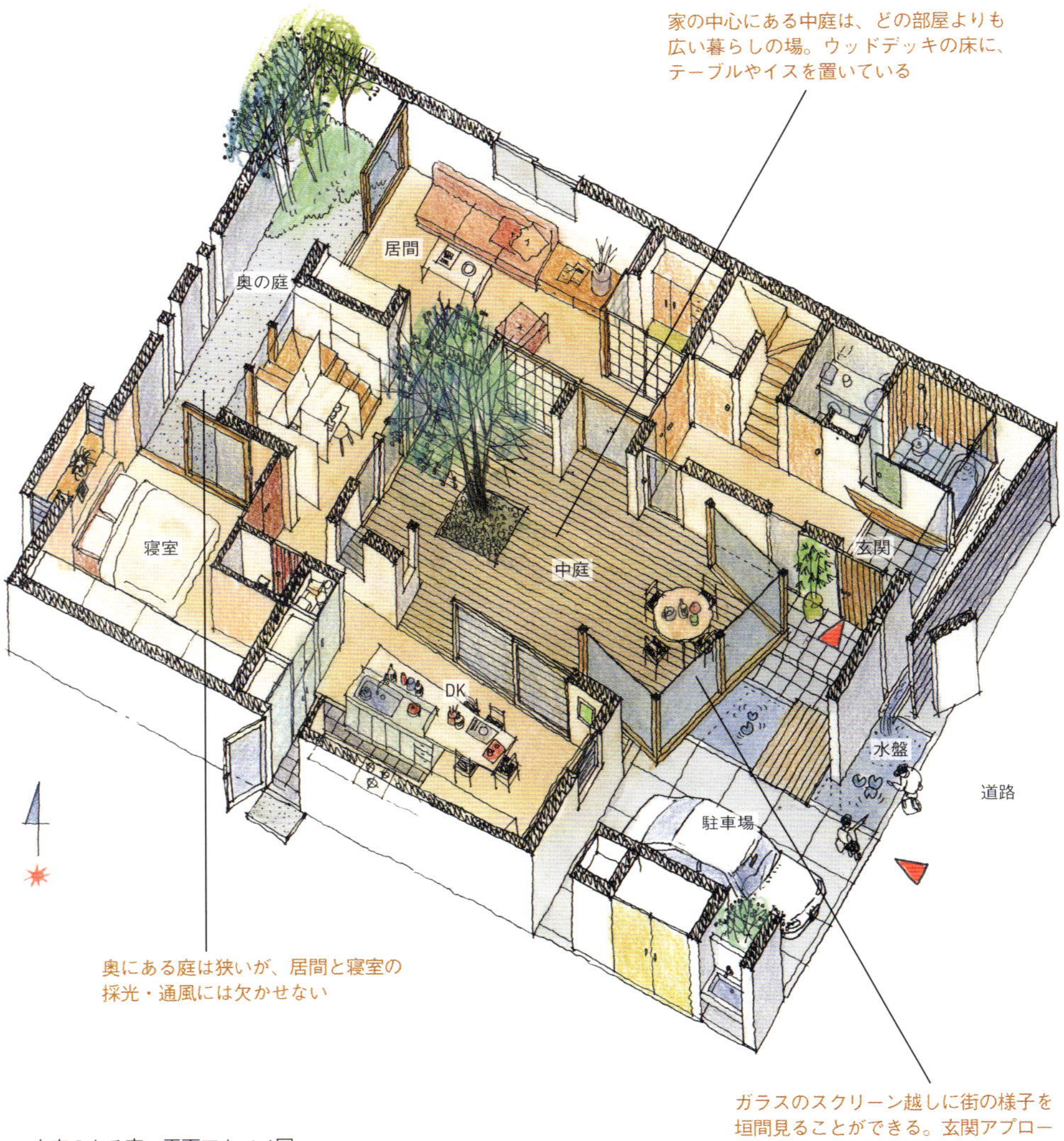
家の中心にある中庭は、どの部屋よりも
広い暮らしの場。ウッドデッキの床に、
テーブルやイスを置いている
居間
奥の庭
寝室
中庭
玄関
DK
水盤
道路
駐車場
奥にある庭は狭いが、居間と寝室の
採光・通風には欠かせない
ガラスのスクリーン越しに街の様子を
垣間見ることができる。玄関アプロー
チの水盤に反射した光が美しい

中庭のある家　平面アクソノ図

中庭は光や風の通り道

冷蔵庫に物を詰めすぎるのはよくないという。冷気の循環が悪くなるからだ。住宅もこれに似ているところがある。一切の無駄を省き、とにかく多くの部屋を詰め込んだような家は、平面図を見ただけで息苦しくなるものだ。一方、隙間のような空間をもつ家は日当たりも風通しもよく、快適な暮らしが望めそうだ。その隙間のような空間の代表といえるのが中庭である。

中庭は、通風・採光以外にも、視覚的な広がりを部屋にもたらしてくれる。また、建物にはさまれているため、「部屋の延長」としても利用しやすい。家族や友人とのパーティはもちろん、寝イスに横たわりながら読書を楽しみ、ワイングラスを傾けるなんてことも気兼ねなく行える。そのためにも中庭には床をつくり、デッキや石・タイルなどで仕上げておこう。

住宅の隙間はゆとりの空間でもある。中庭や坪庭など、気分に応じて楽しめる庭が複数あるとよい。

LDKを快適にする2つの庭

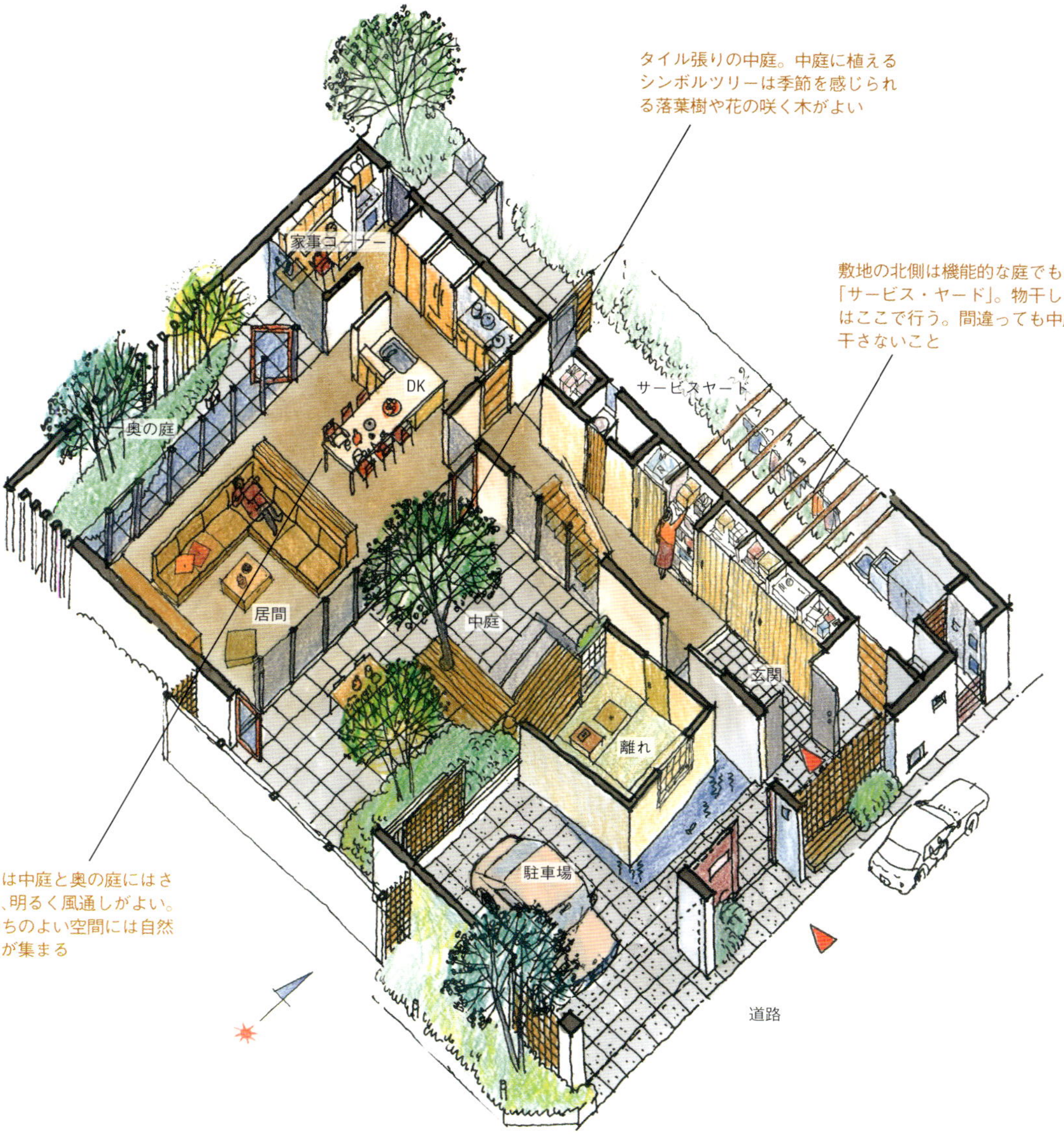
タイル張りの中庭。中庭に植えるシンボルツリーは季節を感じられる落葉樹や花の咲く木がよい
敷地の北側は機能的な庭でもある「サービス・ヤード」。物干しなどはここで行う。間違っても中庭で干さないこと
家事コーナー
DK
奥の庭
サービスヤード
居間
中庭
玄関
離れ
駐車場
道路
LDKは中庭と奥の庭にはさまれ、明るく風通しがよい。気持ちのよい空間には自然と人が集まる

複数の庭をもつ家　平面アクソノ図

NG　あるとないとでは大違い

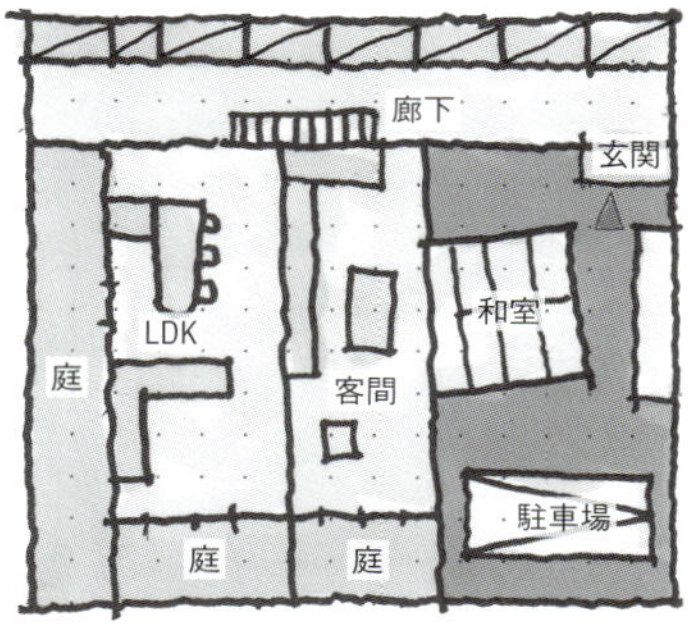
廊下
玄関
LDK
和室
庭
客間
駐車場
庭
庭

中庭のない家　平面図

中庭のある・なしで居住性が大きく異なるのは図面からも想像できる。左図は中庭の部分を客間にしたプラン

chapter 4
庭
10

減築して中庭を手に入れる

中庭の大切な役割

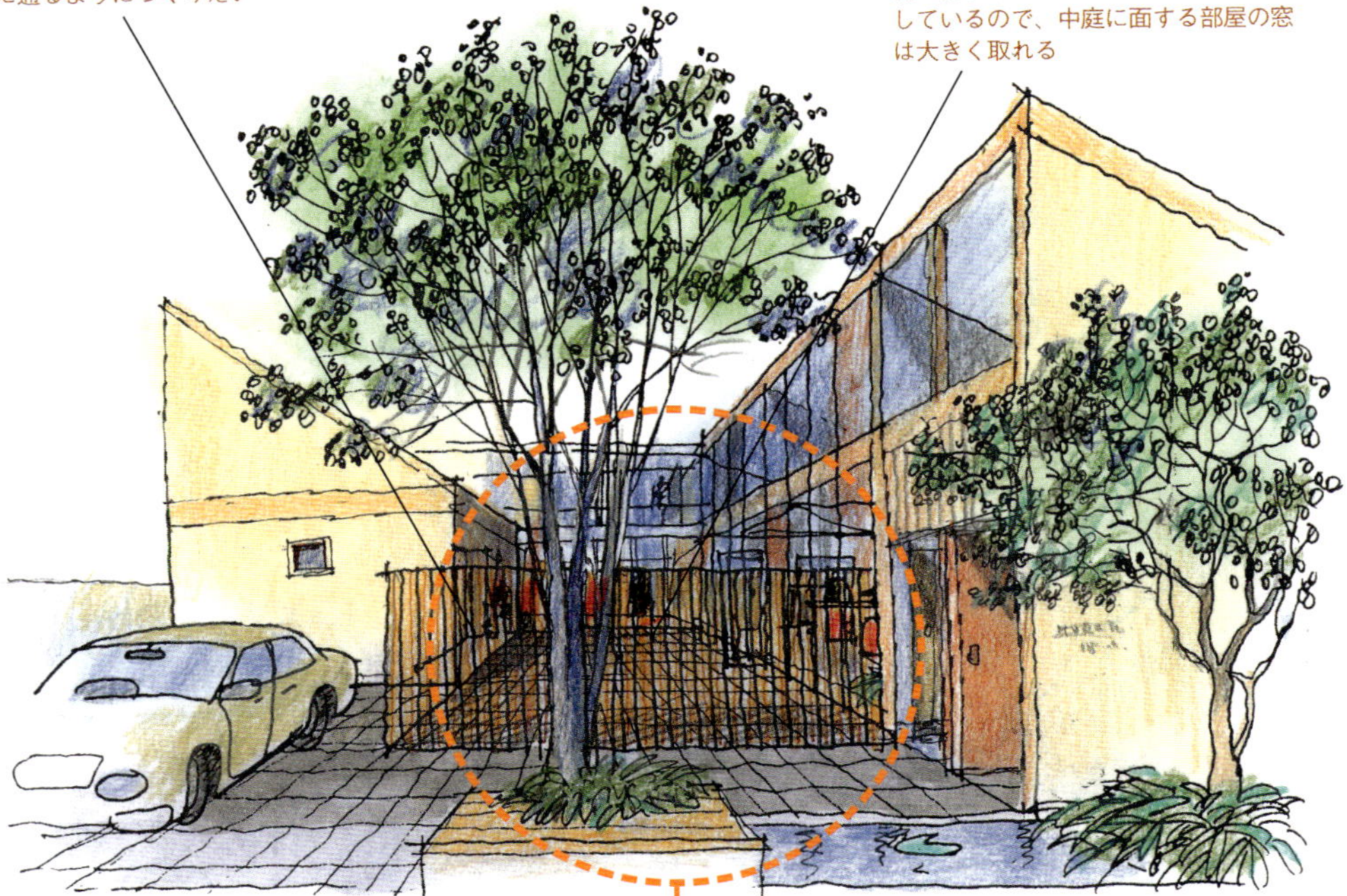
中庭を囲う塀は風や視線がほどほどに通るようにつくりたい
コの字形の建物に囲まれた中庭。道路側に格子を立て、プライバシーを確保しているので、中庭に面する部屋の窓は大きく取れる

中庭のある家　外観パース

中庭の形はいろいろ

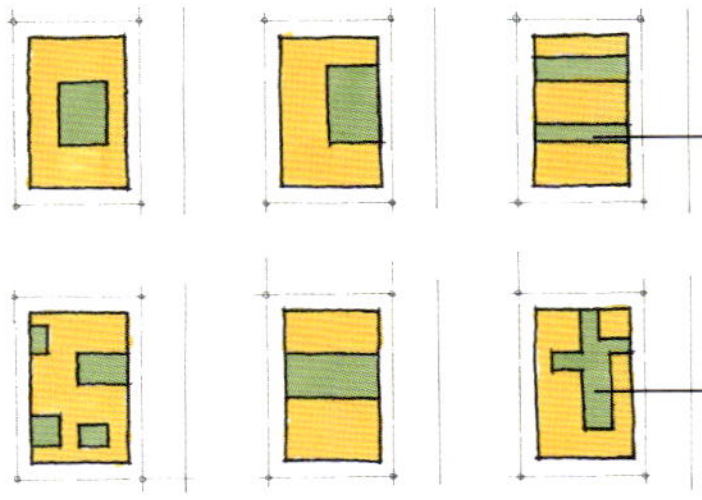
住宅の中に取り込まれた庭が「中庭」だ。中庭の形状はさまざまだが、そこに面する部屋の通風や採光、防犯、プライバシーの確保などが期待できる

中庭の配置バリエーション図

POINT

光と風を招き入れる

「お客様が泊まるときのために」としつらえた和室だが、これまで一度も使ったことがない——よく耳にする話である。このような和室は、庭に面しているなど、家の中でもよい立地にあるものだが、いつの間にか物置と化しているようである。薄暗く、使われない部屋があるのは、家の「健康」のためにもよくない。

このような場合、部屋を再活用するのも一案だが、部屋を取り壊して中庭にするという案もおもしろい。物を捨てるのはもったいないことだが、使わずにほっておくのはさらにたちが悪いではないか。中庭から風や光が入れば、家全体の居住性がアップする。

既存の住宅に風通しと日当たりの改善を求めるなら、建て増すよりも、減築するという方法のほうが適していることが多い。また、高齢者の単身世帯が増えるなか、不要な部屋を減築し、運動の場にもなる中庭に変えることは、理に適っているのではないだろうか。

使わない客間を中庭にして採光・通風を改善

和室を減築して中庭に。各部屋の採光・通風が改善された

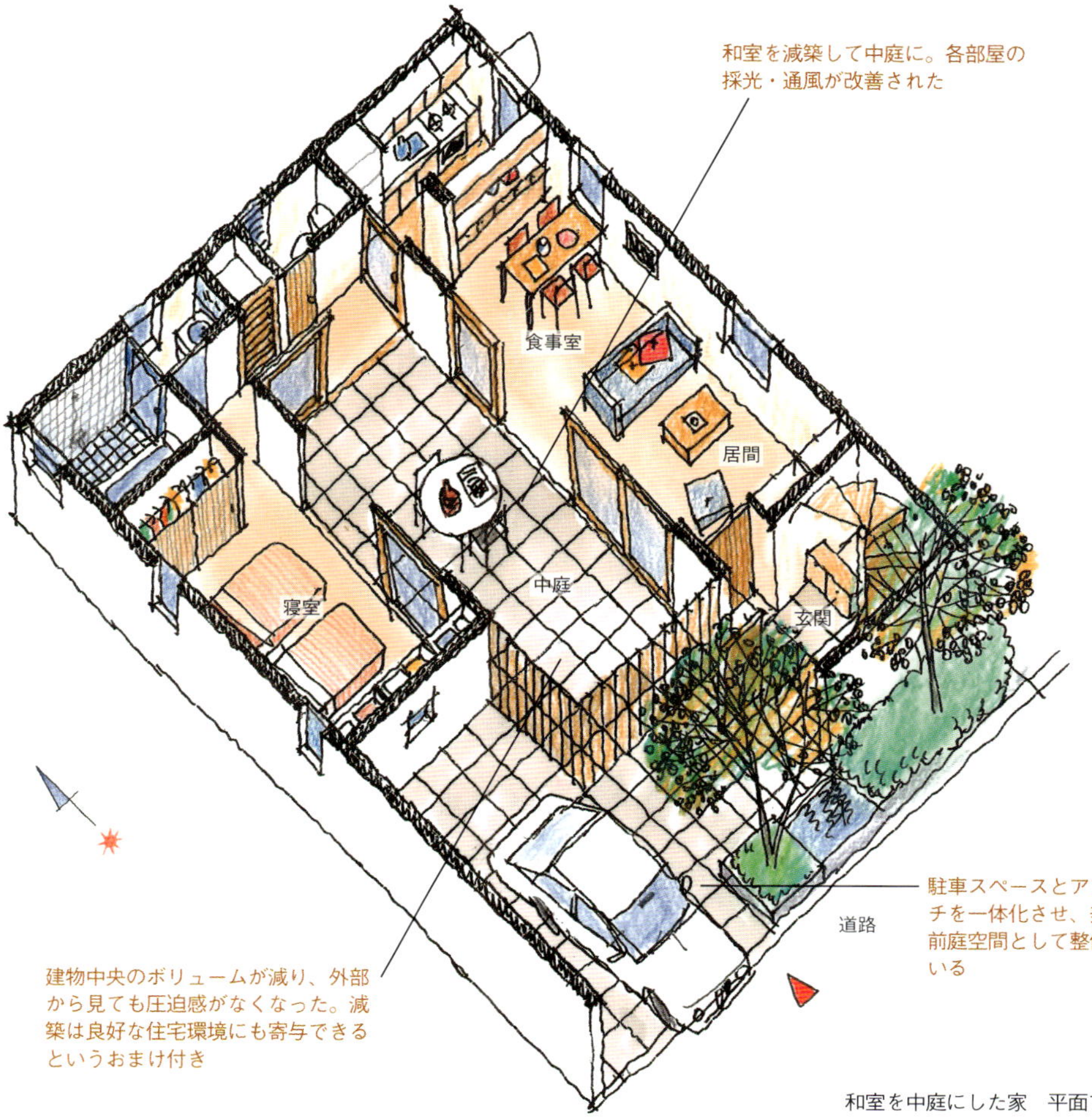

駐車スペースとアプローチを一体化させ、美しい前庭空間として整備している

建物中央のボリュームが減り、外部から見ても圧迫感がなくなった。減築は良好な住宅環境にも寄与できるというおまけ付き

和室を中庭にした家　平面アクソノ図

NG 使わない客間は百害あって一利なし

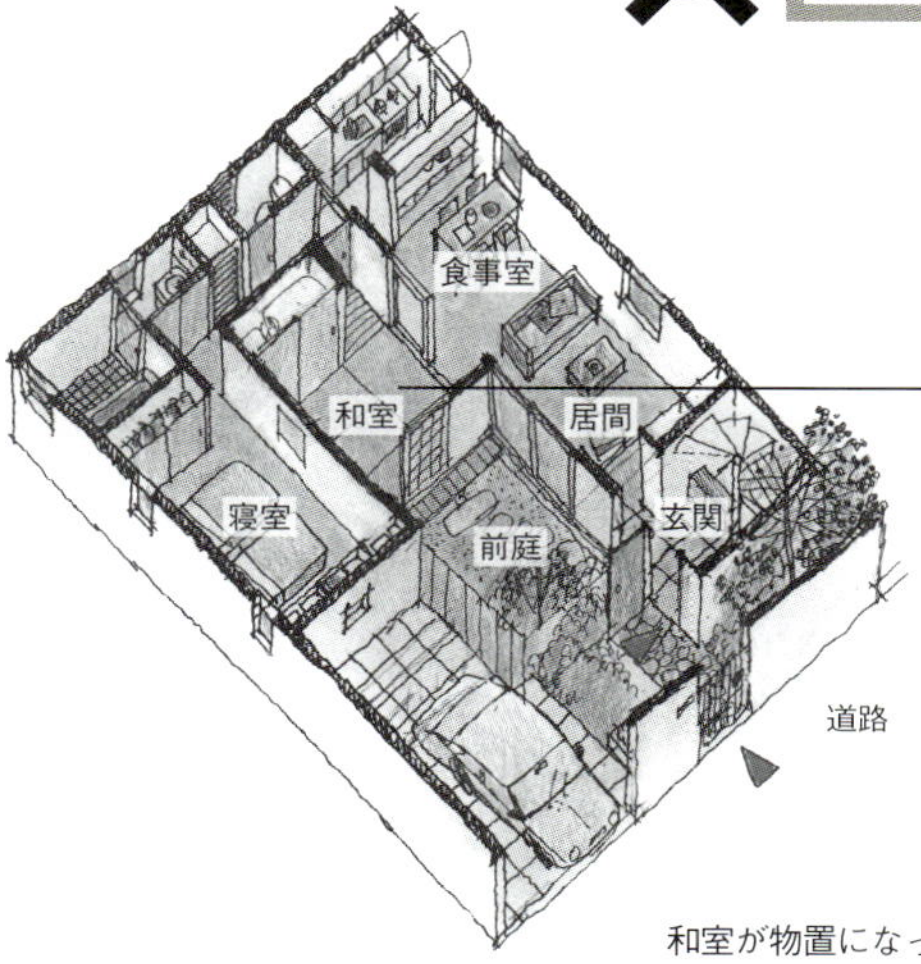

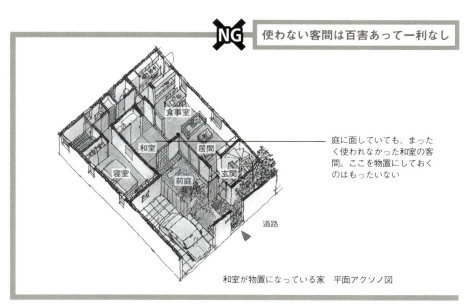

庭に面していても、まったく使われなかった和室の客間。ここを物置にしておくのはもったいない

和室が物置になっている家　平面アクソノ図

高齢者にもペットにもやさしい減築リノベ

POINT

夫に先立たれた老婦人が、家族の一員である愛犬のためにと減築リフォームした例。以前は狭い庭が住まいだったダルメシアンだが、今では和室を取り壊して生まれた中庭でのびのび暮らしている

和室を愛犬のための中庭に

もともとあった塀を取り壊し、フェンスとしたのは、番犬としての活躍を期待してのこと。愛犬は婦人のよきパートナーであると同時に、頼もしいガードマンでもある

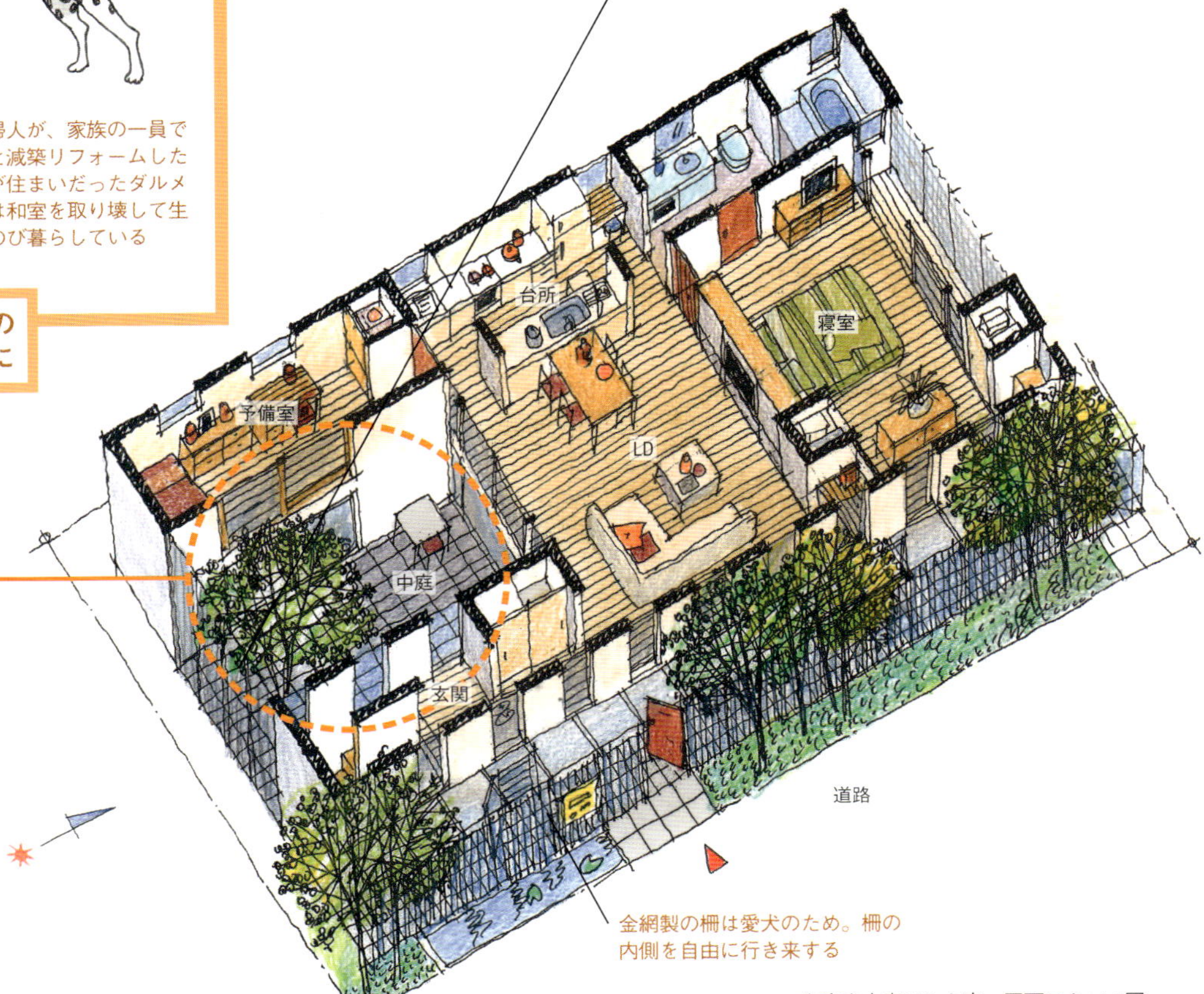

台所
寝室
予備室
LD
中庭
玄関
道路
金網製の柵は愛犬のため。柵の内側を自由に行き来する

和室を中庭にした家　平面アクソノ図

階段下が愛犬の住まい

高齢者にとって、気軽に運動のできるスペースは重要

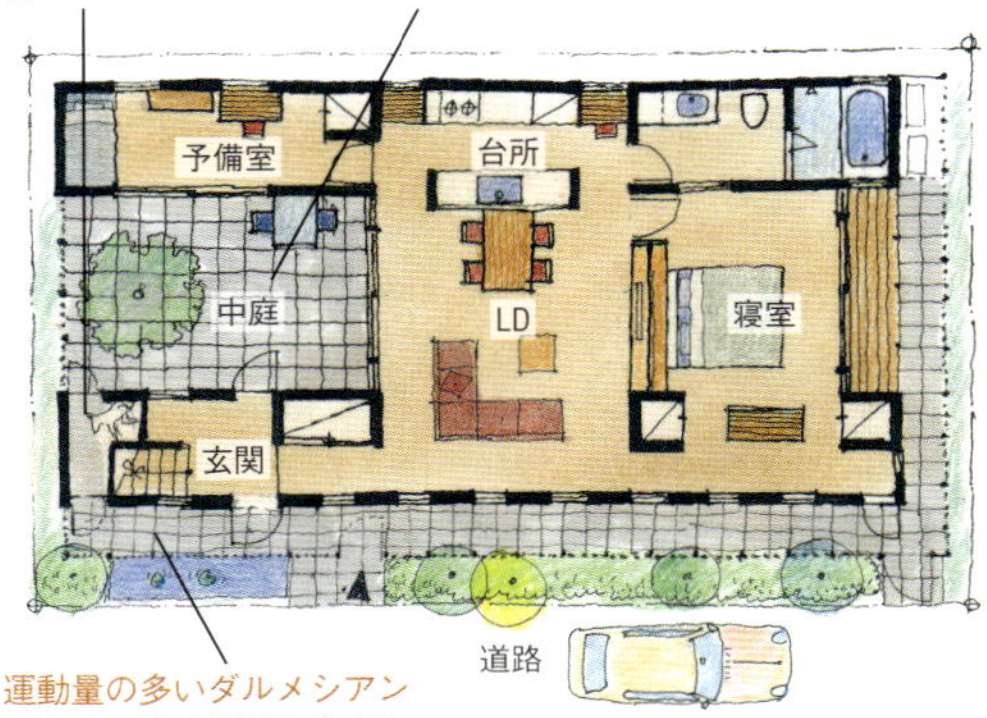

予備室
台所
中庭
LD
寝室
玄関
道路

運動量の多いダルメシアンのため、家の周囲を自由に走り回れるように整備

減築後　平面図

NG　1人で持て余す大きな家

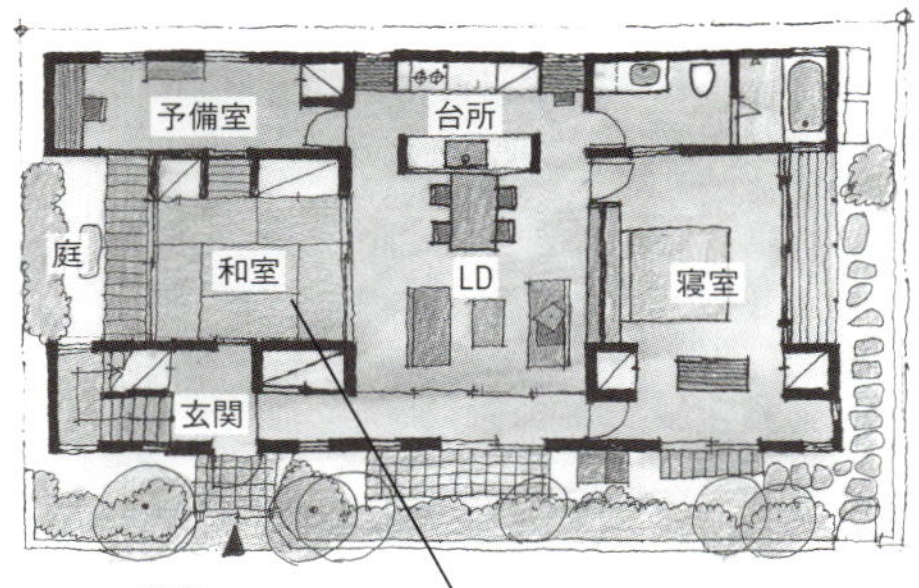

予備室
台所
庭
和室
LD
寝室
玄関
道路

1人暮らしで必要のなかった和室。和室の前の狭い庭には相棒の愛犬がおとなしく座っている

減築前　平面図

chapter 4
庭
11

広すぎる庭にも悩みがある

たくさんの内庭によって豊かな外部空間に

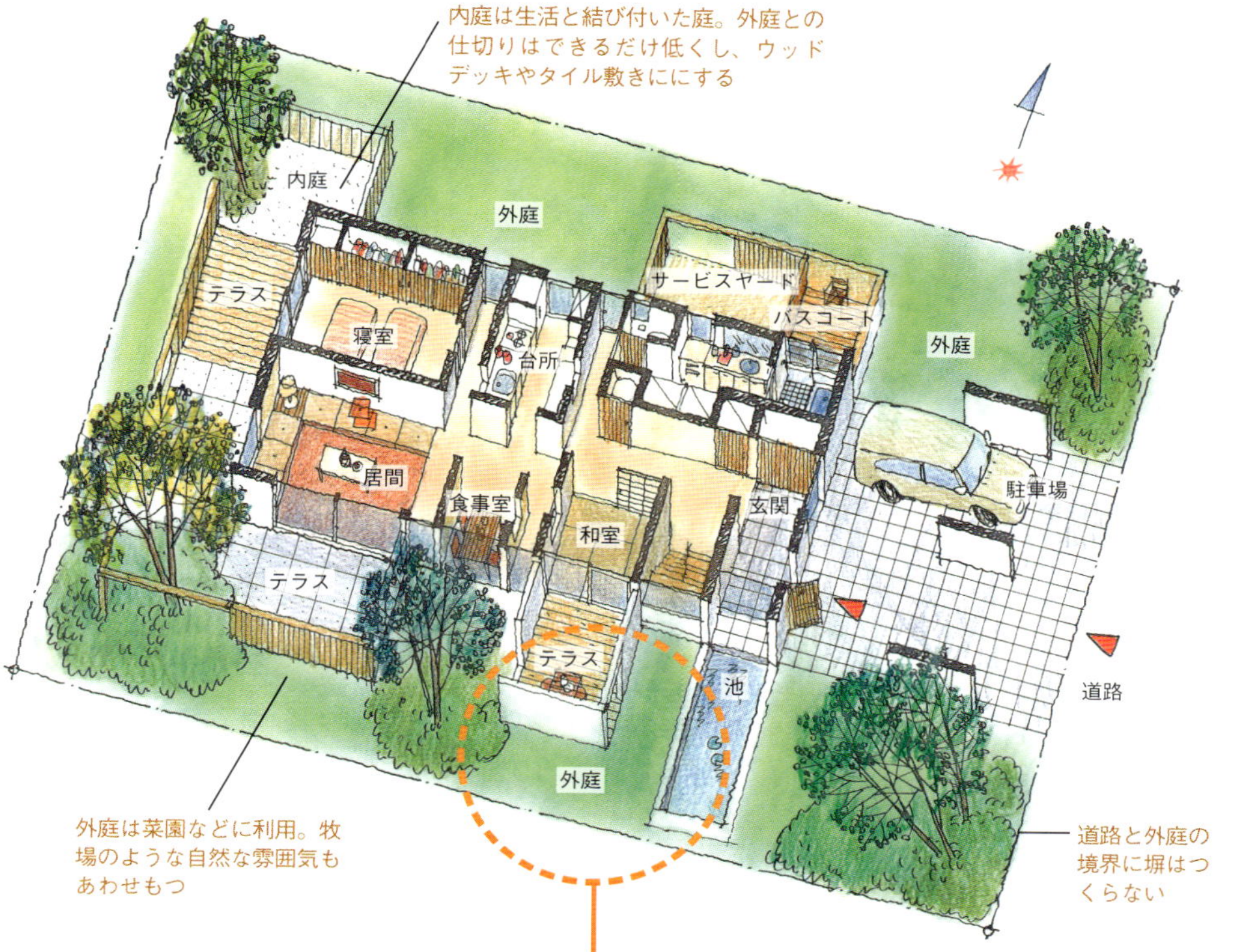
内庭は生活と結び付いた庭。外庭との仕切りはできるだけ低くし、ウッドデッキやタイル敷きにする
内庭
外庭
テラス
寝室
台所
サービスヤード
バスコート
外庭
居間
食事室
和室
玄関
駐車場
テラス
テラス
池
道路
外庭
外庭は菜園などに利用。牧場のような自然な雰囲気もあわせもつ
道路と外庭の境界に塀はつくらない

平面アクソノ図

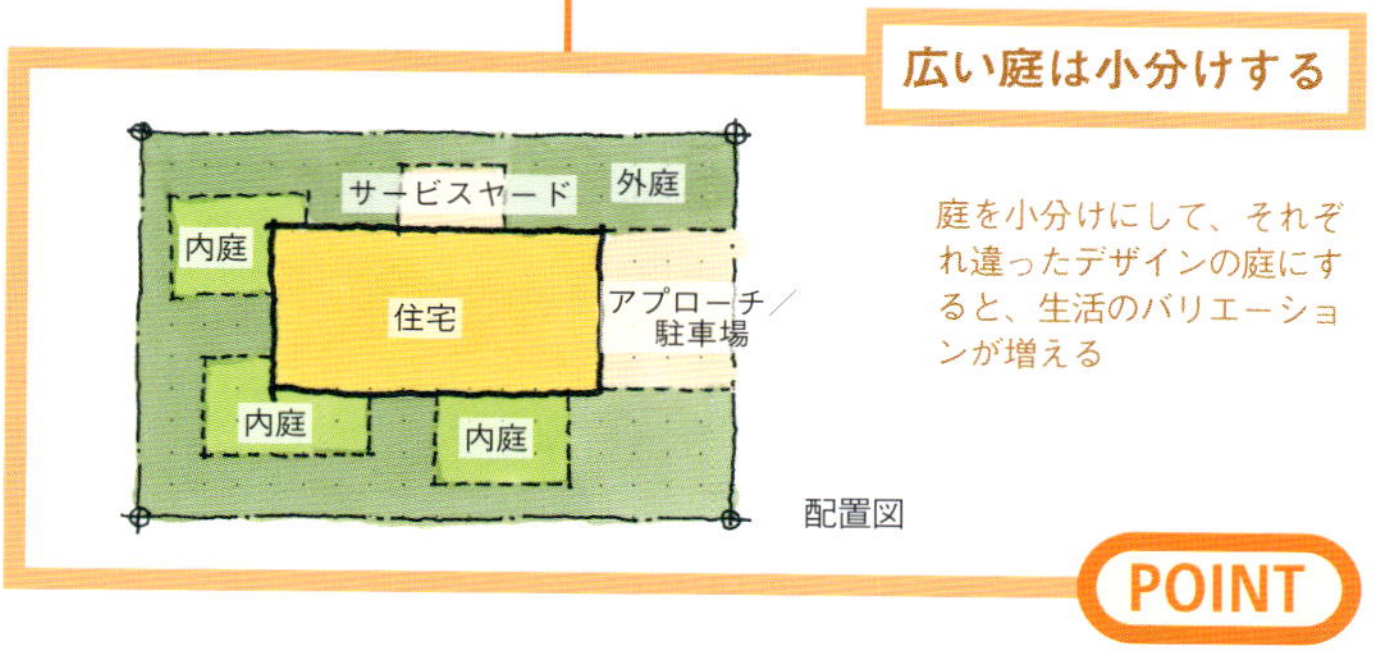
広い庭は小分けする
サービスヤード
外庭
内庭
住宅
アプローチ／駐車場
内庭
内庭
庭を小分けにして、それぞれ違ったデザインの庭にすると、生活のバリエーションが増える
配置図
POINT

ただ広い庭も使いにくい

一般的な住環境の流れを見ると、住宅敷地は狭小化する傾向にある。とはいえ、「ガーデニングや家庭菜園をめいっぱい楽しめる家がほしい」となれば、ある程度の広さをもつ敷地が必要である。北海道や過疎地域であれば、それも難しくないだろう。

図は家庭菜園を趣味にしている4人家族のための住宅である。450㎡ほどもある敷地で、建物以外をすべて菜園にすると広すぎて扱いに困ってしまう。広ければよいというものでもないのだ。そこで、日常生活を楽しむための「内庭」をつくることにした。部屋に面した大小さまざまの内庭は、芝生やウッドデッキなど仕上げを変え、デザインが異なる低めの塀で囲う。シチュエーションや気分に応じて、内庭を部屋の延長として利用する。

家庭菜園は内庭よりも外側にある「外庭」。内庭によって緩やかに分割されたことで、使いやすくなった。

中庭の価値はプライスレス

小分けされた中庭がつくる快適さ

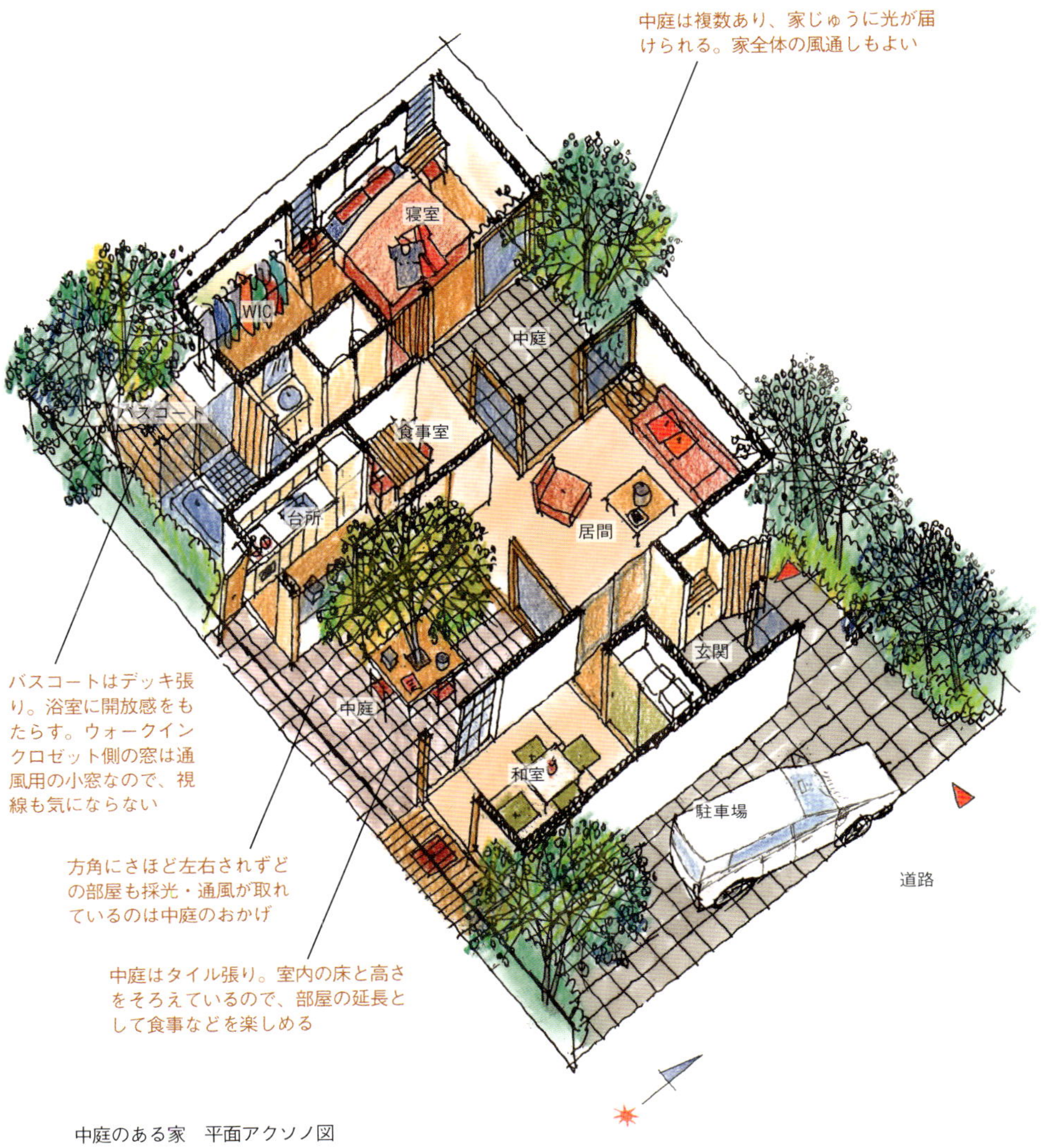
中庭は複数あり、家じゅうに光が届けられる。家全体の風通しもよい
寝室
WIC
中庭
バスコート
食事室
台所
居間
玄関
和室
駐車場
道路
バスコートはデッキ張り。浴室に開放感をもたらす。ウォークインクロゼット側の窓は通風用の小窓なので、視線も気にならない
方角にさほど左右されずどの部屋も採光・通風が取れているのは中庭のおかげ
中庭はタイル張り。室内の床と高さをそろえているので、部屋の延長として食事などを楽しめる

中庭のある家　平面アクソノ図

比べて分かる中庭のメリット

中庭を設けることによるメリットはすでに述べたが、デメリットもある。壁の量が増えるので、通常の家よりも建築コストが高くつくのだ。この欠点を重く見て、中庭を諦める人もいるだろう。

とはいえ、中庭があることで得られる快適さ、豊かさは計り知れない。設計者はこれをうまく伝える必要がある。デメリットを上回るメリットがあることをプレゼンテーションし、実感してもらうのだ。

まず、「一般的な間取り」と「中庭のある間取り」、各部屋と庭の大きさを同じにして比較する。さらに中庭のある暮らしがイメージできるパースもあればよい。そのうえで住まい手に判断してもらおう。

判断材料としての中庭のある間取りは、一般的な間取りの平面図を部屋ごとに切り分け、パズルのようにしてつくり上げるとよい。住まい手も比較・判断がしやすく、おすすめの方法だ。

中庭のメリットをプレゼンする

NG まとまった庭で何をする？

部屋が密集していて、風通しが悪い

南側に庭を集めた一般的な間取り。これも悪くないが、ここでの暮らしと中庭のある暮らしを比べてみよう

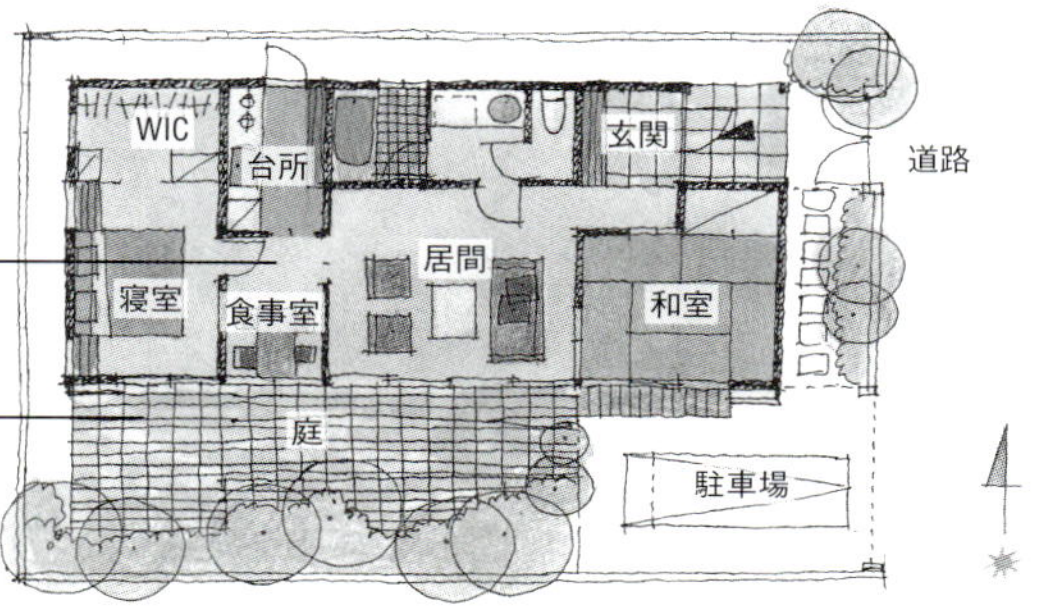

南側に庭を集めた家　平面図

パズルで比べる

一般的な間取り

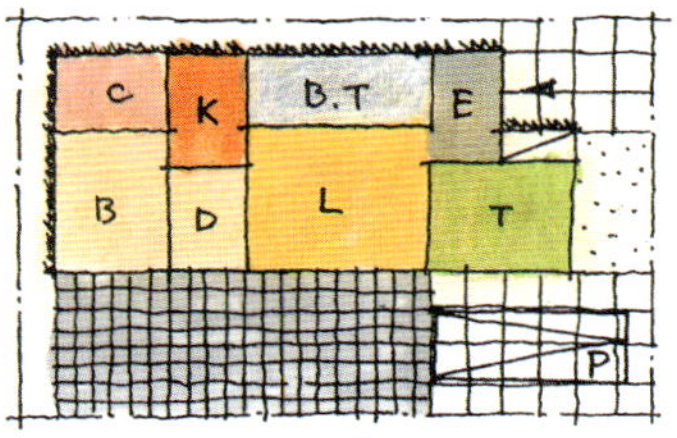

はさみでばらばらにすると……

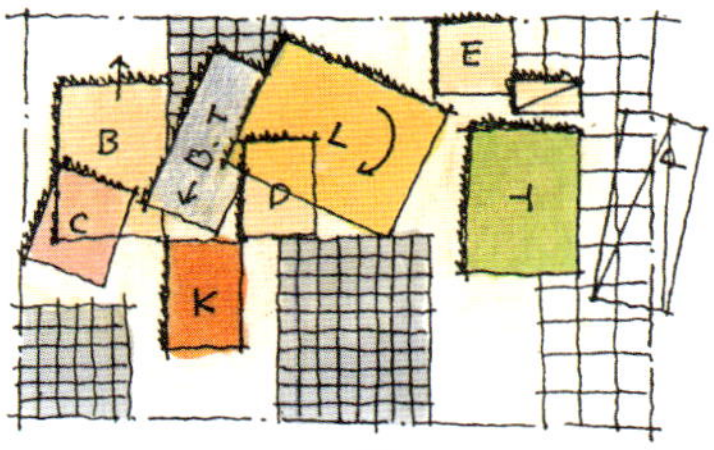

中庭のある間取り

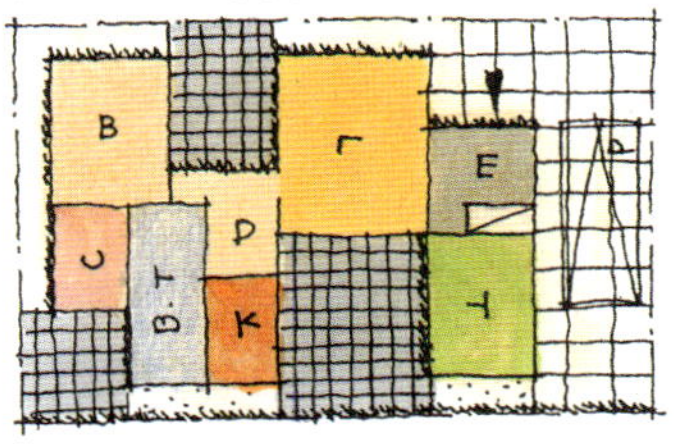

一般的な間取りをばらばらに切り離し、小さく切り刻んだ庭をはさみ込みながら並び替えてみる。こうすると、一般的な間取りと同じ条件下で中庭のある間取りが簡単につくれて、比較もしやすい

POINT

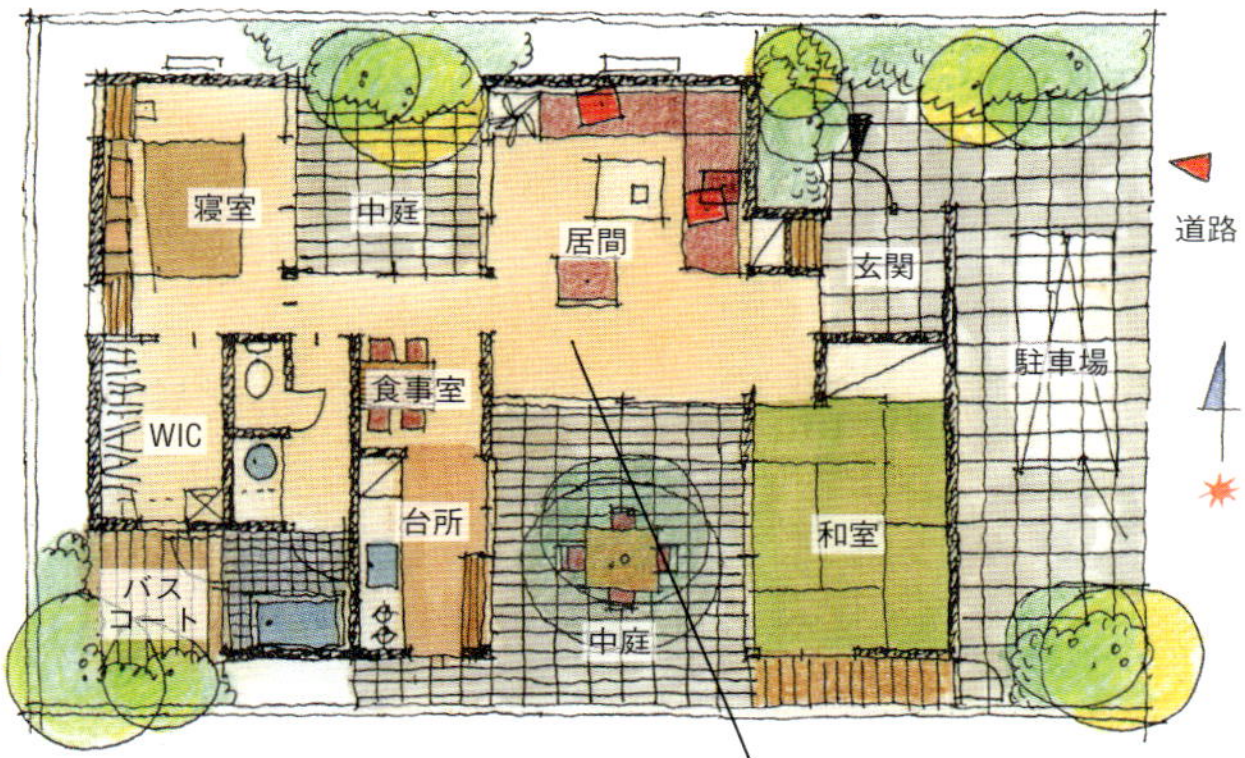

中庭のある家　平面アクソノ図

各部屋の間に小さな庭をはさみ込んだ、中庭のある間取り。光や風がよく通る住まいは、太陽の匂いがするふかふかの布団のように気持ちよい

中庭のある家　中庭パース

中庭から居間を見た様子。左奥にも庭が見える。室内と庭の関係が密接になり、暮らしの空間が広がる。一方、部屋どうしは付かず離れずのよい関係に

居心地のよい外でも内でもない空間

NG 使われない中庭

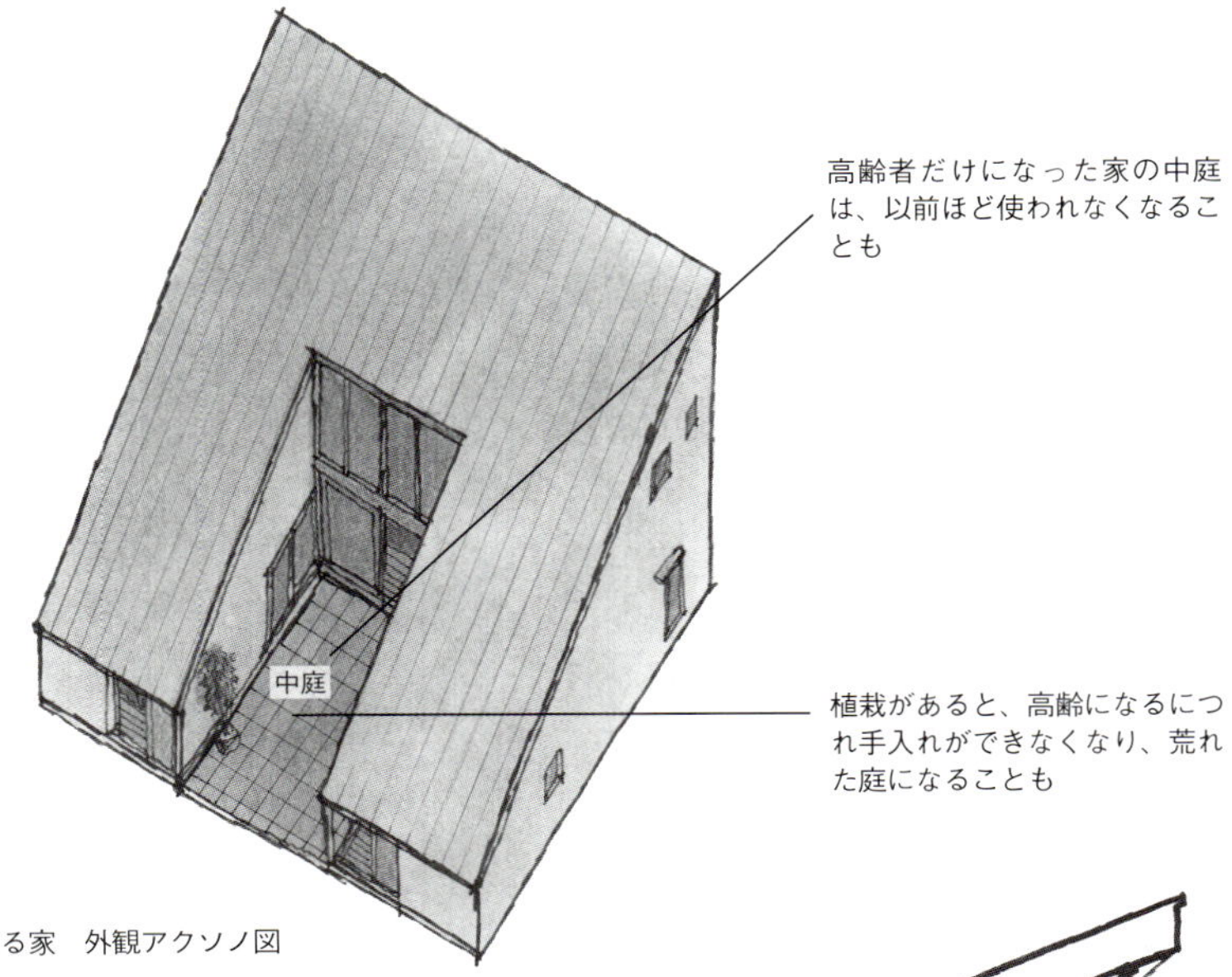
高齢者だけになった家の中庭は、以前ほど使われなくなることも
中庭
植栽があると、高齢になるにつれ手入れができなくなり、荒れた庭になることも
中庭のある家　外観アクソノ図

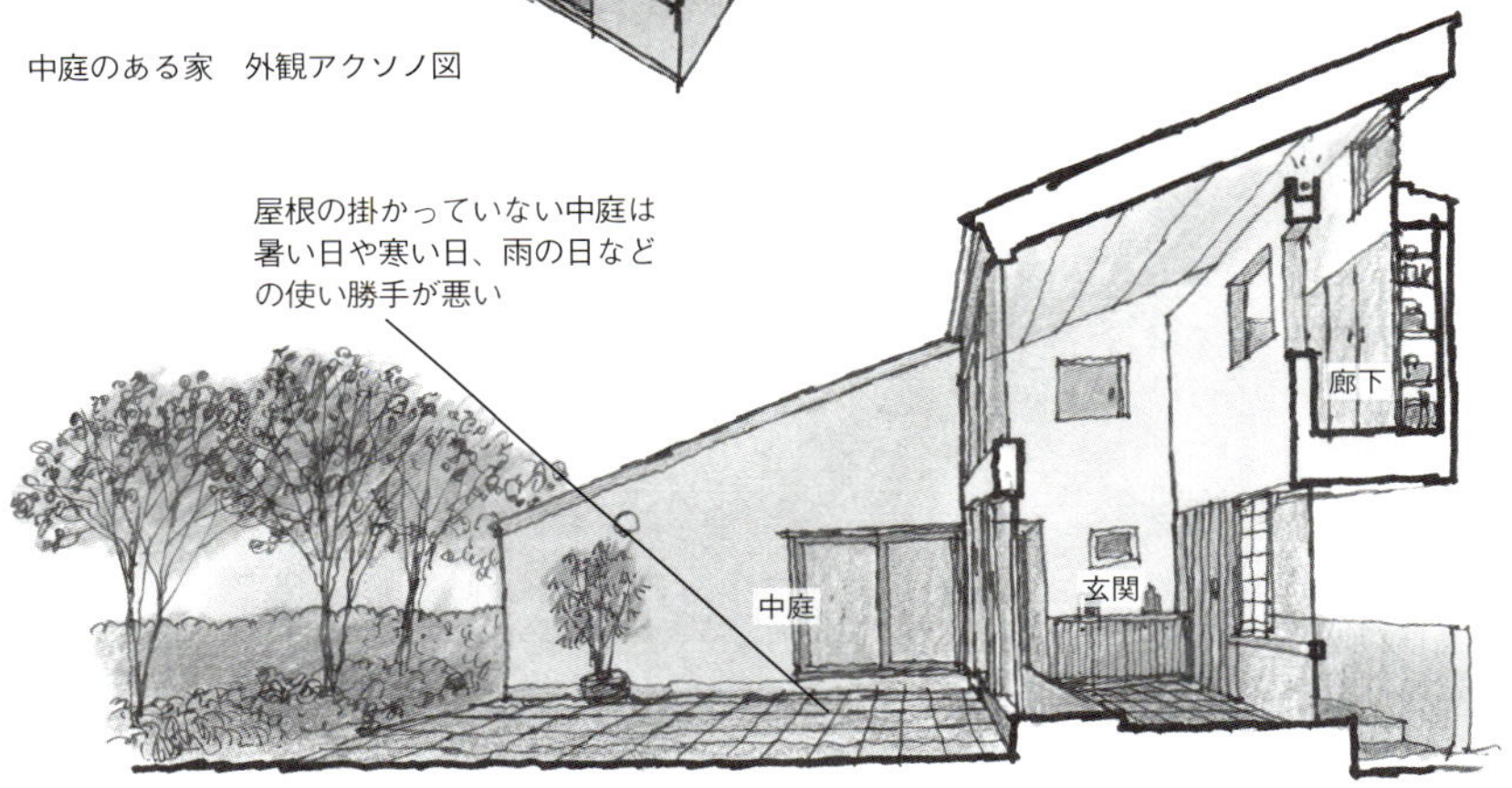
屋根の掛かっていない中庭は暑い日や寒い日、雨の日などの使い勝手が悪い
中庭
玄関
廊下
断面パース

あいまいな空間はみんなに好まれる

庭やバルコニーに庇の掛かった部分があると、テーブルを置いてちょっと一杯飲みたくなる。もしくは、サンルームに日差しが降り注ぐと、その場で軽いストレッチでもしたくなる。このような外とも内ともいえない「あいまいな空間」は、完全な外や内よりも居心地がよく感じるものだ。

図は、高齢となった住人のため、中庭をガラス屋根の掛かるインナーテラスとして室内化した住宅だ。この改築によって、庭の手入れというわずらわしさから解放され、天候にかかわらず気軽に運動できる場を手にした住人だが、喜んだのはこれだけでない。孫や友人たちの訪れる機会が増えたというのだ。

半屋内的なインナーテラスは、家という超プライベート空間の中でパブリックの要素をもった「あいまいな空間」となる。この居心地のよい場所が、訪れた人に心地よさを与えるだろう。

中庭に屋根を掛け、インナーテラスに

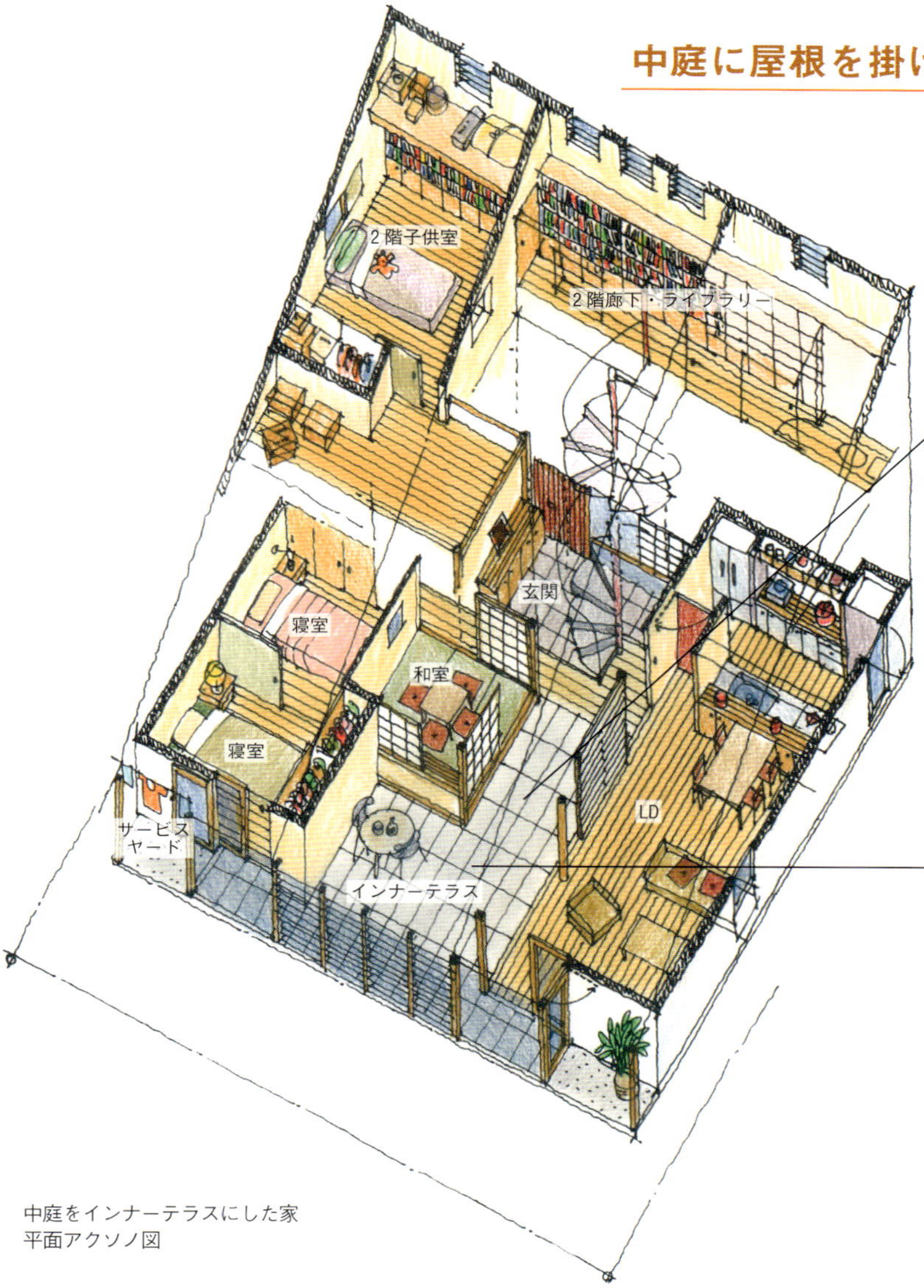

空が見えるインナーテラス。完全に外部だった中庭にガラス屋根を掛け、床を張り、壁を設けて室内化した

もともとは、中庭をはさんで居間などのパブリック空間と寝室などのプライベート空間が配置されていた建物。中庭をインナーテラスにすることで、中間領域が生まれた

中庭をインナーテラスにした家
平面アクソノ図

インナーテラスの屋根はルーバーにガラスを載せたもの

インナーテラスに突き出た「離れ」のような和室は趣味の部屋。上部は屋根裏のような隠れ家空間

透明な屋根（トップライト）には材質や面積など法的な制約があるので要注意。また熱負荷の影響を受けやすい。設置の際には家の構造なども考慮すること

インナーテラスが家族だけでなく、知人をも自然と引き付けるのは、居心地のよい「あいまいな空間」だからか

断面パース

chapter 4
庭
14

庭の「離れ」が暮らしの潤滑油

NG 庭を台なしにする物置

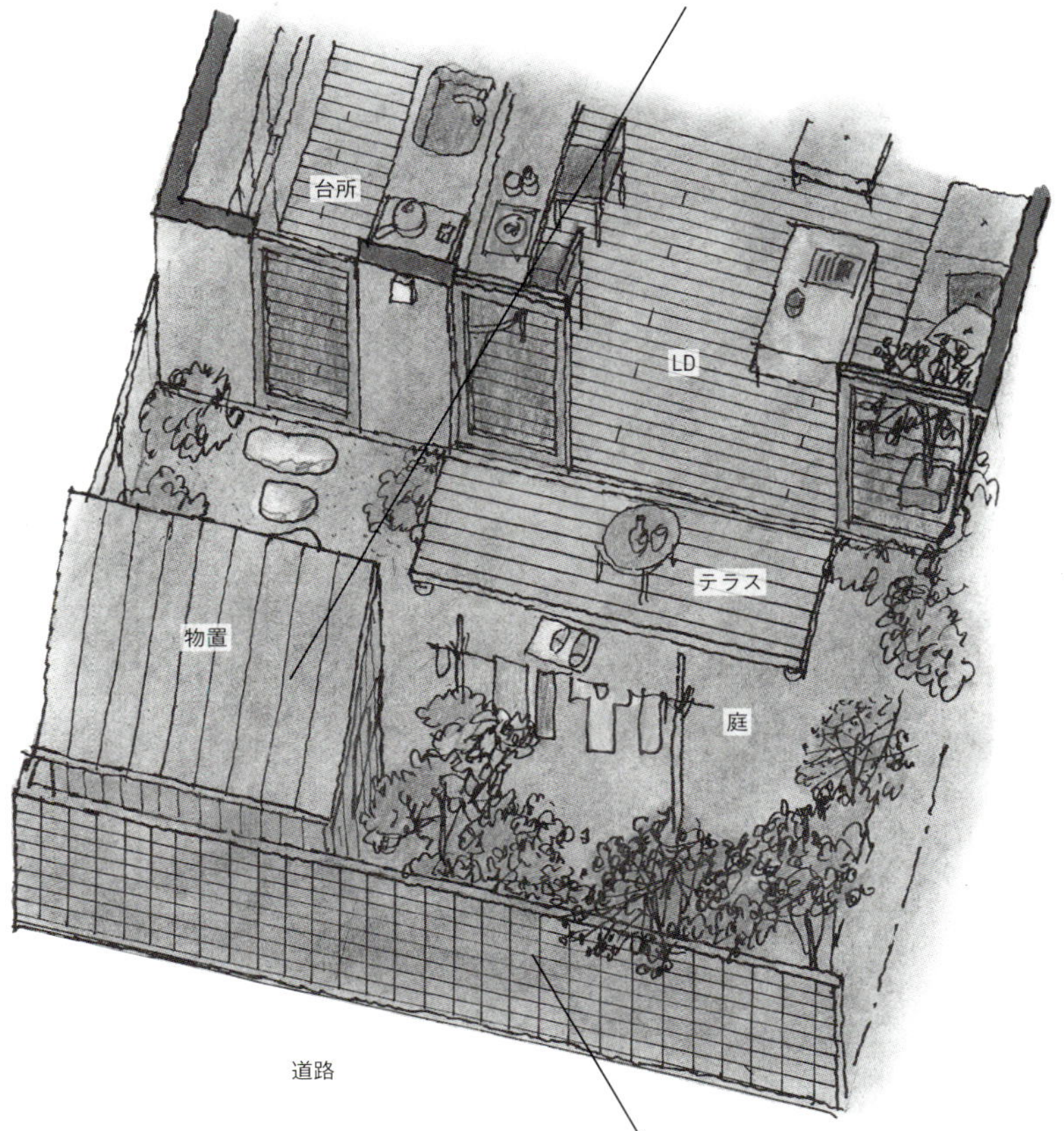
庭の隅にある物置は家の中にある収納に比べて使い勝手も悪い。大抵は不用品を詰め込んでいるだけ。庭の眺めも悪くなる
台所
LD
テラス
物置
庭
道路
道路との境にある塀は無機質なブロック積み。背の高いブロック塀は街並みが無機質になる原因のひとつ

物置のある庭　アクソノ図

主婦に贈る日常からの「離れ」

使われなくなった物置が庭先に放置されている、こんな家を見かけたことはないだろうか。こういう物置は何か入っていたとしても、大抵はがらくたばかり。庭のスペースを削ってまで何か建てるのであれば、日常の生活を少しでも豊かにするものにしたい。特に、日中のほとんどを家で過ごす主婦には、ストレス発散の場が身近にない。家事の息抜きができる「主婦のための空間」が家の中にあるとよいだろう。

この家の奥さんは、茶の湯が趣味。庭にもともとあった物置を取り払い、茶室を建てることにした。せっかくの雰囲気を壊さないよう、傷んだブロック塀は取り払い、庭を囲むように木製の引戸を建て込んだ。木製建具は見た目がよく、街並みにもうまく馴染む。ガラリの付いた鎧戸《よろいど》にすることで、閉めていても風が通る。セキュリティの度合いは落ちるが、庭に直接アクセスできるので主婦仲間が気軽に立ち寄れるのもよい。

離れのある庭

庭先に建てた茶室への行き来を考え、庭の一部に屋根を掛けている

庭の周りに柱を立て、梁を渡す。夏は上部にヨシズを掛けて日除けにする

石やタイル敷きのテラスは利用度が高い。離れのそばにはシンボルツリーを植え、空間にメリハリをつける

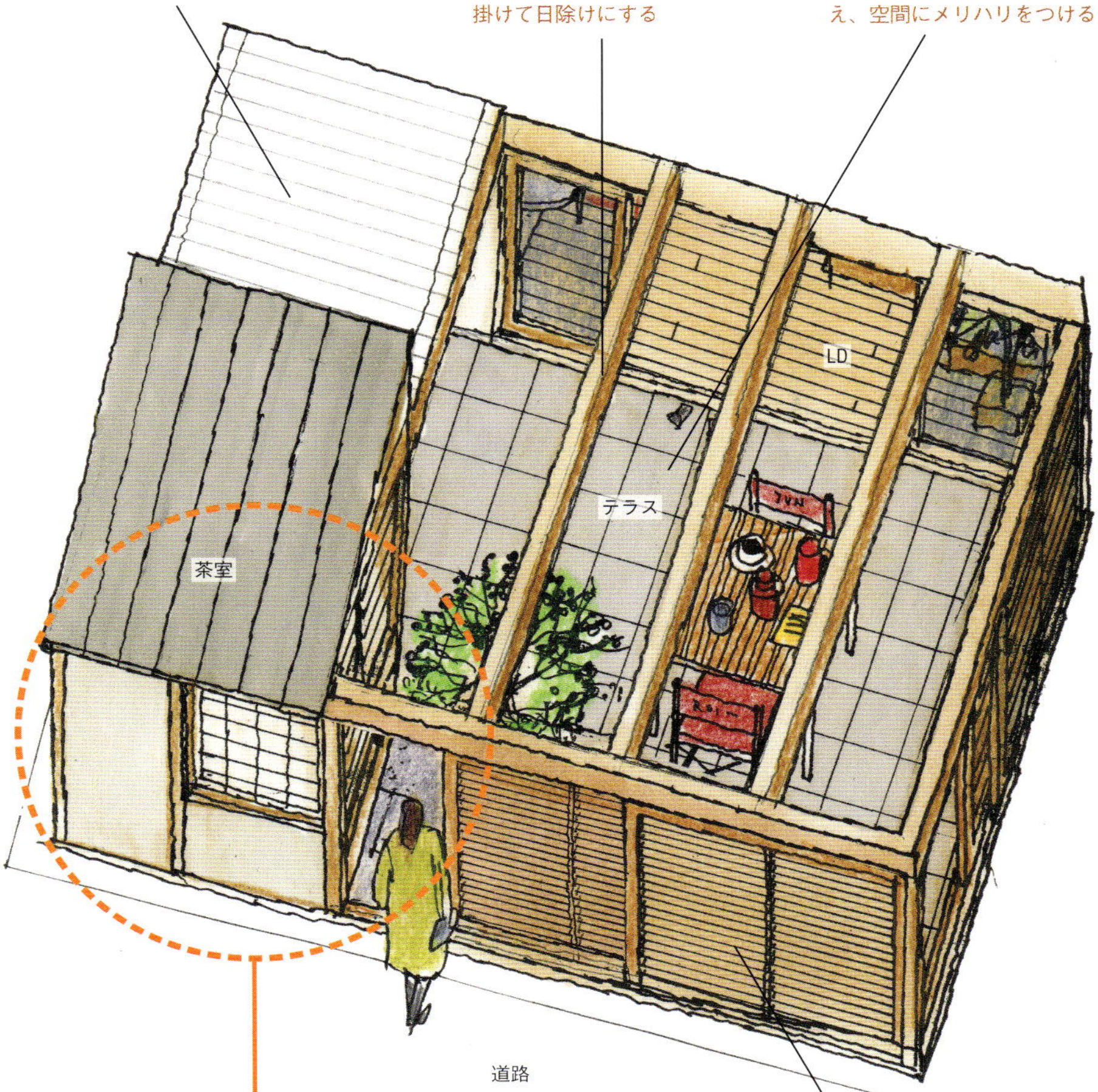

境界塀の代わりに引戸（鎧戸）を建て込む。引戸を開けておけば、外部に開いた庭になる。友人を招くガーデンパーティにも最適

茶室のある庭　アクソノ図

1坪に大きな価値がある

1坪程度の茶室だが、日常から離れることのできる空間がもたらす効果は絶大。茶の湯はもちろん、読書をして静かな時間を過ごすのもよい

茶室　平面アクソノ図

POINT

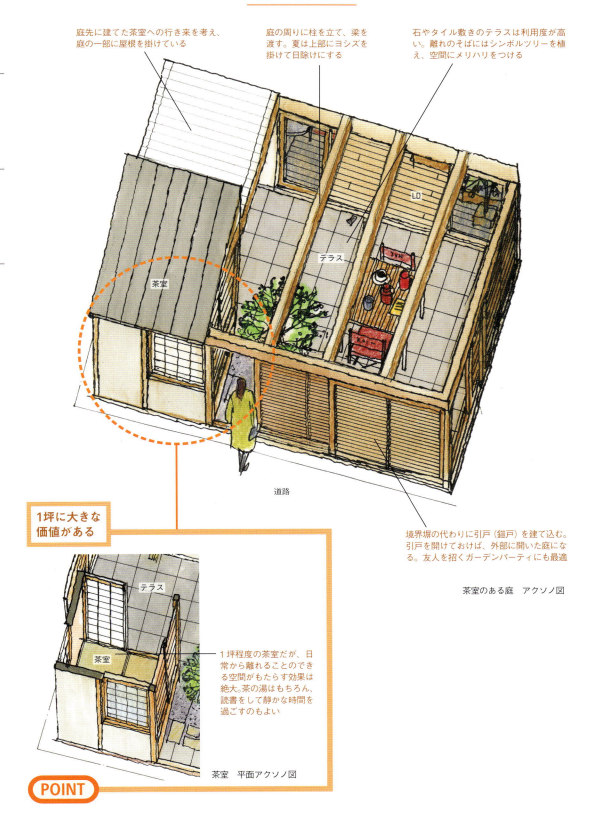

デザイン　細山田デザイン事務所（米倉英弘）
組版　TKクリエイト
印刷・製本　シナノ書籍印刷

Profile

執筆者紹介

中山繁信（なかやま・しげのぶ）

法政大学大学院工学研究科建設工学修士課程修了
宮脇檀建築研究室、工学院大学伊藤ていじ研究室を経て、
工学院大学建築学科教授（2000〜2010）、
現在、TESS計画研究所主宰

主な著書

『イタリアを描く』彰国社
『美しい風景の中の住まい学』オーム社
『世界で一番美しい住宅デザインの教科書』エクスナレッジ
『住まいの礼節』学芸出版社
『世界のスローハウス探検隊』エクスナレッジ
『手で練る建築デザイン』彰国社
『現代に生きる境内空間の再発見』彰国社

美しく暮らす
住宅デザイン
◯《マル》と✕《バツ》

2016年5月 2 日　初版第1刷発行
2017年4月19日　　　第2刷発行

著者　中山繁信
発行者　澤井聖一
発行所　株式会社エクスナレッジ
〒106-0032
東京都港区六本木7-2-26
http://www.xknowledge.co.jp/

問合せ先

編集　Tel. 03-3403-1381
Fax 03-3403-1345
info@xknowledge.co.jp

販売　Tel. 03-3403-1321
Fax 03-3403-1829